听毛泽东谈哲学

孙宝义 刘春增 邹桂兰 ◎编著

TING
MAOZEDONG
TAN ZHEXUE

人民出版社

目　录

世界上一切事物都不是一成不变的。打麻将也是这样，就是最坏的"点数"，只要统筹调配，安排使用得当，也会以劣代优，以弱胜强。

不要使人养尊处优，只想吃好、穿好，不想工作还行？更不能小病大养。保健不是保命，不要搞什么补养药品，我是从来不信这些的。主要是乐观、心情开朗、锻炼身体。

游击战是青辣椒炒肉，溜到肚里才感到辣，运动战是爆烤的朝天椒，别看它小，进口就呛人，从头辣到脚。

活人哪个不放屁，屁，人之气也，五谷杂粮之气也。放屁者洋洋得意，闻屁者垂头丧气。

我在世时吃鱼比较多，我死后把我火化，骨灰撒到长江里喂鱼。你就对鱼说：鱼儿呀，毛泽东给你们赔不是来了。他生前吃了你们，现在你们吃他吧，吃肥了你们好去为人民服务，这就叫物质不灭定律。

学哲学，要由浅入深，先看一些比较浅的文章，引起兴趣来，再看大部头。

矛盾就是"打架"。世界上一切事物都在打架，你要战胜我，我要战胜你，互相斗争，这就是事物的矛盾。

没有压力是学不到东西的，尤其是学哲学，非下点苦功夫不可。

黄克功一粒子弹，否定了刘茜，违反了政策，破坏了群众影响；我们的一粒子弹，又否定了黄克功，坚持了政策，挽回了群众影响，而且使得群众更拥护我们了哟！

每个领导者在领导方法和工作方法上都应该善于统筹全局，抓住工作的重心，学会"弹钢琴"。

蒋介石是不愿意抗战的，我们就要采取对付毛驴一样的办法，拉他，推他，不干就打他。

铁扇公主虽然是一个厉害的妖精，但孙行者化为一个小虫钻进铁扇公主的心脏里去把她战败了。

佛经里有些语言很奇怪，佛说第一波罗蜜，即非第一波罗蜜，是名第一波罗蜜。佛说赵朴初，即非赵朴初，是名赵朴初。先肯定，再否定，再来一个否定的否定，是不是？

成绩、缺点，正面、反面，光明面、黑暗面，已认识了的世界、未认识的世界，一万年还有。

人是要吃饭穿衣的！中国的文字很有道理，"饭"字缺了食就剩下了"反"字，如果老百姓没有饭吃，就要起来造反的。民以食为天嘛。

空谈不能治国，只能误国。走马观花，"浅尝辄止"，不能解决问题。

像做买卖一样，赚钱的就来，蚀本的不干。打得赢就打，打不赢就走。你来时我叫你打不着，我打你时一定要把你吃掉。

编写《三打祝家庄》剧本，第一要写好梁山主力军，第二要写好梁山地下军，第三要写好祝家庄的群众力量。

批评同志要实事求是，讲点辩证法，人家有优点要肯定嘛。缺点，有几分说几分，要恳切，不要刻薄。

没有满腔的热情，没有眼睛向下的决心，没有求知的渴望，没有放下臭架子，当小学生的精神，是一定不能做，也一定做不好的。

中国的历史甚多，而小说史如《三国》、《说唐》、《水浒》、《说岳》等，都是看过的。昔人的思想，多偏袒统治者及地主阶级。我们要造一个锄头，这个锄头，马克思已经造出来了，即唯物史观。

"上帝"是人民，谁惹怒了"上帝"，"上帝"是不留情面的，他必定要垮台。

战争的伟力之最深厚的根源，存在于民众之中。

群众是我们的后台，后台一拆，什么戏也演不成。我们不信上帝，但是要信群众，要保护好群众这个后台。

不要怕群众，要跟群众在一起。有些同志怕群众跟怕水一样。你们游泳不游水呀？我就到处提倡游水。水是个好东西。

所谓学风有些不正，就是说有主观主义的毛病。所谓党风有些不正，就是说有宗派主义的毛病。所谓文风有些不正，就是说有党八股的毛病。

为什么要种牛痘？就是人为地把一种病毒放到人体里面去，实行"细菌战"，跟你作斗争，使你的身体里头产生一种免疫力。

殷鉴不远。前车之覆，后车之鉴。我们要记取项羽的教训，切不可骄傲自满，对敌人更不要心慈手软。

碗里有饭，不能光往自己的嘴里扒拉，市民的粮食早被国民党抢光了，他们不少人在饿肚子。如果这样吃下去，不用多久，我们的餐桌上的菜饭就将会摆满，到那时，我们把为人民服务喊得越响，人民群众越恨我们。

我们党搞了20多年的武装斗争，所以我的军事著作比较多。所谓好的文章，都是在斗争实践中逼出来的。

一、生活智慧

　　人和动物不同。动物只是本能地"活着",而人的生活应该是经过思考、有明确目标的有意义的生活。人们要想生活得有意义、有价值,就应该对自己生活其中的世界和生活本身进行审视和思考。我们不仅需要具体科学知识,还需要哲学知识。了解这些问题,可以使我们走进哲学,自觉地追求智慧,创造更美好的人生。

　　哲学绝不是书斋里的东西,而是同我们生活息息相关的。哲学是从实际生活中来的,实际生活中就有最生动、最丰富的道理。毛泽东常用标新立异和幽默诙谐的语言,去阐述生活中所蕴含着的丰富哲学思想,许多生活小事,经他一点拨,可以让人悟出其中许多新鲜的哲理⋯⋯

教条主义害死人

"这个秀才教条主义到了家，他比猪还不如，猪过河还知道用前腿探一下，调查研究一番。"

毛泽东在延安干部大会上作《改造我们的学习》的报告。当时，他并没有讲稿，而是娓娓道来，讲了许多生动有趣的民间故事和典故，引得七八百个高级干部不时哄堂大笑。

他首先讲了一个《笑林广记》中的故事：有一个人举着根长竹竿进城，城门小，竹竿长，横过来进不去，竖起来也进不去，急得满头大汗。一个过路人看了，说你这个人怎么这么笨，你把竹竿砍断不就可以进去了么？这个举竹竿的人果真这么做了。其实，这两个人都犯了教条主义的错误。只知道把竹竿横着拿，就不知道把竹竿顺过来进去。

接着，他又讲了个秀才过沟的故事：有个秀才要过沟，怎么也过不去。一个农夫看到了，叫他跳过去。秀才两腿一并，往前一蹦，结果掉在了沟里头。农夫说，你的跳法不对，于是做了个示范动作。秀才看了埋怨农夫说，你一条腿在前一条腿在后叫作跃，两腿并起来才叫跳，你为什么不叫我跃呢？

毛泽东讲完这个故事后说："这个秀才教条主义到了家，他比猪还不如。猪过河还知道用前腿探一下，调查研究一番……"逗得满堂干部捧腹大笑。

毛泽东还用一个民间传说挖苦了教条主义者的崇洋思想：有一个留美学生，得了个美国博士学位，回到家里，趾高气扬，谁也瞧不起。他爸爸问他在美国学什么，他说学烹调。老头一生就奉行孔夫子的脍不厌细，食不厌精，听见儿子是学烹调的，很高兴，便叫儿子给他炒个鸡蛋。这位博士抱来一大堆洋书，边翻边做，油都烘起了火，鸡蛋却还未下锅，结果鸡蛋炒焦了。老头子很生气，打了儿子两个耳光。这小子还摸着脸说："爸爸，你打我两个耳光没什么，可是你没有外国人打得好。"

毛泽东讲到这，评论说："学习马克思列宁主义是为了运用，绝不能像那个博士一样，什么都是外国的好。教条主义者就是不顾中国的实际，马列主义词句背得朗朗响，就是不会用。"

教条主义害死人，因为只会死搬硬套，不根据实际情况去办，所以必然要碰钉子。

（参见孙宝义、刘春增、邹桂兰编著：《毛泽东的读书人生》，中央文献出版社 2006 年版）

幽默的"衍名"术

"一开一合，对立矛盾的统一集中于你一身了。"

幽默是思想、学识、智慧和灵感在语言运用中的结晶，是生活波涛中的救生圈、调味品，是人类面对共同生活而创造出的一种文明。毛泽东是运用语言的幽默大师，他常在同他接触的人的姓名上下工夫，通过幽默诙谐的联想，缩短与相见人之间的距离，从而引发喜悦、欢乐和启迪。

1957 年 6 月的一天深夜，舒湮陪同父亲冒广生去中南海见毛泽东。当他们到达时，毛泽东立刻从餐桌边伸出手来说："冒先生，欢迎你！"接着问舒湮："你的名字是哪几个字？"

"舒湮，舒展的舒，湮没的湮。"舒湮答。

毛泽东含笑说："用'湮'字作名字的很少见。"舒湮又说："原来用'諲'作恭敬解。我第一次用舒諲的笔名投稿时，排字工人误将言字旁排为三点水。我心想，这样也好，免得言多必败。就此'湮'下去了。"毛泽东忍俊不禁。"这也好嘛！一开一合，对立矛盾的统一，集中于你一身了。"毛泽东从舒湮的名字上引出一番辩证法对立统一规律的议论来。

（参见孙宝义等编著:《毛泽东的衍名艺术》，
中央文献出版社 2006 年版）

吃饭是收支平衡

　　"吃一顿也罢，吃十顿也罢，收支平衡就符合卫生，你能说我没有规律？"

　　毛泽东的保健医生鉴于毛泽东吃饭无规律，太随便，不讲究营养和科学方法，就下厨房和炊事员一起商量、研究，定出四菜一汤的食谱。可毛泽东很倔强，说医生的话不听不行，全听全信也要完蛋。他说："照你那么多讲究，中国几亿农民就别活了。人生识字糊涂始，你懂吗？"医生劝多了，毛泽东听烦了，就挥着手说："我多年已经习惯了，凡事都有个平衡，你再讲究也离不开个平衡。我有我的平衡，你非打乱不可，你不是搞破坏嘛！"
　　有一天，毛泽东只吃了一顿饭，医生忍不住又劝说："主席，您这样没规律，迟早是要损伤身体的。一日三餐是最科学、最卫生、最符合身体消化规律的。"毛泽东听了这三"最"，打断他的话，进行争论："你才是教条主义呢！作了胃切除就要少吃多餐，你那个规律还说'最'？"医生辩道："那是特殊情况。"毛泽东讲起哲学来了："普遍性就存在于特殊性之中，什么话都别讲绝对了，别一说就是'最'。人吃饭是补充能量，工作是消耗能量，只要人活着，这对矛盾永远存在。光吃不干不行，光干不吃也不行，要搞平

5

衡，矛盾永远存在，人就要不停地搞平衡。吃一顿也罢，吃十顿也罢，收支平衡就符合卫生，你能说我没有规律？"医生无言以对。

收支平衡确实是生命的根本规律，毛泽东坚持"吃饭是收支平衡，保证工作"的观点不无道理，不过他的平衡方式却使人难以苟同。尽管如此，作为一名医生，为了领袖的健康，还是鼓起勇气建议多吃一些名贵菜肴。毛泽东却听得极不耐烦，给予批评说："好大的口气，这还不够吗？还想吃什么？想当地主、资本家了？"看来光吃名贵菜肴也有片面性，那就要犯偏食症了。

（参见徐涛:《毛泽东的保健养生之道》，中央文献出版社 1993 年版）

如何看孩子淘气

"孩子淘气是聪明健康的一种表现……"

1947 年 10 月底，陕北的形势好转，江青去河东接回了李讷。

这时，带李讷的阿姨由高小毕业生韩桂馨同志担任。毛泽东说："李讷 7 岁了，现在的形势上不了学，怎么办呢？"毛泽东让小韩教李讷读书识字。

李讷回来后，见到爸爸特别亲热，还向爸爸表决心："好好学习，不淘气……"

毛泽东笑着说："好好学习是对的……乱淘气不行，有点小淘气还是可以的。孩子淘气是聪明健康的一种表现……"

一般认为"淘气"是个贬义词，"淘气"是顽皮不听话的表现。可是毛泽东对这个问题不是简单的去看，他辩证地认为有点小淘气还是可以的，孩子淘气是聪明健康的一种表现……"，不能把淘气单纯看做是缺点毛病，这就跳出了俗人之见，而从深层次中透视出"淘气"背后的积极意义。

毛泽东培养孩子自有他一套特殊的观点和方法，这些也反映出他自身的成长经验和体会。

（参见王伯福主编：《毛泽东轶事大观》，山东人民出版社1997年版）

我是最能吃苦的

"凡苦的东西，对人体都有些好处，苦能去火明目嘛。"

毛泽东日常生活俭朴，终生倡廉，从不追求山珍海味。尤其是厌烦宴会。对于接待外宾他也做过指示："不能总是山珍海味，既浪费又不实惠。"

他对身边卫士们说："我们生活在这个世界上，不是为了吃世界，而是为了改造世界。这才是人，人跟其他动物就有这个区别。"

毛泽东对那些在别人眼里稀罕之物并不看重。就是到了晚年，他还坚持认为："所谓高级的东西，它们并没有什么特殊之处。只不过物以稀为贵罢了。有些人有一种特殊心理，似乎某些食品皇帝皇后吃过了，什么名人大官吃过了，它的名罩就高贵起来了，甚至高不可攀，神乎其神。仿佛吃了皇帝、名人吃过的东西，自己就身价百倍了，这也可能叫沾光吧。"

毛泽东很喜欢吃苦瓜、苦菜，也包括山野菜。苦瓜的吃法较多。常见的有：肉片炒苦瓜、素炒苦瓜、鸭子肉炒苦瓜等。毛泽东在晚年时还谈起吃苦瓜的好处：

"苦瓜这种菜，我的家乡很多，房前屋后都可以种，好种也好活。有些人吃不习惯，是怕它的苦味。我不但吃得惯，还一生都吃，从小就爱吃，就图它这个苦味。我这个人一生没少吃苦，看来是苦惯了，以苦为乐了。"

"凡苦的东西，对人体都有些好处，苦能去火明目嘛。人吃五谷杂粮，难免上火。有时生气也上火，这叫虚火。这种人吃点儿苦很有必要，我这个人也爱上火，所以命中注定要吃苦，不如主动去吃，免得火气太大。火气太大，不是伤人，便是伤己噢。至于明目，更是它的大好处，我现在有点老眼昏花了，时时吃一点，免得看不清事理。"

新中国成立初期和三年困难时期，毛泽东餐桌上常摆上苦瓜和山野菜。他对身边人员风趣地说："谁说我不能吃苦？我是最能吃苦的！"他说着便大口地吃起来，而且是那样津津有味。

"辛"、"苦"伴随毛泽东一生，也练就了他的顽强的革命性格，铸就了他那民族之魂和他特殊的以苦为乐的饮食观。毛泽东发现"苦"的好处太大了。

（参见《毛泽东的饮食观》，《辽沈晚报》1995年1月21日）

打麻将与"搬砖头"

"世界上一切事物都不是一成不变的。打麻将也是这样，就是最坏的'点数'，只要统筹调配，安排使用得当，也会以劣代优，以弱胜强。"

打麻将曾经是毛泽东所喜爱的一项娱乐活动。工作之余，他有时也以打麻将来消遣。在延安时期，他经常和叶剑英、江青及他的政治秘书师哲等人一起打麻将。他曾说："中国对世界有三大贡献，第一是中医，第二是曹雪芹的《红楼梦》，第三是麻将……你要是会打麻将，就可以更了解偶然性与必然性的关系。麻将牌里有哲学哩。"

别人打麻将是聚精会神，专心致志。毛泽东则不然，他从不把任何娱乐性活动视为单纯的休息，他经常一边打牌，一边不停地吸烟，同时在脑海里思考着党、国家和军队的大事，一旦他的问题思考成熟，即使是活动刚刚开始或大家玩兴正浓，他也会立即起身，匆匆离席而去。倘若问题没有思考出结果，他就会在牌桌上一直"泡"下去。有时，毛泽东打麻将特别健谈，他能从麻将的排列组合中找出辩证关系，进而借题发挥，向大家讲述一些引人深思的哲理，使人在娱乐中受到教育。

　　一次，毛泽东和叶剑英等一起打麻将，第一盘开始，毛泽东就幽默地说："咱们今天'搬砖'喽！"同志们以为他是随口说笑话，都没有在意。毛泽东发现大家没有理解，就解释说：打麻将就好比面对这么一堆"砖头"，这堆砖头就好比一项艰苦的工作，不仅要用力气一次一次、一摞一摞地把它搬完，还要开动脑筋，发挥智慧，施展才能，就像调兵遣将、进攻敌人一样，灵活利用这一块一块"砖头"，使它们各得其所，充分发挥作用。你们说对不对？同志们听后才明白了他一再说的"搬砖头"的含义，都笑了起来。这次打麻将一连打了数盘，毛泽东越打越有兴趣。他边打边说：打麻将里边有辩证法。有人一看到手上的"点数"不好，就摇头叹气，这种态度，我看不可取。世界上一切事物都不是一成不变的。打麻将也是这样，就是最坏的"点数"，只要统筹调配，安排使用得当，也会以劣代优，以弱胜强。相反，胸无全局，调配失利，再好的"点数"拿在手里，也会转胜为败。最好的可能转变成最坏的，事在人为！说到这里，他爽朗地哈哈大笑起来。

　　毛泽东还曾巧妙地借助麻将的术语做统战工作，曾任全国政协副主席的刘斐，原是国民党高级将领，曾代表国民党到北平同共产党人谈判。和谈失败后，刘斐思想斗争十分激烈，是留北平呢？还是回南京？一次宴会上，他和毛泽东谈话时，以麻将为题，试探着问道："打麻将是清一色好还是平和好？"毛泽东想了想，笑着答道："清一色难和，还是平和好。"刘斐豁然领悟："平和好，那么还有我一份。"就这样，毛泽东的一席话终于使刘斐下决心留在了北京。这是毛泽东巧用麻将把国民党高级将领争取过来的妙招。

　　毛泽东的"麻将玩法"与众不同，充分显示了毛泽东高深的哲学思维和敏锐的政治眼光，从此也可以折射出毛泽东那不同寻常的伟人风采。

（参见《中华遗产》2009年第2期）

一句顶一万句吗

> "人的一句话怎么能顶一万句呢！一句话就是一句，不能是一万句，不能顶。更不能顶那么多；我的话怎么可能有那么大的力量，那不是神了吗！"

新中国成立后，毛泽东多次到武汉视察工作。由于常来武汉，毛泽东与东湖宾馆的服务人员也结下了深厚的情谊。当林彪在"文革"中大肆宣扬"一句顶一万句"时，毛泽东在一次与服务人员谈话时说："你们说小张（指张玉凤）好不好？"服务人员齐声说："张玉凤是个好同志。"毛泽东摆了摆手说："我说小张不好。"服务人员不解其意，七嘴八舌地说，"小张是个好同志"，"张玉凤是我们学习、工作的榜样"。毛泽东听后笑着说："我说小张不好，你们非说小张好。你们说我一句话顶一万句，其实一句话都没有顶用，怎么能一句顶一万句呢！"服务人员听到毛泽东提出的问题，才认识到毛泽东这次谈话中蕴含的丰富哲理和内涵。看到大家在沉思，毛泽东又说："人的一句话怎能顶一万句呢！一句话就是一句话，不能是一万句，不能顶，更不能顶那么多；我的话怎么可能有那么大的力量，那不是神了吗！这不是唯物主义，也不是辩证法，按照唯物主义的观点，一句就是一句，不能成一万句。"

毛泽东借用一件小事批判当时林彪鼓吹的"一句顶一万句"是违反唯物辩证法的谬论。

(参见吴晓梅：《毛泽东视察全国纪实》，湖南文艺出版社 1999 年版)

输有时比赢了好

"不能老想着赢球，要讲友谊，讲团结，如果老是抱着赢球的思想去比赛，出发点就错了。"

1965年10月，一中队随毛主席坐火车离开北京到武汉，住在东湖宾馆。这是毛主席到南方视察的常住之地。几乎每到武汉，都住在这里。

毛主席在这里住下后，很少出来散步，整天忙于看书，审批文件，思考问题。

负责东湖宾馆警卫的是武汉省军区服务处的同志。一天。他们提出与当地机关组成联队和一中队进行一场篮球赛，并希望毛主席能去观看，因为当地机关和中队的许多同志都想见见毛主席。

大家认为这个建议不错，一方面可以增进彼此的友谊，另一方面请毛主席来看球赛，能让他老人家换换脑筋，得到休息，便向汪东兴报告了。

汪东兴报告了毛主席。并告诉说，毛主席同意去看球赛。

第二天下午2点多，双方队员都做好了准备，正在场上练球。球场四周围，坐了许多当地机关和部队的同志。

不一会儿，毛主席来了，大家鼓掌欢迎。

毛主席走到一条有靠背的长条凳上坐下，裁判一声哨响，球赛开始了。

一中队的战士体力强壮，技术也不错，配合得比较好，结果，一中队赢了。

没过几天，当地机关的同志来同一中队商量，想再进行一场球赛，时间定在第二天下午。

把第二天比赛的事，同样报告了毛主席。毛主席点了点头。去不去看，没有说。

比赛快要开始时，毛主席兴致勃勃地来到球场。工作人员搬来一把椅子，请主席坐下。主席掏出烟，点燃后，一边抽着，一边笑容满面地观看球赛。

这次比赛，一中队还是原班人马，当地联队换了一批新队员，他们看到毛主席，心里非常高兴，球打得格外起劲。

球场上，双方争夺激烈，你追我赶，各不相让。一中队有两个高个子队员，球控制得好，篮板球也抢得好，这是他们的一个优势。

当毛主席看到联队进球时，就高兴地带头鼓起掌来。但看到一中队的队员把球从对方手中抢过来时就有些不高兴。在他看来，上一次一中队赢了，这一次就不一定再赢。他希望一中队应该打得谦让一些，打出风格来。可是，一中队的队员都是年轻小伙子，好胜心强，总想赢，一分球也不愿意输。

球赛结束时，毛主席抬头看了看比分，又是一中队赢了，不等裁判宣布比赛结束就站起来，一句话也没说走了。

毛主席回到他的居室，坐在沙发上，点燃一支烟，吸了一口，对汪东兴和张耀祠说："你们就是会赢，不会输。打球，不能老想着赢人家。要讲友谊，讲团结嘛！打球也要有风格，要谦虚。"

几天之后，又进行了第三次篮球赛。

赛前，张耀祠对一中队丁钧队长说："这次球赛，不要再赢了。"

丁队长不解，问："为什么不赢？赛球，就一定要比输赢的，能赢就赢吧。"

张耀祠告诉他，主席批评了，说不能老想着赢球，要讲友谊，讲团结，如果老是抱着赢球的思想去比赛，出发点就错了。

丁队长一下明白了，他马上把这个精神向全队人员作了传达，端正了大家赛球的指导思想。

第三次比赛，双方仍然打得顽强、激烈。因为一中队的队员统一了认识，心里有了数，注意了讲友谊，讲团结，犯规的次数减少了，对方队员摔倒，主动去帮助扶起来，表现了良好的风格。

这次比赛，以几分之差，输给了地方联队。

毛主席没有去看这次比赛。晚上张耀祠把比赛结果告诉毛主席时，毛主席笑了笑，说："输比赢了好。"

一场极平常的球赛，被毛泽东注入了"输比赢了好"的道理，打破了比赛必须要赢的单纯军事观点，引申出"输""赢"背后的转化意义。

（参见张随枝:《红墙内的警卫生涯》，中央文献出版社1998年版）

改掉"按月亮办事"

"晏睡的毛病正在改，实行了半个月，按照太阳的规律办事，不按月亮办事了。但近日又翻过来。"

1957年5月6日，清晨4时30分，在北京伏罗希洛夫下榻处，毛泽东前来送行。伏罗希洛夫是苏联最高苏维埃主席，来中国访问了20天，即将离开中国去印度尼西亚访问。

"20天来你累了吧？节目可能紧了一些，你是不是没有休息好？"毛泽东关心地问。

伏罗希洛夫说："我最亲爱的朋友，毛泽东同志，我一点也没累，一切都好极了。偶尔由于太阳晒有些头昏，在广州吃了点蛇肉，也许在肚子里展开了龙虎斗，刚回北京稍稍感到不舒适，很快就过去了。……"

伏罗希洛夫接着又说："我听说你每天熬夜，我真心痛啊！你无论如何也别熬夜了。过去我也曾通宵地工作，结果身体受了不少损失。希望你这样做：太阳一出来你就向它问好，太阳一落你就向它告别，去休息。"

"好，要按太阳的规律办事。"毛泽东笑着说，"不要紧，我已经习惯了

13

夜里工作。……"

伏罗希洛夫摇摇头说："不行不行，你不能这样做。"

接着，伏罗希洛夫又问毛泽东每天吸几支烟。

毛泽东回答："不多，有时把烟拿在手里不抽，或者是燃着了不吸，看着它冒烟，在精神上也好像是吸了。"

伏罗希洛夫又摇头说："我亲爱的毛泽东同志，你如果想休息，随时都可以到我们那儿去，你想到哪就到哪儿，比如南俄的索奇和黑海岸上的克里米亚等地……"

毛泽东笑着说："我深深地感谢你，你这是很好的意见。……"

夜间办公，是战争年代留下的习惯。因为各部队晚上汇报一天的战况，必须立即作出部署，以便第二天行动。周恩来从转战陕北起，为了配合毛泽东，也改成了夜间办公。

五大书记中的其他三位，都是白天工作，夜间休息。其中朱德有早睡早起的习惯，严格遵守一定的作息时间。一般晚上 10 点钟左右洗澡睡觉，第二天早晨起床后，散散步或打拳，活动活动身体。

1948 年 9 月会议以后，为了研究部署指挥三大战役，五位书记每天都集体办公。而且总是从晚上 8 点左右开始到毛泽东的办公室里开会办公，几乎每次都是一个通宵。

这种按月亮行事的作息时间，首先把朱老总的生活规律打乱了。当时，朱总司令已年过花甲，在五大书记中，数他年龄最大。连续通宵地开会办公，对他来说，实在是太疲劳了。有时，开会时，开着开着，他就打盹了。其他人都不叫他，让他休息会儿。等到要决定重大问题的时候，他也就醒了。

"哎呀，我睡着了。"朱老总醒后总是抱歉地说。

"没关系，你休息一会儿，就能坚持到底了。"周恩来总是最理解人。

"咱们这一段会议多，总司令在开会时稍微休息一会儿，精力更充沛，是一件好事嘛。"毛泽东的辩证法是到家了。

为了照顾朱老总的身体，毛泽东等人有时也劝他早一点回去休息。朱老总自己却总是说："这么重要的事，我回去也睡不着。"话是这么说，毕竟年岁不饶人。回去睡不着是实话，但熬夜狠了也真打盹！

"我们三个人打疲劳战打习惯了，在陕北打了一年多，打败了蒋介石妄想消灭我们的野心。现在咱们再在一起打一段疲劳战，总的是彻底打败蒋介石，解放全中国。不然，事情这么多，又这么重要，少数人作不了主呀!"毛泽东对周恩来、任弼时说。

"这个疲劳战是很辛苦的，但效率也是很高的。"周恩来接上说。

其实，任弼时也够呛。他血压高，太紧张了就容易头晕。每当感到不太舒服的时候，他也靠在躺椅上合上眼睛休息休息。怕把他累垮了，其他书记有时也劝他早点回去休息。

"我比你们都年轻，你们都坚持工作，我回去休息那怎么行呢? 我应当比你们多做一点事情才对呀!"任弼时说。这种精神可嘉，但结果并不是年龄轻些的熬垮年龄大些的，五大书记中，倒是任弼时最先累垮，新中国成立后不久，他就病倒了，他甚至没有看到社会主义改造的成果。

在那段集体通宵办公的日子里，毛泽东、刘少奇、周恩来的身体都很好。周恩来尤其出色，他那时兼军委总参谋长，夜里不睡觉，白天还得开会布置工作，工作相当紧张，精力却非常充沛。

当然，伏罗希洛夫不是第一个劝毛泽东别熬夜的人，"要按太阳的规律办事"，毛泽东也不是这时才头一次说，更不是不曾试图这样去做过。

早在 1950 年毛泽东的老同学周世钊就曾写信劝毛泽东改掉"晏睡的毛病"。

毛泽东在 1950 年 12 月 29 日复周世钊的信中说道:"晏睡的毛病正在改，实行了半个月，按照太阳的规律办事，不按月亮办事了。但近日又翻过来。新年后当再改正。多休息和注意吃东西，也正在做。总之如你所说，将这看做大事，不看做小事，就有希望改正了。"

看来，繁忙的政务工作和紧张的学习生活，以及党务工作使得毛泽东始终未能改正"按月亮办事"的作息习惯，直到他患重病不能工作为止。

毛泽东以顽强的意志和毅力，改变了人类生存的习惯，坚持了一生"按月亮办事"。这也是他独特的经历所形成的特殊作息观，属于矛盾的特殊性。更是他已适应了客观环境所形成的作息规律。

（参见海鲁德编著:《生活中的毛泽东》，华龄出版社 1989 年版）

我不忌医但忌药

"怎么样？我的抵抗力战胜了。自力更生么，不能光靠外援，天下万事万物都脱不出这个道理。"

毛泽东不大喜欢医生，不喜欢看病，尤其不喜欢用药。他 60 岁时，保健医生给他体检，他几次挥手拒绝。

他说："我没病。没病看什么？我不检查，有病再找你。"

"您说过，应当积极预防和医治人民的疾病，我现在检查，就是要积极预防。我是医生，对您的健康状况，必须心中有数。"医生坚持说。

毛泽东难于反驳，勉强接受了检查。经过检查，他的眼、耳、鼻、喉都没有任何毛病。医生说，他的牙齿不行。他幽默地说："太黑是不是？那是在延安吃黑豆吃的。"

医生忍不住笑出声来说："不能说吃黑豆，是您抽烟太多熏黑的。牙垢也太多，而且有龋齿，您闹过牙疼吧？"

"牙疼不是病，疼起来真要命。关键的一句话是'不是病'。"毛泽东幽默地说。

在做过全身检查后，除牙齿外，什么病也没有，而且心肺功能，好得惊人。毛泽东一边穿衣服一边不紧不慢地说："医生，你这个人很勇敢么！还没有人像你这样把我全身上下查了一个遍。我没病，你就花了我这么多时间，我的时间你就敢占去那么多。"

"我现在心里有底了。"医生说。

毛泽东说："那好，以后我就只找你看病。"

"哎呀，那可不行！大病还得请专家会诊，不然，我担不了责任。"

"就找你，你把我身体查遍了，熟悉了，心里自然。另找专家，我还得穿戴整齐，讲礼节，浪费时间心里还不自在。再说我身体好，没有什么病，你也担不着什么大责任。"毛泽东固执己见。

毛泽东生病少，但工作并不好做。医生最大的困难是劝毛泽东服药。20世纪50年代，北京闹了一次流感，他的卫士也有感染上的。医生为了避免毛泽东被传染，劝他用药预防。毛泽东说，乱弹琴，没病吃什么药？医生说，治病要服药，防病也要服药。他坚决不吃，说他相信自己的抵抗力。他果然未受传染。

有一次，毛泽东牙床发炎，肿得厉害，已经化脓，疼得皱起眉头吸气，饭也吃不下。医生检查后重复毛泽东过去说的话说："牙疼不是病，疼起来真要命。"他笑了。医生说："这次可是真病了，牙床化脓、淋巴肿大，你得服抗生素。"

毛泽东疼得直皱眉，却仍然笑着说："你们这些医生呀，就喜欢用药。"

"有病不用药怎么行？"医生说。

毛泽东执拗得像个孩子，"我不用药"。

医生觉得最好用他自己的话去说服他，于是说："别讳疾忌医呀！"

他说："我不忌医但我忌药，你有不用药的办法吗？"

医生说："病重了不行，必须用药。"

他说："我不用药。应该调动自身抵抗力对付外来侵略，总用药抵抗力就会衰退，再有细菌侵入就要出大乱子。只有经过斗争抵抗力才能变强大。"

医生拗不过他，只好妥协说："要是你的抵抗力不能战胜，我还得用药。"

几天后，毛泽东没用抗生素便好了。他得意地笑道："怎么样？我的抵抗力战胜了。自力更生么，不能光靠外援，天下万事万物都脱不出这个道理。"

（参见王伯福主编：《毛泽东轶事大观》，山东人民出版社1997年版）

独特的补脑之道

"梳头可以补脑，促进血液循环，有利于头发生长，把有限的营养首先供应大脑，帮助大脑恢复疲劳。"

根据自己多年的实践经验，毛泽东认为补脑的办法有两个，一个是吃红烧肉，另一个是梳头。可是，战争年代，有时粮食都供应不上，一碗红烧肉，谈何容易。卫士常常为改善毛主席的生活而发愁。他说："脑子要补，可也要讲条件，条件不同补的方法也不同。"言下之意没有红烧肉吃，就得靠梳头了。他说："梳头可以补脑，促进血液循环，有利于头发生长，把有限的营养首先供应大脑，帮助大脑恢复疲劳。"

因而，每当他长时间思考问题，感到头部不适、疲劳时，便要卫士帮他梳头，从前额部向后枕部缓缓地反复梳，时间长短不定。他背靠椅子，上身后仰，双足前伸，双目闭合，身体完全舒展放松。

1948年5月起，共产党的军队与国民党数百万军队进入了大决战的时期，毛泽东倾注了全部精力指挥战争，常常几天办公室的门都不出。卫士见他不分白天黑夜地工作，心里很着急，一时又想不出好办法让他睡觉，或把他从房子里拉出来散散心。一天，李银桥看到毛泽东批阅文件时，就上前扶他坐在躺椅上，这样，毛泽东看文件，李银桥站在身后为他篦头，毛泽东很乐意，他说："银桥，你为我解决了一个难题，篦头是一种很好的按摩，可以促进血液循环，消除疲劳。"李银桥听后很高兴，可每次篦头后又很后悔，因为篦一次头，毛泽东就取消了一次睡眠。

在平津战役进入后期的一天，李银桥又给毛泽东篦头，突然他看到毛泽东原本乌黑发亮的头发中出现了一根白发，惊叫起来："主席，你有白发了!"毛泽东眉梢动了动:"拔下来吧!"李银桥当真拔下了白发,并拿给毛泽东看,毛泽东只用眼睛瞥了一下,乐观地说:"白一根头发,胜三大战役,值得!"

毛泽东脑力劳动繁重,感到疲劳必须睡时,又常常由于兴奋过度而难于自控,很难入睡。在服安眠药以后就叫值班卫士帮他按摩,促进睡眠。对下肢促进血液循环,使较少活动的下肢尤其是小腿肌肉能有些被动运动。这种按摩通常要一刻钟以上,或半小时甚至一小时,手法也挺有讲究。按常理,毛泽东是一国之最高领导人,他完全有条件享受最高级的待遇,使用最好的健身器材,但是,他认为,用最简单的办法也可以补脑健身。这是毛泽东实践经验的总结,也深刻地揭示了毛泽东创造条件利用简单的方法,达到按摩补脑目的的健身之道。

(参见权延赤:《卫士长谈毛泽东》,北京出版社 1993 年版)

粗粮营养价值高

"长期吃精米白面,人就会食欲减退,四肢无力,严重时还会生脚气病。"

1958 年秋,毛泽东住在北京西郊玉泉山宾馆一号楼。

一天,毛泽东对他的生活管理员张国兴说:"不要老做精米饭给我吃,我要吃些粗米饭。"这样的要求毛泽东已经提过几次了。当时张国兴想:怎么能让毛主席吃粗米饭呢?再说,特供站供应的是精米,这是特意给国家领导人安排的,是有道理的。所以毛泽东几次要吃粗米饭,工作人员都没有按照他说的去做。这次毛泽东不仅提出了要求，还详细说明了其中的道理，他说："粗大米磨的遍数少，胚芽没有磨掉，营养价值高；精大米磨的遍数多，营养价值降低，米也不好吃了。长期吃精米白面，人就会食欲减退，四肢无力，严重时还会生脚气病。"毛泽东是农民的儿子，在农村长大，他对米的问题是很了解的。

张国兴听了毛泽东的话，觉得很有道理。于是骑上自行车，带着口袋，迎着秋风，来到了郊外一个农民家里。他向农民买了几斤稻子，然后对这个农民说："你能不能给我磨了?"农民说："我这没有磨米机，不能磨。""那你们吃米怎么办?"张国兴问。"我们用石臼舂。""麻烦你，把稻子帮我舂了!"于是这位农民就同张国兴一起舂起米来。一下，两下，这位普通的农民决不会想到，他正在给全国人民衷心爱戴的毛主席舂米，他决不会想到，毛主席会和他一样喜欢吃普通的稻米。

毛泽东就是这样，从生活小事中去发现一些朴素的科学道理。

（参见黄允升主编：《开国领袖毛泽东逸事》，
中央文献出版社 1999 年版）

保健不等于保命

"不要使人养尊处优，只想吃好、穿好，不想工作还行? 更不能小病大养。保健不是保命，不要搞什么补养药品，我是从来不信这些的。主要是乐观、心情开朗锻炼身体。"

毛泽东曾和他的保健医生徐涛，就人的生死、寿命及保健问题，进行过一次探讨。

毛泽东说："人哪有长生不死的，古代帝王都想尽办法去找长生不老不死之药，最后还是死了。在自然的生死问题面前，皇帝与贫民都是平等的。"

徐涛说："每个人都希望自己长寿也是合乎情理的吧！"

毛泽东说："不但没有长生不死，连长生不老也不可能。有生必有死，生、老、病、死，新陈代谢，这是辩证法的规律。人如果都不死，那孔老夫子现在就要活着该有 2500 岁了吧？那世界上该成个什么样子？你们搞医的认为人的寿命有多长？"

"人的寿命相当于人本身生长发育期的 5 倍，如果算 25 岁为发育期，人的寿命大约是 120 岁。也有人提出能活 150 岁，不过多数学者意见倾向是 120 岁。"徐涛解释说。

"我看人能活到 100 岁也不那么容易。只长寿不健康又有什么好处？要又长寿又健康才好，要老有所为嘛！"

毛泽东接着说："曹操多年军旅生涯不会很安逸，可在 1700 多年前，医疗条件也不会怎么好，他懂得自己掌握命运，活了 65 岁，该算是会养生的长寿老人啰。你们搞医疗的应该学学，不要使人养尊处优，只想吃好、穿好，不想工作还行？更不能小病大养。保健不是保命，不要搞什么补养药品，我是从来不信这些的。主要是乐观、心情开朗、锻炼身体。""曹操讲盈缩之期不但在天，养怡之福，可得永年，陆游讲'死去原知万事空'这都是唯物的。"

毛泽东告诉徐涛说，他的一个朋友跟他说过养生之法是：晚饭少吃口，饭后百步走，娶个老婆丑，活到 99。又说："我也有个原则：'遇事不怒，基本吃素，多多散步，劳逸适度。'"

毛泽东对徐涛说："我看你们容易迷信药物，不要有点小病就用药。人还有抵抗力嘛，先让自身的抵抗力与细菌作战，能战胜就不要用药。如果抵抗力差，你再用药帮一把。这也是自力更生为主嘛！""医生的话不可不听，也不可全听；全听你的我就完了，全不听你的我也不行。你们当医生的人大概是另一种人生观吧？你们有点病就想得很多，自己吓唬自己，也吓唬别人。"

谈到治疗，毛泽东说："西医能治病能开刀、割阑尾，吃阿司匹林这都很好。你们也要好好学习中医。把国外的医学学好，也把传统的医学学好。"

"我看中医少说 2000 多年历史，西医有多少年？就算 100 多年吧，那 1900 多年前的老百姓怎么过的？还不是靠中医中药，应该说中医中药是有功的。中医也不是一成不变的。中医中药要用现代科学知识去整理、研究提高。取长补短。要发展中国的新医学派。阴阳五行为什么不能拿现代术语表达？一代人搞不清两代人行不行？十代人行不行？"

"鲁迅的父亲病了，请中医看，可是药引子难找，像经霜三年的甘蔗；要吃破鼓皮丸。用打破的鼓皮制成的；还要蟋蟀一双，要原配。"说话间他自己也笑了。"后来他父亲死了，鲁迅对中医很有看法，不信中医，他的这个观点不大对。他找的是庸医，不要受这个影响。中西医要很好的结合。"医学越来越前进发展，人的健康与寿命也在促进，人们要求生活更美好，可是你们医生把饮食又搞了那么多限制，什么胆固醇又高了，油又多了，鸡蛋又限制了。这不是矛盾吗？你们要不要多研究一些办法，多发掘些胆固醇低的食品、多培育些胆固醇低的品种，胆固醇高了找点有效的控制办法，让人又能放开口味吃，又能控制不生病。胆固醇是人体内存在的，必定也有用处，把他降得太低了就不会有别的问题吗？我看在医学上也是没有'绝对'的问题吧？"

毛泽东的这些观点，给徐涛很大启示，他觉得医学领域的学问很多，必须用辩证的方法去看待，去挖掘其中隐藏的奥妙。

（参见《缅怀毛泽东》下册，中央文献出版社 1993 年版）

坐火车的养生法

"从保健角度来说，火车不仅是一个巨大的摇篮，同时又是一个巨大的振荡器。"

世间的事物总是有一利必有一弊，拿出行来说，坐飞机总比火车要快，所以人们都愿意坐飞机。但殊不知坐火车也有坐火车的优越性。

毛泽东的一生，外出视察很少坐飞机，他喜欢坐"毛泽东号"专列。乘火车对毛泽东来说非常随意也非常惬意。

1951 年，毛泽东去石家庄修改出版《毛泽东选集》时，因火车到保定时就下起了鹅毛大雪，他便命令火车停在了南郊的一个岔道上过夜。这样做，一来毛泽东喜欢雪，尤其喜欢大雪，他把火车停在郊外，正可以欣赏"山舞银蛇、原驰蜡象"北国风光的美景，二来大雪天又是深夜，不好意思打扰石家庄市的领导迎接安顿。

1952 年的 11 月，毛泽东视察黄河时，到达河南地段，兴之所至，他第一站就夜宿在兰考县兰封车站的一个岔道上。第二天太阳一露头，就可通过车窗看到无尽的沙野……他随时随地都可以迈出车厢，巡视大江南北，长城内外，调查了解实际情况，有人说这是流动的中南海。

据毛泽东的保健医生王鹤滨观察说，毛泽东喜欢乘坐火车，从保健角度来说，火车不仅是一个巨大的摇篮，同时又是一个巨大的振荡器，人躺在列车的卧铺上，全身可得到震动，不仅起到了肌肉按摩的疗效，而且也改善了各种内脏的血液循环，加强了内脏的功能。毛泽东在行驶的列车上办公生活，对调节他的生活方式起到了重要的作用；同时每到一站，可随毛泽东自己的喜好下来走动走动，疏通筋骨，或邀来地方领导到车厢来汇报工作，共进午餐或晚餐，既进行了工作，又锻炼了身体。另外，建国初期，各地工业污染很少，大气环境非常好，毛泽东乘专列外出视察，远离了大城市的喧嚣和污染，充分地接近大自然，简直像进行了一次现代社会中的"绿色环保旅游"。

从毛泽东每次视察工作回来之后，王鹤滨观察他的身体情况看，也证明了对他非常有益。毛泽东每次外出视察回来，都使他的身体得到了一次很好的锻炼。

从这点上看，在毛泽东的生活习惯中，蕴含着取长补短，采用适合自己嗜好的方式去亲近生活、工作。王鹤滨的分析是有一定道理的。

（参见王鹤滨:《毛泽东的保健生活与养生之道》，中国青年出版社 2005 年版）

什么事都怕认真

"你们说说，是先盖起这间房子后搬来沙发呢？还是先摆好沙发再盖起房子呢？"

毛泽东书房里的大沙发，准备搬到另一个房间。李银桥和几名警卫员一起搬。沙发大，房门小，怎么也搬不出去，只好又放回原处。

警卫员小封嚷嚷说:"门太小，出不去。主席，就把它留在屋里吧？"

毛泽东在沙发前左右踱步，时而望望沙发，时而环顾书房，时而瞥一眼门，终于停住步，做思考状。他看着警卫员，慢条斯理地问:"这事我还想不通。你们说说，是先盖起这间房子后搬来沙发呢？还是先摆好沙发再盖起房子呢？"

警卫员们被问得怪不好意思的，一个个耷拉着脑袋。寂静中，有人喃喃地说："盖这所房子时，中国大概还没有沙发呢。"毛泽东微微一笑，不再说什么，径直走出门去。

"还愣什么？搬吧！"李银桥招呼一声，战士们又动起手来。这次动了脑筋，不时地变换方式，最后把沙发立起来，先出沙发靠背，在某个角度及时转弯，终于将沙发搬出了门。

在院子里散步的毛泽东，不时转过头来望望战士们。沙发一出门，他便走过来问："怎么样啊，有什么感想？"

警卫员小封说："没错，是先盖房子后搬来沙发。""我也受到启发，有一点感想。"毛泽东笑着说，"世界上干什么事都怕认真两个字，共产党就最讲究认真。"

毛泽东启示警卫员们要开动脑筋，反复考虑，从难题中出找出搬沙发的固有规律，这样才能做到办法总比困难多。

（参见刘学琦编：《毛泽东佳话三百篇》，书目文献出版社 1993 年版）

劝儿媳多读《上邪》

"既要以事业为重，又要坚信美好的爱情可以成为战胜生活中的困难、家庭中的纠葛和烦恼的武器。"

生活中会遇到各种矛盾，如何解决这些矛盾，毛泽东善于调解矛盾，化干戈为玉帛。

1960 年，37 岁的毛岸青和邵华在大连结婚。

　　家家都有一本难念的经，毛泽东的家也不例外。而毛岸青和邵华的婚后生活自然总有一些不如意的事情发生。再加上岸青的精神不能经受一点刺激，小夫妻之间自然而然就不可避免地发一些小脾气。

　　对这一切，毛泽东十分理解邵华。毛泽东于1962年5月2日离京南下，7月6日才回到北京。在接到毛岸青和邵华两人要分别给他写信的消息后，匆匆行程中的毛泽东在6月3日上午7时给邵华回了一封信：

　　你好！有信。拿来，想看。要好生养病，立志奔前程，女儿气要少些，加一点男儿气，为社会做一番事业，企予望之。《上邪》一篇，要多读。余不尽。

父亲
六月三日上午七时

　　令人奇怪的是，这封家书毛泽东没有写抬头，这也是毛泽东家书中唯一一封没有抬头的信件。家书中，毛泽东首先劝慰儿媳邵华"要好生养病，立志奔前程"，而且"女儿气要少些，加一点男儿气"，希望邵华勇敢地面对生活中、学习上暂时的困难和挫折，要有一股不服输、不怕苦和战胜困难的精神，要有"谁说女子不如男"的英雄气，只有这样才能"为社会做一番事业"，这是毛泽东所"企予望之"的。"《上邪》一篇，要多读。"七个字，笔力千钧，意味深长。

　　《上邪》乃汉朝民歌《饶歌》第十六曲。"邪"即"耶"。全词为："上邪！我欲与君相知，长命无绝衰。山无陵，江水为竭，冬雷震震，夏雨雪，天地合，乃敢与君绝！"

　　这是一个女子对爱人的山盟海誓。意思是说："苍天啊！我对你发誓，我和我的爱人相亲相爱，我们的爱情永远没有断绝的时候！只有到了山夷为平地，江水干枯，冬天雷声阵阵，夏天雨雪纷纷，天地合而为一的时候，我才敢决定与你断绝关系！"诗中列举了五种不可能出现的自然现象，来比喻女子对爱情的忠贞不渝和坚定不移。

　　毛泽东以其渊博的学识，巧妙地告诉儿媳一个做人处世的道理，鼓励并希望邵华坚强些，既要以事业为重，又要坚信美好的爱情可以成为战胜生活中的困难、家庭中的纠葛和烦恼的武器。可见，毛泽东的用心良苦。

毛泽东让儿媳"要多读"《上邪》，邵华理解了父亲这封家书的用心和意义。此后，邵华的性格慢慢地变得开朗了、豁达了、从容了，对岸青也更加关心和体贴了。两个人之间的矛盾逐渐解决了，"与君相知"的她没有辜负毛泽东的"企予望之"，与毛岸青患难与共，白头偕老。

（参见《书刊报文摘》2009 年第 16 期）

飞机上出的考题

"你说说，方才我们在机场，现在上了天，再过一会儿又要落地，这在哲学上该怎么解释？"

1957 年 11 月 2 日上午 8 时许，毛泽东登上"图 104"客机。飞机起飞后，毛泽东回到前舱后对李越然说："你去把尤金叫来，我要跟他谈谈。"尤金进来，毛泽东请他坐到桌子对面。"你是哲学家，又是老朋友。"毛泽东开玩笑似的眨一下眼，"对不对？"尤金带着哲学家的认真表情，很沉着地点点头："是的，我是研究哲学的，跟您也够得上是老相识了。""那么，我给你出个题目怎么样？"尤金下意识地用手指理理头发，说："那好吧，争取及格。"毛泽东笑笑，接着又问："你说说，方才我们在机场，现在上了天，再过一会儿又要落地，这在哲学上该怎么解释？"尤金一个劲眨眼，终于作难地叹道："哎呀，这我可没有研究过。""考住了？"毛泽东将下唇吸入嘴里轻吮一下，笑道："我来答答试试看，请你鉴定鉴定。飞机停在机场是个肯定，飞上天空是个否定，再降落是个否定之否定……""妙，妙！"尤金抚掌喝彩："完全可以这样说明。"

毛泽东随时随地注意研究哲学，他通过坐飞机这件极平常的事，把抽象的哲学概念，变为通俗易懂的实例，使人感到生活中处处有哲学。

（参见《缅怀毛泽东》上册，中央文献出版社1993年版）

着火后烧光了好

"还是烧了好，烧了三年盖瓦房，不烧十年住草房。"

1956年3月12日毛泽东一行去爬玉皇山，在半山腰的一个亭子里，大家休息片刻，俯瞰杭州景色。毛泽东自言自语地说："上有天堂，下有苏杭，杭州真是个好地方。"

突然，侯波惊叫起来："哎呀，着火了！"

大家定睛望去，山下的一处茅草房燃起了熊熊大火。茅屋里的人只抢出几件衣物，谁也不敢上前扑火。南方的草房，用几根木头支撑，围上泥糊竹篱笆，再盖上稻草就成了，火一燃起来便无法扑救。大家默默地注视着大火。毛泽东打破了沉默，出人意料地叫道："着火好，烧光了好。"

众人惊讶地看着毛泽东，满脸不解。

"不烧了，他就总住在茅草房。"毛泽东坐在一块石头上，不慌不忙地解释说。

"可烧了房，他住哪儿呀？"侯波还是不明白。

毛泽东望着火烟沉思，好久，他才轻轻地说："唉，落了片白茫茫大地真干净。还是烧了好，烧了3年盖瓦房，不烧10年住草房。"大家觉得毛泽东说的有道理，烧了房是坏事，可是不烧什么时候才能改变现状呢？

毛泽东是站在哲学的角度上来看这场火灾的，这不正是他的"不破不立"的辩证观点的一次体现吗。

（参见吴晓梅：《毛泽东视察全国纪实》，湖南文艺出版社 1999 年版）

辣椒的军事譬喻

"游击战是青辣椒炒肉，溜到肚里才感到辣，运动战是爆烤的朝天椒，别看它小，进口就呛人，从头辣到脚。"

毛泽东吃饭中有许多哲学，早在 1930 年 5 月，毛泽东在江西寻乌开座谈会，进餐时，主人说："这是我们本地的辣椒，叫灯笼泡，别看它大，却不辣。"毛泽东夹了一个放入嘴里，连说："嘿，果真不辣，这就叫大而无用。它告诉我们，凡事不能看外表，像这种辣椒，看起来样子很大，以为一定辣得厉害，可它实际上不辣，而我们湖南的辣椒虽小，却辣得很。像现在国民党反动派一样，别看它表面上强大，其实却是中间空窜的灯笼泡。"毛泽东的形象妙喻说得大家开怀大笑，在战略上藐视敌人，使人信心倍增。

中央苏区第一次反"围剿"时，毛泽东以"辣椒宴"招待朱德、彭德怀。当时面对国民党 10 万大军进攻中央苏区，红军拟采用何种战略战术，是大家正在思考的一个问题。毛泽东夹起一个又小又辣的"朝天椒"放到彭德怀碗里，说："老彭啊，这次战役够辣的啊！"彭德怀将朝天椒往嘴里一放，直辣得鼻尖出汗，长吸一口气说："我就喜欢辣，越辣越好。"毛泽东见彭德怀辣得如此过瘾，乘机幽默地说："游击战是青辣椒炒肉，溜到肚里才感到辣，运动战是爆烤的朝天椒，别看它小，进口就呛人，从头辣到脚。"彭德怀脑海里很快闪过历次战斗情景，领悟到其中内涵，放下筷子，兴奋地说："唔，我懂了，这次反'围剿'是红军从游击战转入运动战的开始，往后我们要在运动中各个击破，消灭敌人有生力量。"朱、毛会意地笑了。毛泽东巧借饭中的哲理给将士们上了一堂生动的军事课。

（参见于俊道主编:《生活中的毛泽东》，解放
军出版社 1999 年版）

诙谐幽默的答话

"除了不对的以外都是对的。"

曾在中央书记处第一办公室工作的何载回忆，1956 年年底毛泽东身体欠佳。一天，何载得到电话通知，适当减少给毛主席送阅的东西。何载当时兼中南海党总支书记，只单纯地从爱护毛主席的健康出发，草率地向有关办公室的同志转达了要少送文件的意思。毛主席当年的习惯是每天要看三四万字左右的东西，现在一下少送了，很快被他发觉了。在一个会议上毛主席对何载提出批评，说一个姓何的封锁他，还举了些历史上封锁国君的恶劣行径和严重后果的例子。何载吓坏了，认为闯了大祸，寝食不安。正在一筹莫展时，周总理捎了话来，让何载马上检讨。当晚，何载即送上了检讨书，次日早上毛主席批回来了："态度尚好，免予处分。"何载此时才如释重负，内心说不出的喜悦，但思想上仍有疑虑和不通。一天下午，正在西楼吃饭，邓大姐来了，她对何载讲了一句总理要她转达的话："别人想挨批评还挨不上呢。"听了邓大姐的话，何载思想才通。这句话说明了当毛主席弄清真相后便免予处分了。邓大姐给了巧妙的解释："别人想挨批评还挨不上呢"，正反映了毛主席尊重客观事实，坚持实事求是的个性和风格。使何载没有为此背上包袱。

1957年3月，中央统战部在怀仁堂后厅召开民主党派领袖人物座谈会，祝贺工商业社会主义改造的胜利完成。何载当时列席了会议。会上有人讲了过头话，毛主席都认真听取，中间插话，谈笑风生。会议开得很活跃，大家心情舒畅。会后，毛主席和大家一起参宴。宴会结束时，有位老先生带着几分酒意把手搭在毛主席的肩上问："您说我刚才的话对不对？"毛主席微笑着，然后机智而幽默地说："除了不对的以外都是对的。"那位老先生便高高兴兴地走了。这句饱含辩证法的诙谐的答话，立刻冰释了那位老先生的疑虑。

（参见李静主编：《实话实说丰泽园》，中国青年出版社2007年版）

得让孩子上上当

"不要把孩子教育成那样，使他以为大人都是好人，大人也有坏人嘛。"

给毛泽东当保健大夫的王鹤滨，曾多次陪毛泽东吃饭，他的儿子王子冀也"沾过光"。

一天，毛泽东又邀王鹤滨进餐，王鹤滨就带儿子一起去了。毛泽东把脸转向孩子："小娃娃，几岁啦？"王子冀怯生生地伸出4个手指头。"你妈妈呢？""妈妈上学去了。"王子冀开了口。"想妈妈吗？"毛泽东一边问话，一边给孩子捡菜。"想，想妈妈。"王子冀已经不再陌生。

当毛泽东发现王子冀的眼睛总是瞟向那一小碟鲜亮的、红绿相间的炒辣椒时，来了兴趣："啊，小家伙，你想吃炒辣子啦？这东西可好吃啦。"说着，就捡起一截红色的辣椒，在孩子的眼前晃了晃。

王子冀刚要把嘴凑上去吃，被父亲拉开了："主席，不要给他吃！"他觉得这辣椒大人都会辣出汗，孩子哪受得了，被辣得哇哇一闹，这顿饭就搅了。毛泽东见王鹤滨阻拦，就把辣椒放进自己嘴里，还做出很好吃的样子，王子冀口水都快给逗下来了。

于是，毛泽东又捡了一截辣椒，送到孩子面前："吃吧，可好吃啦，不要听爸爸的。"王鹤滨再次阻拦了毛泽东。王子冀很奇怪：伯伯说好吃，又那么好看的东西，爸爸为什么就是不让吃？

辣椒还是让毛泽东自己吃了，但他带着批评的口吻说："你让他吃嘛。怕什么？让他上上当。不要把孩子教育成那样，使他以为大人都是好人，大人也有坏人嘛！"

在孩子面前，辣椒，使毛泽东想到了培养孩子逆向思维的意识，以及认知世界的多样性的问题。他主张应该让孩子独立思考，在亲身经历中去认识事物的复杂性，以锻炼他们成长的才能。

（参见王鹤滨：《紫云轩主人——我所接触的毛泽东》下册，中共中央党校出版社1991年版）

精神也能医好病

"人的精神对人的健康有着极重要的作用。"

在革命斗争中，毛泽东不仅多次从敌人手中死里逃生，而且还有多次战胜病魔折磨的经历。毛泽东的身体原来并不坏，但由于艰苦的环境和沉重的工作压力，他曾有几次似乎要随病魔而去，但最后都奇迹般地康复了。如同毛泽东多次战胜了死神的威胁一样，毛泽东也一次次地战胜了疾病的折磨。毛泽东认为，人的精神对人的健康有着极重要的作用，他不仅将生病的主要原因归于生理状况以外的因素，而且，根据自己的经验，他也相信人们有时不靠药物单靠极大的希望也能生存下去。

1929年秋，在江西苏区，在红四军受到排挤的毛泽东得了疟疾。这场大病持续了3个月，好几次在生与死之间徘徊。上海的交通员历尽千辛万苦弄来了奎宁，信仰基督教的医生傅连暲尽了极大的努力，但毛泽东仍将他的康复很大部分地归功于他于稻草床上草拟出的著名的《古田会议决议》。强大的精神力量使他战胜了濒于死亡的疾病。在长征途中，张国焘分裂红军的企图以及张所拥有的强大的武装实力，亦曾使焦虑的毛泽东发生严重的神经衰弱，而在越过六盘山到达陕北后，毛泽东则天天晚上在黄土窑洞里安然入睡。看来精神的力量往往可以战胜厄运和疾病上的折磨，似乎也可以出现一些奇迹。

毛泽东曾讲过，小时候在农村，由于缺医少药，有了病就抓把香灰吃，靠精神的作用也能医好病。可见有时精神的作用不可小估！他常讲物质可以变精神，精神也可以变物质的力量。精神和物质的问题貌似高深，其实再浅显不过了。就比如你到饭店吃饭，饭菜虽好，但服务态度极坏，是否留下来吃，这就是精神和物质谁战胜谁的问题。

鱼在水中睡觉吗

"你们说，鱼在水中是否也要睡觉？"

毛泽东无论随便拣起一个什么话题，总有种哲学家高屋建瓴的气势。

1929 年春天的于都会议之后,毛泽东从于都出发去兴国前一天的傍晚,陈毅、谭震林和江华,三人陪着毛泽东在河边漫步。毛泽东突然停下脚步,问:

"你们说,鱼在水中是否也要睡觉?"

三个人面面相觑,一时谁也答不上来。他们的思想跟不上毛泽东海阔天空的思维。

"我说鱼要睡觉。"毛泽东自己回答,"作为高等脊椎动物,鱼有中枢神经系统,有兴奋和抑制两种状态,这就是它的醒和睡。这一醒一睡,就像生与死、动与静、阴与晴一样,是一组矛盾。这二者是对立的,又统一在一个事物中,构成这个事物的两个方面。"

就是从一条鱼,毛泽东也能阐发出深刻的哲理来。

这时,具有学者风度的陈毅突然冒出一句:"子非鱼,安知鱼之乐?"这是庄子的话。

毛泽东即用庄子的话作答:"子非我,安知我不知鱼之乐?"

二人说罢大笑不止。陈毅笑后说:"还是党代表说的有科学根据哟。我说的,有点子诡辩的味道啰!"

与毛泽东在一起,江华常常有一种思想上得到升华的感觉。即使是生活中的一件小事,他也能联系到哲学意境里,用幽默诙谐的语言来阐发自己的哲理见解。

（参见李均翰、谭德山、王春明:《和省委书记们》,中央文献出版社 1995 年版）

游泳悟出的哲理

"我被娇宠了，世界上的事情，就是不能有这种唯我独能的思想。"

1956 年，毛泽东第一次畅游长江后回到北京，风趣地对保健医生朱仲丽说："人不可逞能啊！这次在长江游的时间太长了，已经感到全身疲乏，还要逞能，继续游，要不是叶子龙（毛泽东的秘书）叫我上船，我只怕淹死了！

朱仲丽笑着说："我不相信，您很会游泳。"

毛泽东说："你不相信，群众也不会相信，这种心情我理解，所以，我就越游越起劲嘛！"

"人们争着看您的勇敢和毅力哩。"朱仲丽说。

毛泽东接话："唔！这一下子坏事了。我被娇宠了，世界上的事情，就是不能有这种唯我独能的思想。这次好险，幸亏有人下命令，也亏得我服从了命令。"

这是毛泽东觉察到了自己的弱点，从强行游泳上认识到唯我独能是有害的。这也是毛泽东有自知之明，敢于暴露自己的弱点的一次自我表现。说明毛泽东对自己也是一分为二的。

（参见许祖范、姚佩莲、胡东编著：《毛泽东幽默趣谈》，山东人民出版社 1995 年版）

"满堂红"不一定好

"你应该钻一门你最喜欢的，你认为是最值得学习的东西，在这一门学科上，你要去有所突破，理解得更深一点，满堂红不一定就是好的。"

毛岸青的夫人邵华在北京大学中文系学文科。因此，毛泽东经常与其在交谈中讨论一些问题。

有一次，邵华的"中国通史"考试取得好成绩，便兴致冲冲地跑来告诉毛泽东。毛泽东就说："那我来考考你，你谈谈刘邦、项羽兴衰的原因吧。"邵华便按照教材的内容回答了一遍。毛泽东笑道："这是死记硬背，算是知道了点皮毛，但还没有很好地理解。要多读史料，多思考，能把'为什么'都说清楚，这一课才算学好了。"还有一次期中考试，邵华除了体育课只考了 3 分外，其他的课程全都考了满分 5 分。她就高兴地拿着"满堂红"的通知单跑来向毛主席报喜，谁知毛泽东在看了之后，对沾沾自喜的邵华说："体育方面要加强，要增强体质，要进行锻炼。"他还教导说："一个人的精力是有限的，你不能把精力平均地用在每一门功课上，你应该钻一门你最喜欢的，你认为是最值得学习的东西，在这一门学科上，你要去有所突破，理解得更深一点，满堂红不一定就是好的。"毛泽东的这番话给邵华很大启示。

后来，努力读书的邵华越努力，越觉得自己的知识不够用，对此她感到有些迷茫，就像一只刚刚学会独自飞翔的小鸟，不知道怎样才能使自己知识的翅膀尽快丰满起来。毛泽东就劝慰她说："不要急，知识需要积累，最重要的是要把书读活，切忌读死书，死读书，要勤动脑，要善于思考。"这就是毛泽东主张如何看待"满堂红"和读活书的观点。

（参见赵志超:《毛泽东一家人》，中央文献出版社 2000 年版）

"水静"违反辩证法

"这是违反辩证法的，水是动的，不是静的嘛。你看大海大浪滔滔，江河波涛滚滚，哪里是静的呢?"

1959 年 3 月下旬有一回原江西省委第一书记杨尚奎的夫人水静跟杨尚奎参加晚宴，陈正人从邻桌走过来说:"水静，走，和毛主席熟悉熟悉去。"陈正人向毛泽东介绍说:"主席，这是水静同志，杨尚奎同志的夫人。"

"啊，好，坐，坐。"毛泽东很客气地和水静握握手，要她坐右身边，然后问:"你是哪里人?"没等水静回答，又说:"你知道吧，江西、湖南是亲戚，所以湖南人叫江西为老表。"

"你们江西人行呀，"毛泽东笑道:"晋朝的时候，江西出了个许真君，湖南出了条孽龙。起初许真君斗不过孽龙，后来孽龙还是被许真君降服了，你知道这个故事吗?"

"听说过。"水静说:"南昌西山万寿宫门前有口井，当地群众说，孽龙就锁在那里面。"

"是吧，还是江西人厉害呀!"毛泽东笑着说。

"我不是江西人，是安徽人。"水静解释说。

"你现在嫁给了江西人，就是老表嘛!"毛泽东说着，又问道:"你姓什么?"

37

"我姓水，江水，河水的水。"

"噢？还有这个姓呀！"毛泽东感到很诧异。

有一次，毛泽东和几个文工团员闲谈，无意中毛泽东指着水静向那些青年演员说："你们知道她姓什么吗？"

由于不认识，都摇头说不知道。

"她姓五行之一，金、木、水、火、土里的一个"毛泽东提示说。

"姓金？""不对！""姓木？""更不对，世上没有姓木的。"毛泽东笑道："她姓水，没想到吧？"

"还有姓水的呀？"

"是呀，我也是头一回听说。"毛泽东说："不过百家姓里是有的，'柏水窦章'嘛。"

还有一回看戏，中途休息时，水静和杨尚奎恰好坐在毛泽东身边。毛泽东和杨尚奎交谈几句之后，便一边吸烟，一边和水静开起玩笑来。

"你怎么叫水静呢？这个名字不好。"毛泽东笑着说："这是违反辩证法的，水是动的，不是静的嘛。你看大海大浪滔滔，江河波涛滚滚，哪里是静的呢？"

"可是水也有静的时候。"水静说："苏联有部小说，就叫《静静的顿河》。"

"唔，不错。"毛泽东点点头说："如果没有风浪，西湖的水也很平静。"

"有动就有静，动和静是一对矛盾。"水静接着说："这是您的《矛盾论》告诉我的。所以，我的名字没有违反辩证法，对吧？"

毛泽东高兴地笑道："你还有不少道理哩！"

杨尚奎和周围的同志们听了他们之间有趣的对话也都呵呵地笑了起来，大家从谈笑中获得了一些启示。觉得毛泽东平易近人，在日常生活中他会从人的姓名中找有关辩证方面的笑料来调节气氛，使得气氛十分融洽和谐。

1965年，在党的八届二中全会上，毛泽东在讲到要按辩证法办事时说："看电影，银幕上那些人净是那么活动，但是拿电影拷贝一看，每一片都是不动的。庄子的《天下篇》说：'飞鸟之累，未尝动也'。世界上就是这样一个辩证法，又动又不动。"

毛泽东就是这样利用一切场合，不懈地宣传倡导辩证法，而且用通俗易懂的实例，来说明辩证法的原理。

（参见水静：《特殊的交往——省委第一书记夫
人的回忆》，江苏文艺出版社 1992 年版；成
林编著：《毛泽东智源》，海南出版社 2001 年
版）

让"傻丫头"变聪明

"活人哪个不放屁，屁，人之气也，五谷杂粮之气也。放屁者洋洋
得意，闻屁者垂头丧气。"

进入晚年，毛泽东以幽默的语言，向身边的工作人员讲故事。有一天孟
锦云值班，毛泽东操着难懂但又能让人听懂的湖南话，给小孟讲起来。此时
的小孟，就像几岁时，听任爷爷奶奶讲那些美丽动人的传说故事一样，听得
那么专心，那么入迷。

"有一个人，从自己脖子上捏下一个虱子，害怕别人嫌脏，赶忙扔到地
下说：'我当是一个虱子呢，原来不是一个虱子。'另一个人马上捡起来说：
'我当不是个虱子，原来是个虱子！'"

小孟听完了这个简单得不能再简单的故事，瞪着她那双清澈的大眼，像
个不懂事的孩子似的发问了："这个故事有什么意思，也不好听。"

"傻丫头，你什么都不懂噢，这就是说，告诉我们要讲实话嘛，虚伪的
人真是可笑。"

小孟听了恍然大悟，于是她也觉得这样的小故事很有意思。

"主席，再给我讲一个，你看看我能不能猜出什么意思。"

毛泽东又给小孟讲了另外一个故事:"有一天,乾隆皇帝和一个大臣来到一个庙里,迎面是一个大肚子弥勒佛。乾隆便问大臣,弥勒佛为什么对着我笑啊。那大臣说,这是'佛见佛笑',乾隆听了很高兴。当他往佛的侧面走了几步之后,又回头一看,见弥勒佛正对着那大臣笑呢,于是便又问那大臣,大臣赶紧回答说:'他笑我今生不能成佛。'"

小孟听到这里,咯咯地笑起来,急忙说:"我知道,我知道这个故事是什么意思,这是讲那个大臣会拍马屁。"

毛泽东点头称赞:"进步很快嘛,好聪明的傻丫头!"

就是这样,毛泽东高兴的时候,常常给小孟讲着一些有趣的故事。这些故事讲起来是那样轻松、自然,透出一种强烈的幽默感,他们之间的相处,显得十分和谐。

这天,毛泽东把诗刊杂志要发表他的两首词的清样,拿给小孟,对她说:"小孟,请你把这两首词读给我听听。"

小孟拿过来,也不先看一遍,马上就读起来:

念奴娇·鸟儿问答

1965 年秋

鲲鹏展翅,九万里,翻动扶摇羊角。

背负青天朝下看,都是人间城郭。

炮火连天,弹痕遍地,吓倒蓬间雀。

怎么得了,哎呀我要飞跃。

借问君去何方,雀儿答道:有仙山琼阁。

不见前年秋月朗,订了三家条约。

还有吃的,土豆烧熟了,再加牛肉。

不须放屁,试看天地翻覆。

小孟用高声快速地读了起来,当她读到"不须放屁"这句的时候,她噗哧一下笑出声来。

"活人哪个不放屁,屁,人之气也,五谷杂粮之气也。放屁者洋洋得意,闻屁者垂头丧气。"

小孟听了笑得前仰后合，直不起腰来。

毛泽东通过讲故事的形式，对身边的工作人员孟锦云进行辩证唯物主义教育，使她听了之后，从蕴含在故事里的哲理得到启发，从而由"傻丫头"变为"聪明"的丫头。

（参见郭金荣：《毛泽东的晚年生活》，教育科学出版社 1993 年版）

到江海中去锻炼

> *"游泳是同大自然做斗争的一种运动，你们应该到大江大海去锻炼。"*

毛泽东对游泳一生爱好，乐此不疲。

1954 年毛泽东到北戴河办公，9 月中旬，接连几天大风大雨，北戴河成了喧嚣的世界。涛声从大海那边传来，像炮声隆隆，像千军呐喊，万马奔腾。毛泽东兴致勃勃，提出要去游泳。

负责保卫工作的卫士们都很紧张，纷纷"挡驾"。

"水很凉，会抽筋的。"

"我不怕冷，就你们怕冷，你们别游么。"

"那也不行，浪太大，岸边的浪一米多高。"

"那才好么，乘风破浪，这正是机会吗。"

"那是顶风。几个年轻战士试几次，都被浪打回来了，根本冲不过去。"

"一个人冲不过去，这么多人还冲不过去？岂有此理。"

毛泽东目光灼灼，脸上露出坚毅的神情。大家没法再劝了，只好跟毛泽东向海边走去。海风呼啸，冰冷刺骨，连天巨浪咆哮而来，令人不寒而栗。

"赶浪，我们赶浪。"毛泽东无所畏惧，像嬉戏般迎着风浪走去，卫士们热血奔涌，簇拥着毛泽东向前走去。

大海被激怒了，它蓄积起力量，嘶吼着扑来。轰然一声，一排巨浪竟将一群人推出四五米远，将人冲倒在沙滩上。

毛泽东爬起身，蔑视着大海笑了。"嘿嘿，我总算找到一个好对手。"他吐出嘴里的海水，稍一喘息，又向大海冲去。

卫士们护卫着毛泽东，挽着手组成一道人墙，向大海发起了一次次冲锋。海浪的喧嚣、人的呐喊，汇在一起，像有千军万马在厮杀，最后终于冲过海浪，游进了大海。

毛泽东一面随波起伏，一面对身边的卫士们说："你们正年轻，要经风雨见世面。不要做温室里的花草，要在大风大浪里锻炼成长。"

1966年7月16日，已经70多岁高龄的毛泽东又一次畅游了长江。当时正值汛期，水急浪高。毛泽东从快艇的右舷下水，他时而挥动双臂，劈开层层巨浪；时而仰卧水面，凝望万里碧空。边游泳边和伴游的战士们谈笑，胜似闲庭信步。从武昌大堤口一直游到武汉钢铁公司附近。历时一小时零五分，游程近30里。

他曾对身边的人说过："长江又宽、又深，是游泳的好地方。长江水深流急，可以锻炼身体，可以锻炼意志。

"游泳是同大自然做斗争的一种运动，你们应该到大江大海去锻炼。

"长江，别人都说很大，其实，大并不可怕。美帝国主义不是很大吗？我们顶了他一下，也没有啥。所以，世界上有些大的东西，其实并不可怕。"

毛泽东通过游泳活动，把辩证法引申到政治生活中去，这就是他所提倡的斗争哲学的活化。

（参见聚生、高里、陈澍：《毛泽东的领袖魅力》，知识出版社1993年版）

找对象得讲条件

"速胜论不行吧，也不要有失败主义，还是搞持久战好。"

毛泽东曾亲自帮忙，给好几名身边的工作人员解决生活问题，在这方面他又热心，又细心，又讲大道理，又讲实际，还十分富于男子汉气概。

卫士封耀松跳舞认识了一位女文工团员，不久又吹了，毛泽东在专列上听说了，开导说："你就不该搞个文艺工作者，你一个月40多元钱，怎么能养活得起那些活蹦乱跳、花枝招展的女演员？没到共产主义，还得讲些实际么。"

他又借机提醒其他卫士："你们就以你们自己的条件找对象，不要打我的旗号，打我的旗号最后是要吃亏的，要吃苦头的，现在我们的国家，我们的社会，找对象还得讲条件，一头热是不行的，双方的条件都要考虑。"

小封大概是不死心，在合肥跳舞又跳上了一名女文工团员，毛泽东笑了："你是不是在搞速胜论哪？"恰好安徽省委书记曾希圣夫妇来看望毛主席，毛泽东便托他们代为了解一下女团员的情况。晚上，曾希圣夫妇来说："哎呀，不太合适，女方比小封岁数大，快大3岁了。"

"这不算大问题吧？"毛泽东望着封耀松："女大三，拖金砖，何况人家长得年轻。"

曾希圣夫妇又说："她可是离过婚的，带着一个小孩。"

毛泽东望着封耀松："怎么样？小封，给你拖个油瓶行不行啊？要说心里话。"

封耀松早垂下头，尴尬沮丧地摇摇头。

毛泽东对曾希圣夫妇遗憾地说："我身边几个小伙子都是不错的，总想选择个漂亮些的，方方面面满意些的姑娘，这样一来呢，就有点对不住你们那位女演员了……"

送走曾希圣夫妇，毛泽东用指头捅了捅小封："速胜论不行吧？也不要有失败主义，还是搞持久战的好。"

上庐山后，毛泽东托江西省委书记杨尚奎的爱人水静帮忙，给封耀松介绍了一名女护士，回京后，毛泽东还多次应封耀松之求帮他改写情书。毛泽东把根据具体条件去处对象的辩证法应用到日常生活小事上，在解决婚姻问题上不搞速胜论，也不要有失败主义，还是搞持久战好。终于给小封找到了一位合适的对象。

（参见李敏、高风、叶利亚主编：《真实的毛泽东》，中央文献出版社 2006 年版；谭逻松、张其俊编：《毛泽东的幽默故事》，同心出版社 1993 年版）

知其一与知其二

"人贪得无厌是不好，但人要贪得有厌，那恐怕世界也就不前进了。"

毛泽东喜欢从相反的另一面去分析事物。这是他长久以来的习惯，这也许是他总能得出些比较准确的判断的原因。因为他不仅看到了人们容易看到的那一方面，也看到了人们不容易看到，及容易忽略的那一面。

有一次，毛泽东和小孟谈到了俄国的普希金。

"俄国有个诗人普希金，他写了一个童话《渔夫和金鱼的故事》，我很喜欢。"毛泽东很少谈到外国的作家，这次却突然提到了普希金。

"渔夫和金鱼的故事，我上小学时，看到这个动画片，那个贪心的老太婆真是可恶。"

"你要看到那老太婆的贪心，太可恶，你可没有看到这个贪心中有可爱的一面。"毛泽东仿佛故意唱反调。

"老太婆老让老头子去向金鱼要这要那，最后还要当女皇，还要让金鱼来服侍她，怎么样？金鱼生气了，老太婆还不是一切都没了，只守着个破木盆"。

"人贪得无厌是不好，但人要贪得有厌，那恐怕世界也就不前进了。你说是不是这个道理，都满足了，到了厌的程度，那还要变革，还要追求什么呢？"

这又是毛泽东的观点，他赞成老太婆的追求，不断的追求。

"主席的看法，老和我们不一样，这个人很怪。"这是孟锦云的结论。

"他就是怪，你说是黑的，他偏要说白，他总喜欢对立。"小张也有同样的看法。

难怪，年轻时代的毛泽东，老师在给他的诗中的评语就说他是"怪才"。

还是毛泽东自己常常说的那句话："这叫只知其一，不知其二。"

"我们老是只知其一，不知其二，您老是又知其一，又知其二。"小孟调皮地回答了毛泽东的评论。

毛泽东确实是个怪才，他能打破常规，从逆向思维中去寻找事物发展的合理内核，这样看问题就能做到全面、准确，不能忽略矛盾对立的另一面。老太婆贪得无厌是不对的，可是透过"无厌"还应该看到它的积极的变革意义。

（参见郭金荣：《毛泽东的晚年生活》，教育科学出版社 1992 年版）

烟头与帝国主义

> "事物都是一分为二的么，烟也不能例外……帝国主义气息奄奄啰！"

保健医生为了毛泽东的健康，曾劝过他戒烟。可是没有成功，医生只好让毛泽东控制吸烟量，一次只准吸半支。所以，毛泽东吸烟时总是把烟一折两截。

有一天，毛泽东到紫光阁跳舞。一曲下来，毛泽东坐到沙发上，拿起茶几上的香烟，又习惯性地将烟一折两截，把半截插进了烟嘴。

坐在旁边的伴舞的女文工团员小赵一见，觉得很奇怪。于是拿起放在茶几上的另外半截烟，颠来倒去地看。但她并没有看出有什么名堂，就好奇地问毛泽东："主席，你为什么要把这支烟掰成两半呢？"

毛泽东神秘地笑了笑，说："事物都是一分为二的么。烟也不能例外。"

小赵想了一会终究还是没有想通，她就是不明白这将烟一折两截与哲学上的一分为二有什么联系。她忍不住又问毛泽东，可他只是笑着，神秘地摇头。'

只剩下一个烟头了。烟头在毛泽东褐色的烟嘴里一明一灭地闪着暗淡的红光。毛泽东赶紧再深深地吸一口，徐徐地将烟吐了出来，又把烟蒂按入烟灰缸。烟蒂在烟灰缸里有气无力地冒着残烟，烟雾袅袅地向空中飘去。

毛泽东叹了口气，望着小赵说："帝国主义气息奄奄啰！"

小赵被毛泽东的幽默逗笑了。

看来毛泽东处处讲哲学，小小的一支烟也被他引入到哲学领域里来了。将烟一折两截一分为二。看到烟蒂有气无力地冒着残烟，他竟同貌似强大的帝国主义联系到一起，嘲笑它们气息奄奄啰！帝国主义也可以一分为二。

（参见谭逻松、张其俊编:《毛泽东的幽默故事》，同心出版社 1993 年版）

西红柿与撞大"运"

"听说西红柿原来有个很可怕的名字，叫'狼桃'，是吗?"

美国友人斯诺到保安采访毛泽东，毛泽东招待斯诺吃晚餐。

斯诺看着西红柿炒辣椒，惊奇地问道："呵，保安还有西红柿?"

卫士贺清华说："保安没有西红柿，这是周副主席从东线指挥部给主席捎回来的。今晚为了招待客人，主席让炒了一点。"

毛泽东接着说："延安天主教堂的神父给东北军送来了两篮子西红柿，东北军里的同志又给周恩来同志送了几个，恩来没有舍得吃，又给我送回来了。"

斯诺听毛泽东说起周恩来脸上就立即出现了动人的表情，知道毛、周之间的革命情谊非常深厚。使他进一步认识到，中国有这样有才能的伟大人物在治国为民，红星一定要照耀全中国。

毛泽东请斯诺坐在饭桌前，亲自将小米干饭盛在碗里递给斯诺："你要习惯吃小米，不习惯吃小米，就不懂得红军，就不懂得我们共产党人为什么能以小米加步枪，对付国民党的飞机加大炮，还要打败有优良装备的日本侵略者。"

斯诺说："我已经习惯了吃小米。"他边说着边大口地吃起来。

毛泽东夹了几块西红柿，放在斯诺的碗里，说道："这西红柿在我们这里来说，是非常新鲜的蔬菜，是不容易买到的东西。你应该多吃一些。"

斯诺看着毛泽东，感激地说："主席应该多吃一些，西红柿的营养是很丰富的，我在北平倒是不难吃到西红柿。"

毛泽东一边吃着饭，一边说："西红柿从欧洲传入我们中国才有几十年时间，在民间还没有开始大量栽种。"他吃了两口饭，问："传入你们美国可能比中国还要晚一点吧？"

斯诺抱歉地笑了笑："我还没有考证西红柿传入美国的时间，我想不会比中国晚多少，因为西红柿的老家在南美洲秘鲁的森林里。它是 16 世纪才被一个英国公爵从南美洲带到欧洲的。"

毛泽东点了点头，说道："听说西红柿原来有个很可怕的名字，叫'狼桃'，是吗？"

斯诺说："对喽，西红柿未被人们发现能食用之前，就是叫'狼桃'。"毛泽东知识这么丰富，使他感到惊讶。

毛泽东吃了一块西红柿，接着说："由于西红柿的枝叶分泌出来的汁液气味难闻，一直被人们视为有毒之果。直到 18 世纪末，法国的一名画家在为西红柿写生时，被西红柿艳丽的色泽，引人喜爱的浆果，产生了品尝的欲念，便决定品尝这个又可爱又可怕的'狼桃'。他品尝之前，穿好了入殓的衣服，接着就吃了一个。他觉得甜滋滋、酸溜溜的，十分清爽可口，并无难受之感。这可口的滋味，反而使他更加神经紧张。他便干脆躺在床上，等着死神的召唤。可是一个小时又一个小时过去了，他没有死。西红柿的食用之谜被揭开了，立即风靡世界，成为人们竞相食用的最佳蔬菜。这个名气不大的法国画家也因此成了传奇式的人物。"

斯诺听了毛泽东讲西红柿的经历，立刻明白了毛泽东巧妙的寓意，更加钦佩毛泽东的才能和智慧。同时也想起了自己到红区来时的心情，不由得笑了起来，说道："主席，我准备到红区来的时候，也是下了和那个品尝西红柿的法国画家一样的决心！"

毛泽东笑笑，诙谐地说道："你也是下定了死的决心来我们红区，准备'品尝'我们共产党领导的中国革命喽。"

斯诺说："我准备到红区来的时候，白区流传着许多谣言，说红区是一片焦土，草木不生，红军杀人放火，共产共妻；说主席是青面獠牙的吃人魔王；红区内流行着天花、伤寒、霍乱、斑疹、鼠疫等疾病。我来的时候身上注射了许多种预防药。"

毛泽东哈哈地笑了起来，然后又风趣地说道："蒋介石老兄，把我们说得比'狼桃'还可怕呀！"

斯诺被毛泽东风趣的话语逗得直笑，笑了一阵后，说道："我那时候确实是冒着掉脑袋的危险来红区的。因为当时没有一个非共产党的观察家，能够准确、真实地讲清红区的情况。红区当时是一块'未知之地'，是一个最大的谜。为了探明这块'未知之地'的真实情况，难道不值得我冒一次生命危险么！"

毛泽东高兴地说："你这个'险'冒得好！你将会和那个法国画家一样，成为世界上传奇式的人物。"

斯诺激动地说："红区的一切都是新闻，都是世界上的头号新闻。这些新闻报道出去以后，一定会和西红柿一样风靡世界。"

毛泽东看着感情激动的斯诺，说道："你到中国来不是为了'撞大运'的么？我看你已经撞上大'运'了。"

斯诺不明白地看着毛泽东。

毛泽东又说道："你将我们红区的一切，我们党的抗日民族统一战线，向全世界如实的报道出去，就是一本世界上最畅销的书，这不就是撞上大运了么。"

斯诺突然明白了毛泽东的意思，他无限钦佩地望着毛泽东宽阔的前额，炯炯的目光，心里非常感激毛泽东利用漫话西红柿，对他进行了巧妙的、恰当的教育，使他更加同情和支持中国人民的革命斗争了。

毛泽东在同斯诺交谈的过程中，通过西红柿发现的秘密，形象的把它引申到中国革命事业上来，使斯诺揭开了"未知之地"的最大的谜，深刻揭示了"西红柿"、"中国革命事业"同"撞大运"之间的关系，用浅显的生活饮食例子，说明了当时不为人们所了解的革命道理。

（参见竞鸿、吴华编著：《毛泽东生平实录》，
吉林人民出版社 1992 年版）

有上海就有下海

"有上海就有下海，不然，就不相称。下海是一个镇子。"

1974 年 5 月 29 日晚间，毛泽东在中南海住处书房会见美籍华裔物理学家李政道博士，国务院副秘书长罗青长、国防科工委副主任朱光亚以及王海容、唐闻生陪见。一身病态的毛泽东依然风趣如故。一见面老人家就问李博士是哪里人。李政道回答说是上海人。毛泽东明知故问："有上海，有下海没有啊？"（毛泽东一向有此好，提到河南内黄县，便要问有没有外黄），李政道当然没有听说过"下海"，只好说不知道。毛泽东紧接着就说："有上海就有下海，不然，就不相称。下海是一个镇子。"

接下来，毛泽东就进入正题："你的关于应该培养科学人才的意见我是赞成的，但是你的那个理论没有讲清楚。理论是哪里来的呢？就是应用科学来的，然后又指导应用科学。"还没有等王海容把毛泽东那带着浓重湖南乡音的话转述完，毛泽东就举出了形式逻辑的例子："譬如，形式逻辑的大前提，凡人都是要死的，从古以来老人都死了，就是这个大前提。"说到这里，毛泽东指指身旁的唐闻生说："唐闻生是人是小前提，这个小前提就是含在大前提里头。'凡是人'不是有个人吗？'唐闻生是人'，不是包含在大前提里头吗？所以唐闻生呢？是要死的，这是结论。这就是三段论法。"说到这里，毛泽东笑了："她叫唐闻生，我劝她改个名字，叫唐闻死，她说不好听！""唐闻死"一名固然难听，却引出了毛泽东的一番关于逻辑推理的议论。

毛泽东为了阐明形式逻辑，他在会见李政道博士时，对在现场的翻译唐闻生的名字发生了兴趣，他利用唐闻生的姓名，作为三段论法的例子，将人——生——死论述了一番。虽然例子不一定恰当，但是，毛泽东对生与死这一自然规律问题的阐发却闪耀着真理的光辉，而且正是这番轻松愉快的开场白，使得原先严肃拘谨的气氛一下子变得活跃起来。

（参见竞鸿、吴华编著:《毛泽东生平实录》，
吉林人民出版社 1992 年版）

新式的秘密武器

"大脑潜力很大，我只活动一部分，让另一部分休息。"

长期生活在毛泽东身边的护士长吴旭君，通过观察发现毛泽东读书学习有一些独特的地方。

有一次，当他们谈到治病时，毛泽东说:"你们医生用抗生素消灭细菌，不要只看它的正面作用，权衡利弊再作决定。我就不信医院里全是'妙手回春'呐？经验不足，技术不高，责任心不强也出差错事故，重要的是要重视这反面教训，反面经验，有时给人印象更深。'知己知彼，百战不殆'，看病也是这个道理，你不了解细菌又不了解病人能看好病吗？学术界、医学界双方争论，你不了解双方的观点你能发表意见吗？"

毛泽东说的道理，使吴旭君折服。

徐涛见到毛泽东运动量少时，有一天她跟毛泽东说:

"你整天不停地读书，可方法不够科学。"

"我怎么不科学？你倒说说看。"

"你写的《矛盾论》里说一切事物都存在着矛盾，文武之道一张一弛，读书也该这样吧？大脑里兴奋与抑制是两个对立而统一的东西，你总是劳动

兴奋，那矛盾就向另一方转化，发生抑制大脑就要疲劳。你不休息也不是劳逸结合，这不是违背辩证法吗？"徐涛向他笑着问。

"你怎么知道我这不是休息？你比我更懂辩证法？你好大的口气哟！"他歪着头在笑。

"你应该进行体力活动代替脑力活动来休息一下，对晚上睡觉也有好处。"

"我看你的辩证法也很有限，你认为只有脑力改体力才是休息，这是只知其一不知其二。我还有个秘密武器，你不知道。"

"主席你还有什么新式秘密武器呀？"

"一种脑力活动换另一种脑力活动也是休息。"

"都是脑力活动，怎么能休息呢？"

"你应该比我更了解，脑子这么大，功能这么复杂，感觉、思维、视听一定也是各有分工啊！我看文件累了换换报纸，看政治累了看看文艺小说，看诗词累了看看自然科学，看文字累了看看小人书，怎么样？"

"你还挺有办法。"

"我看累了还可听听京剧唱片，再不然和你吹一吹，我视力换听力，听力换语言，大脑潜力很大，我只活动一部分，让另一部分休息。"

"主席，你说得对，大脑里对感觉、运动、视听、语言都有不同的中枢，也各有权力范围，可总这么变换也够累的，你说不疲劳，那是真的吗？"

"我如果真累得不舒服，我能坚持几年，几十年吗？你要有目的，有兴趣，即使有点累成习惯就不觉得了。'发愤忘食，乐而忘忧'，这也是一种享受，如人饮水冷暖自知，难道你就从来没体验过？"

"我也体验过，没你那么深。"

"双手劳动促进大脑的发育，'用进废退'。马克思、恩格斯、达尔文早就说过，人类的成长就是这样走过来的。"毛泽东说得悠然自得。

"主席，学解剖时有一张图给我印象最深，大脑分管各部的中枢，大脑中所占密集容量不同，管手的部分特别大，拇指部分更大，口、舌、唇这些都比别的部分大，说明人类的双手、拇指、语言器官的运动与大脑的发育互相促进。大脑确是用进废退，脑力互相变换可以是一种休息方式，但脑力与体力互相变换的方式，休息的效率会更好些。难道我的意见道理不足吗？"

"这回你说的还是有道理，怎么样，我们到院子里让四肢也劳动劳动？别等四肢萎缩了大脑也受牵连。"

徐涛感到毛泽东喜欢别出心裁，独立思考，他关于用脑的见解还真有些学问。

（参见徐新民主编：《在毛泽东身边》，中共中央党校出版社 1993 年版）

躺卧着读书最佳

"读书的最佳姿势不是在课桌前，而是枕上。凡读书人都知此诀窍。身体安静了，脑瓜才活跃得起来。何况读书也是一类占有，当然以躺卧为首选姿势。"

毛泽东一生酷爱读书，他读书学习有许多特殊习惯。他对所睡的木板床对工作人员说："人生几乎有一半时间是在床上度过的，至于我更是比一般人在床上度过的时间要多。因此，我的床一定要搞舒服一些。"毛泽东这么说是因为他喜欢卧床办公、看书、学习。因此，毛泽东要求他睡的木板床能够放上一些书，使他能随手拿到。于是，工作人员便对他睡的木板床进行了改进，使之能符合毛泽东的要求。毛泽东用过后深为满意，感到真正是"舒服之极"了。改进后的木板床有三个特点：一是普通，毫无刻意雕饰，与一般人家使用的木板床并无区别；二是宽大，足可以容纳下两个像他这样身材魁梧的人；三是倾斜，木板床一边高一边低，造型奇特，其中高的那边睡人，低的那边放书。此后，毛泽东便一直睡这种木板床，从来未曾改变过一次。

　　毛泽东的保健医生王鹤滨回忆说，当人们走进紫云轩毛泽东的起居室时，你会惊讶地看到，在他老人家睡的硬木板双人床上，从头到脚竟放满了整整半床的书籍。毛泽东好像是睡在或躺在书堆里，这些书都是他平时常看的书，都一叠叠地有秩序地排在铺的东半侧，等候着主人去阅读。每本书看过的部分都夹着密密麻麻的白纸条。这些纸条都有半截垂露在外面，好像是书的胡须或头发，这可能是为了便于查找。刚看过的书籍如未看完，还要继续看时，则卷着摆放在那里。这些书籍几乎都是线装的古书，毛泽东读书没有折书页的习惯，这可能与他年轻时在北京图书馆做过馆员有关。这些书工作人员从来没有动过，更没有翻看过。毛泽东爱读书、爱护书，每日同书做伴，每日与书共寝。看到这些情况工作人员肃然起敬，中国古人有"羲之爱鹅"，也想起宋朝人林逋的雅号"梅妻鹤子"来，这些古代文人，虽然以此视为清高、文雅、超逸，但比起毛泽东爱书的情操来，不能不说这些古人则低得多了。于是工作人员推断，毛泽东睡硬板床可能是便于放书。因为睡软床时，由于床面的变动，那些书是无法有秩序地叠在那里的，那便会滚落满床，有的会被身体揉坏；同时毛泽东有躺在床上看书的习惯，软床是不能很好地完成这一任务的。毛泽东外出视察工作时，住宿时都得需要硬板床。

　　很长时期人们对毛泽东不睡软床、席梦思等高档床铺感到困惑不理解，但当了解毛泽东的读书习惯和读书方法后，开始理解毛泽东为什么喜欢硬板床，而且要宽大的，原来是便于他充分利用时间，随手可读到摆设的书籍，与书为伴的缘故。

　　考虑到毛泽东平时卧着读书学习的习惯，他使用的眼镜是单腿的。当他左侧卧看书时戴着有右腿的眼镜，当他右侧卧看书时戴着有左腿的眼镜。这两种单腿眼镜，换着使用，成了毛泽东极特殊的眼镜，为他读书学习提供了方便。在韶山毛泽东纪念馆里，我们可以看到这两副单腿眼镜。

　　毛泽东这种半躺着看书的习惯，不知是从何时开始的。作为他的保健医生王鹤滨，也考虑过躺着看书在生理学上的意义。当人躺着看书时，根据流体力学的原理，受到地心吸引力的影响，大脑得到的血液流量当然要比坐着或站着多。而大脑血流量的增加，意味着大脑得到的营养多，获得氧的量也多，新陈代谢因之加快。这样一来，大脑的神经细胞活力就会大大增强，从而保证了大脑处于较高的思维活动状态。因此，躺着看书从理论上讲就会增加阅读的持续力，提高阅读效率，不易疲劳。

王鹤滨认为躺着看书也有公认的缺点，比如从用眼卫生角度看，躺着看书，对视力不利。在年轻的时候，王鹤滨也尝试过躺着看书，结果那书本像催眠药片一样，不久便使他昏昏欲睡，反而成了入睡催眠的方法。当王鹤滨步入老年时，他看书却能坚持数小时而不感到疲劳。这可能是因为人在年轻的时候，血流变化在上述体位变动时较少的缘故吧。

毛泽东躺着读书，书半床人半床，这样读书是很浪漫的。

读书的最佳姿势不是在课桌前，而是枕上。凡读书人都知此诀窍。身体安静了，脑瓜才活跃得起来。何况读书也是一类占有，当然以躺卧为首选姿势。能有资格躺在自己身边的，不能不是密友。自己能不拘礼仪躺着相会的，也是密友。无拘无束，平平等等的，心心相印的。设想放在床头而不嫌的，必是人们心爱的物件。烟民将香烟放于枕边，匪徒将手枪置于枕下。尽管书刊既不能防身，也抽不着它，爱书的人依然不弃不嫌，朝夕为伴，犹如永恒的蜜月，恐怕就是这个道理。

求知、求友、求情趣，能躺着看的书一定是好书。

人的生命过于短暂。人的目力不远，听力不深，舌头不长。人的欲望无限。书中的天地，延伸了人的感官，时间与空间顿时化作眼前的小小的平台。书中另成一个世界。那是多少代人白日的梦想，拱手交出，与平辈及下辈子孙共赏。在这样的事实前，人只能是无力的，惟有用躺卧来表达自己最深切的读书心得。

古今中外，人们跪、坐、站之姿因时因地而异，唯有躺卧最少变化。所以，躺着看书的人走向前人，走向世界。文化的隔阂呈最小值。躺着是最开放的姿势。

对于好书，你不能一五一十地说着它的短长，只有一种想与之亲近的冲动。当你将身子放平，带着思想的欲望和摩挲书页的快感与其共享你生命中的时间时，你将无意追寻任何意义和见识，你只有一份过后才能体味的愉快和深知。

（参见王鹤滨：《毛泽东的保健生活与养生之道》，中国青年出版社 2005 年版）

甘蔗没有两头甜

"如果只看到这一面，本人可真是神气得很哪，但是问题还有另一面嘛。"

有一天，毛泽东同护士孟锦云一起回忆过去的岁月。

晚年的毛泽东，内心世界更是矛盾重重，各种心态交替出现。

越是老年，越容易回忆过去，毛泽东大概也不例外。

往事啊，消逝的岁月里，既有飘逸浪漫，又有凄清哀怨；既有深邃坚毅，又有孤傲缠绵；既有激扬热烈，又有舒放雄浑。

往日大江壮阔的歌声早已消失，连同激流豪放的呐喊。

难道奔驰过的生命，只能化作雄伟与苍茫的记忆，只能令人神往？

毛泽东在回忆着他的青年，他的壮年。那时，他不知道什么叫累，什么叫疲倦，即便是50、60岁的时候，也还可以连续工作几个通宵，他甚至怀疑过，他会老？会累？会病？会两腿不听使唤吗？

然而这一切早已出现，无情的事实，真切的感受，使他打破了梦幻。

人啊，真是矛盾百出，复杂万千，神秘莫测。

人生啊，痛苦多于欢乐，处处充满着缺憾。

年轻的时候，有精力，可往往没有经验，等有了经验，人老了却失去了精力。二者难得兼而有之。

"我的家乡有句俗话，叫做甘蔗没有两头甜，世上的美事难两全。"毛泽东在十几分钟的沉默之后，突然对小孟说了这样一句。

看来，今天毛泽东的精神不错，这也许是前几天一言不发，养精蓄锐的结果，也许是他那发达的思维系统，和独特的思维方式，又感到了有用武之地，毛泽东只停了一会儿，便与小孟又说开了：

"孟夫子，你看我发愣，觉得奇怪？我自己也觉得奇怪呐，我这个人，不能说没有值得回忆的事，可我不愿在回忆中过日子，我历来主张，人总是向前看，这已是几十年养成的习惯了。可最近，不知怎么的，一闭上眼，往事便不由得全来了，一幕一幕的，像过电影，连几十年前的人和事，都很清楚，你说怪不怪？"

听着毛泽东这坦率真诚的谈话，小孟不禁受到了感染，便不假思索地说：

"主席，我听人家说过，只有在现实生活中不痛快的人，才爱回忆往事呢，您这么大一个主席，还有什么事……"

听了这脱口而出的话，尽管在毛泽东的脸上并没有现出什么高兴或不高兴的神态，可把话说到这儿，连心眼并不多的小孟，也隐约地感到了似乎有什么不妥，突然停住了话头。

看小孟突然不讲了，毛泽东满有兴趣地说：

"孟夫子，讲得不错嘛，知无不言，讲下去嘛，我这里可还想听下去呢。"

听到毛泽东的肯定，小孟倒怪不好意思起来，觉得讲也不是，不讲也不是。但看看毛泽东那么有兴趣和充满期待的眼光，小孟得到了鼓励，她感到自己充满了信心和智慧。她一改自己平时那种连珠炮式的讲话方式，连她自己也感到奇怪，居然很平静地向毛泽东表达起看法，探讨起问题来：

"主席，我觉得您除了身体不好之外，其他方面都挺好的，再说您的病，如果能好好治，听医生的话，打针，吃药，会治好的。您这个人就是怪，不爱治病，有病哪能不治呢？我要是您，我就赶快治好病，整天都会高高兴兴的。"

"整天都会高高兴兴，那是你小孟，我的孟夫子噢。"

"您是主席呀，您这么大一个主席，想怎么办就怎么办，想去哪儿就去哪儿，不像我们，说话得先想想人家爱听不爱听，办件事也不那么容易，您办什么办不到啊。"

毛泽东被他的半个小同乡的坦率感染了。他从小孟这里听到了心里话，听到了真话。这对他来说，真是难得，所以他觉得很开心，很高兴，竟然哈哈地笑起来。这一笑，可把小孟笑得又有点摸不着头脑，怪不自然地坐在那里。

毛泽东笑完了，小孟忙问："我说得对不对呀？"

"你说的也对也不对。"毛泽东认真地回答。

又停了一会儿，毛泽东便说："说它对，是因为我说话确实算数，说话不算数，还叫什么主席？人称'最高指示'嘛，衡量一个人有权无权，就看他说话算数不算数，说话算数，当然事情就好办，所以，有些事办起来，要比一般人容易，可这是问题的一个方面，如果只看到这一面，本人可真是神气得很哪。但是问题还有另一面嘛。"

毛泽东说到这里又停了下来，望着小孟，似乎在等待小孟回答什么。

"另外一面是什么，您有什么事办不到？"

"比如，你下了班，可以和家里人，和朋友到大街上转转，我可就没有这个自由噢，我要是走到街上，大家都认得我，说毛主席来了，一下都围上来，越围越多，围着你喊万岁，搞不好会影响交通呢，你说是不是？"

"那倒也是，谁让您是大主席呢？"

"你们可以随便聊天，但和我谈话的人，大都是有顾虑的，这点，我看得出来，人都是好人，但话未必是真话，难得口吐真言哪。"

听到这里，小孟问了一句："主席，那您说话也有过顾虑吗？"

"那看对谁啦，人说话总要负责嘛，不但要对内容负责，还要对后果负责嘛。你和同志探讨点问题，发表点见解，甚至一句玩笑话，传出去，就成了'最高指示'，有人还以此大做文章，闹得你哭笑不得。"

"您说了那么多开玩笑的话，我们可不敢给您传出去，我和张姐都特别注意，每次我下班回去，总有些同志喜欢打听您的情况，我可一句也不说。"

"噢，孟夫子不是心直口快嘛，还是蛮有心眼的啰。"

"那当然，说错了，那可不得了。"

毛泽东忽然又沉默了一会儿，便又接着说起来，带着一种和缓，但也有一种隐隐的不满。

"有人说，我的话一句顶一万句，言过其实，说过了头嘛。不用说一句顶一万句，就算一句顶一句，有时也办不到呐。"

晚年毛泽东把他思想深处的话道了出来，他是在用辩证分析的方法看待自己的两面性。

（参见郭金荣：《毛泽东的晚年生活》，教育科学出版社 1992 年版）

给李讷四句赠言

"在命运的迎头痛击下头破血流，但仍不回头。"

毛泽东的爱女李讷毕业时，他把自己喜爱的四句话赠送给李讷："1. 天将降大任于斯人也，必先苦其心志，劳其筋骨，饿其体肤，空乏其身，行拂乱其所为，所以动心忍性，增益其所不能。2. 彻底的唯物主义者是无所畏惧的。3. 道路是曲折的，前途是光明的。4. 在命运的迎头痛击下头破血流，但仍不回头。"

这四句话充满了哲理，也可以说是毛泽东性格的一个方面。他总是满怀信心，以百折不挠，宁折不弯的意志，去迎接人生旅途和革命征途上的一个又一个挑战。在"成功"与"失败"这对矛盾中搏击。

人在一生中间，总要受命运之神的捉弄。生老病死，是命运之神的捉弄，谁也免不了；人生奋斗途中的失败挫折，也可以说是命运之神的打击。人生在世，不如意事常十有八九，可与人言无一二。人的一生不可能都风平浪静，波澜不兴，如果真的如此，人的一生也就太没有色彩了。如一遇失败和挫折，便萎靡不振，自甘暴弃，消极颓废，丧失斗志，甚至用自杀去解脱，那将一事无成。真正的勇士会直面现实，用坚强的斗志和毅力去面对失败和挫折，将失败转化为成功，使二者对立统一于胜利之中。美国前总统尼克松说过，人的一生最可悲的是既没有成功也没有失败。或许毛泽东也欣赏这句话，因为他们的性格中有着一致之处。既然命运常常是不公正的，一个人，特别是有理想有抱负的人，就要准备挫折与失败，这是人生课题中的应有之义。毛泽东给李讷的这四句话实际上既囊括了他自己的人生体验，也正是他孜孜奋斗一生的真实写照！

（参见陈晋：《毛泽东之魂》，吉林人民出版社1993年版）

人际交往的原则

"如果我不是国家主席，就不会有人给我送礼了。如果你当了国家主席，他们也会送你的。"

毛泽东进驻延安后，特别是新中国成立以后，国内外人士给毛泽东赠送的礼品不计其数，无所不包。仅从一份1958年到1959年的部分礼品清单来看，就有收音机、摄影软片、立体幻灯机、兔毛背心、雨衣、地毯、枕席、龙须草席、海产标本、人参、鹿茸、酒杯等40余种。其中不少是个人送的。

对于礼品，毛泽东的原则是照章交公，以理驭情。由于形成了制度，所以许多礼品未给毛泽东过目，便已由中央办公厅秘书室、中央警卫局及身边的工作人员办理了交公手续。韶山毛泽东纪念馆现保存着几份处理礼品清单。清单上详细记载了送礼者，送礼时间，送礼的数量和种类，以及礼品的处理情况，以备查考。据毛泽东身边的一位工作人员回忆，他经常看到外国领导人把珍贵礼品送给毛泽东，而毛泽东只欣赏一下，便嘱咐交公。他认为这些东西是送给主席个人的，劝主席留用一些。而毛泽东则说："不行，这是送给国家主席的。如果我不是国家主席，就不会有人给我送礼了。如果你当了国家主席，他们也会送你的。"

当然，说毛泽东没有接受过一件礼物，这也不符合历史实际。在韶山毛泽东纪念馆珍藏的毛泽东遗物中，便有郭沫若送给他的手表，齐白石送给他的砚台，西哈努克亲王送给他的黑色公文包等东西。毛泽东接受这些礼物，很大程度上在于毛泽东与这些人有着特殊的友谊，同时也与毛泽东的个人雅好有关系。毛泽东还有个说法叫：公事论理、私事论情。对于患难朋友的友情，他是很珍惜，很看重的。这就是毛泽东在日常生活中，处理人际交往中的原则。

（参见雨籍:《毛泽东的"受礼"观》,《党史博览》总第 37 期）

巧借秧歌讲道理

"老秧歌反映的是老经济、老政治，并指导老经济、老政治；新秧歌反映、新政治新经济，并指导新政治、新经济。"

1944 年 3 月 22 日，毛泽东在边区文化教育工作座谈会中指出：文化是经济、政治的反映，又指导经济、政治。老秧歌反映的是老经济、老政治，并指导老经济、老政治；新秧歌反映新政治、新经济，并指导新政治、新经济。一个秧歌叫《赵富贵》，听说跑到吴起（镇）去一演，就在演完那一天，连长那里就跑去一个士兵，把自己的手捆起来请求处罚，他说：我想开小差，不但自己想开小差，还组织别人开小差。还讲出，在他被服里钉了多少法币，后来一检查，果然有一些法币钉在那里。讲出来了，当然也就不处罚了。这就是我们的文化。早几年那种大戏、小说，为什么不能发生这样的力量呢？因为它没有反映边区的经济政治，成百成千的文学家、艺术家、文化人，脱离群众。开了文艺座谈会以后，1943 年搞了一年，慢慢地摸到了边，一经摸到了边，就大受群众欢迎。所谓摸到了边，就是反映群众，真正地反映经济、政治，这就能有指导作用。

毛泽东通过《赵富贵》的演出，反作用于开小差的士兵，说明了精神变物质的作用，主张用文艺的力量去组织群众，动员群众、宣传群众，壮大革命力量。

（参见盛巽昌编著:《毛泽东与戏曲文化》，广西人民出版社 1998 年版）

文艺创作的规律

"戏里的列宁却仍旧活着，还可以永远活下去。"

1942 年 5 月 30 日，毛泽东给延安鲁迅艺术学院全体人员讲话。

毛泽东说：从你们不久以前演出的《带枪的人》里面，我们看见了列宁。他在这个戏里和群众谈话，打电话，办公，赶走孟什维克……可是在戏里他没有吃过饭，也没有睡过觉。人不吃饭，不睡觉是不行的。列宁在生活中当然也要吃饭和睡觉。戏里面并没有把列宁的一切活动都写出来。这也就是说，实际生活中的列宁比我们从戏里见到的列宁要丰富得多。但是，列宁没到过中国，更用不着说延安。何况他已经死了。戏里的列宁却仍旧活着，还可以永远活下去。他出现在延安边区大礼堂的舞台上，并且还可出现在世界所有的舞台上。所以我们说文艺作品中反映出来的生活要比普通的实际生活更高、更强烈，更有集中性、更典型、更理想，因此就更带普遍性。

生活中的列宁和戏剧里的列宁是两个完全不同的概念，用辩证法讲是一切以时间、地点、条件为转移。毛泽东讲存在决定意识，绝不能把生活中的列宁都搬到舞台上，要戏里的列宁永远活下去，就要尊重戏剧创作规律，把文艺作品反映生活的典型，塑造得更强烈，更理想，源于生活，又高于生活。

（参见盛巽昌编著:《毛泽东与戏曲文化》，广西人民出版社 1998 年版）

树立一个对立面

"你能照牡丹那样做就行了。我们应当向牡丹致敬。"

在"文革"中，毛泽东曾嘱咐工作人员把院里的盆花都撤了，唯独留下几株大牡丹。工作人员问毛泽东:"为什么还留下这几株牡丹呢?"

毛泽东笑着说:"树立一个对立面嘛。这里面有个故事。唐朝有个武则天，有一天她下了道命令，叫御花园的百花在一个早上统统开放。其他的花都遵命开了，唯有牡丹不开。武则天一见大怒，喝令太监把牡丹连根拔起，推出午门'斩首'。结果刀劈不折，斧砍不断，又架火烧，也烧不死。无奈只得弃置路旁。而牡丹却说:'此地不留爷，自有留爷处，处处不留爷，爷去投八路'。"讲到这里，毛泽东笑了笑说:"好呀，没有人要我要，于是。我就把它请到这里来了。"

"牡丹为什么不开呀?"工作人员问。

毛泽东说:"这个老太婆的命令不对嘛,违反了自然界的规律,牡丹就是不听她的。"

"这是真的吗?"工作人员又问。

毛泽东又说:"你听着就是了。你能照牡丹那样做就行了。我们应当向牡丹致敬。"

毛泽东给身边工作人员讲了民间传说牡丹的故事,意在说明无论办什么事情都要按客观规律去办。不能凭自己的主观意志,强行违背自然规律。即使是威权极重的武则天,对牡丹坚忍不拔的抗命也无可奈何。毛泽东号召向牡丹学习,就是要尊重客观规律,不要胡来。

(参见许祖范、姚佩莲、胡东编著:《毛泽东幽默趣谈》,山东人民出版社 1995 年版)

不懂脾气难赶猪

"不懂得猪的脾气,就赶不好猪。"

1944 年春节,枣园内外一片欢腾。给毛泽东拜年的群众络绎不绝。战士文艺宣传队也来给毛主席演出。毛泽东和群众一起看了反映拥政爱民、遵纪守法的秧歌剧《赶猪》后,说写这个戏的人是了解战士生活的,否则写不出如此生动的戏来。毛泽东还说戏里那个给老乡送猪的战士王德明写得不错,并鼓励宣传队今后要多演反映工农兵的戏。

两年后的一天,参加编写《赶猪》的赵元成等从中央图书馆回来的路上,正巧在枣园遇见毛泽东的吉普车,车后还拖着个挂斗。战士们正在往挂斗上装木炭。毛泽东见到他们就问:"你们干什么去了?"赵元成回答:"我们准备写一个反映明代农民战争的《唐赛儿》剧本，到图书馆查资料去了。"毛泽东听了高兴地说："好哇，写吧！"等车装好木炭后，他们就和毛泽东一起坐车回驻地。当快到枣园后沟时，毛泽东看到中央修理处养的猪，风趣地说："那是不是王德明捡的那头猪，你当时演什么？"小赵说："演丢猪的那个农民老头。"毛泽东说："你丢了猪很着急吧？给儿子办不成喜事啦！"听了毛泽东一席话，大伙乐得笑声不止。

1948年，毛泽东从陕北转战到晋绥，在调查中了解到，有的地方落实土改政策不够好，有侵犯中农利益的现象。在一次讲话中，毛泽东批评一些同志不懂辩证法时说："当年延安有个秧歌剧叫《赶猪》。不懂得猪的脾气，就赶不好猪。一些同志不懂得分析问题，遇事笼而统之，因此就容易犯错误。掌握了马列主义的分析方法，就可以避免少犯错误。"毛泽东当时讲这些话意在启发大家无论做什么事情，都要用分析的方法，用辩证法去对待所遇到的问题和困难。

（参见李树谦编著：《毛泽东的文艺世界》，辽宁教育出版社1993年版）

三界外与五行中

在某些保健环节上，毛泽东不依照具体医嘱和某些固定做法而行，像孙悟空那样"跳出三界外"，但另一方面，他又以个性化的养生之道和精神意志的强势来弥补前者的不足，在"无理"中另辟蹊径并体现出合理性，是谓"又在五行中"。

在古今中外的伟人中，极少有像毛泽东这样特立独行地对待个人生活和保健护理的人物。在他身上，健身之道的优点和不足甚至是严重的缺点同样突出，本身形成一个鲜明的矛盾制衡关系。

具体表现为：在某些保健细节上，他不依照具体医嘱和某些固定做法而行，像孙悟空那样"跳出三界外"，但另一方面，他又以个性化的养生之道和精神意志的强势来弥补前者的不足，在"无理"中另辟蹊径并体现出合理性，是谓"又在五行中"。这个独特现象本身体现了中国古代《内经》"各从其欲，皆得所愿"的精妙，也是他老人家哲学名篇《矛盾论》在生活养生中的"现身说法"。

当然，这不是简单指养生好习惯与损生坏习惯的平衡"相克"和相互抵消，而是指更高级矛盾关系的相互制约、转换。

这种奇特的"阴"、"阳"制衡关系主要表现在睡眠起居和饮食营养上。

由于革命战争的紧张、繁忙，毛泽东的睡眠很不规律。日夜颠倒、熬夜工作习惯，降低了免疫力。又因为长期服用安眠药，解放前服佛罗拉、解放后服用安米妥纳、速可眠纳。还曾服用水合氯醛。一度过量，有依赖性。

虽然毛泽东大半生总在同失眠作"斗争"，但在"失眠"与睡眠的制衡中，他老人家总还是略占上风。因为对睡眠，毛泽东心里有一个度，如果连续若干个小时不睡觉，大脑感到疲劳，心理暗示就自然起作用："该还债了。"身边的工作人员都知道：每当毛泽东决定休息，躺在床上盖上毛巾被做入睡的准备时，总会快活地叫一声："不得了啦，讨债的又来了！"

毛泽东是怎样调节他的睡眠呢？有时随心所欲，但基本能补足睡眠，有时靠看书催眠。有时睡前做一些体力活动，如游泳、跳舞促进体力自然疲劳。有时保健医生暗中减少安米妥纳在胶囊中的实际分量，或用葡萄糖粉作安慰剂，减少药物毒性，也起到了好的效果。

毛泽东的卧床宽大，硬木板床，盖舒适的毛巾被，枕质地轻柔的荞麦皮枕头，着木薯棉宽大睡衣，睡姿采用仰卧式。

毛泽东虽然日夜颠倒已成习惯，但长久以来顺其自然，也就形成了起居有常的一种规律，所以也就没有刻意去改。

在饮食营养上毛泽东与一般医嘱告诫相反，爱吃肥腻的红烧肉及辛辣之物，因此导致长期严重便秘。饮食无定，或一日两餐或两日三餐，或随饿随餐。他特别喜欢吃臭豆腐，一般医学认为臭豆腐含有亚硝酸盐、细菌超标并疑有霉变物质，对人体不利，曾劝阻毛泽东少食用此类食品。

毛泽东却一反常态，他喜吃大米小米混煮饭、蚕豆米饭、黑豆饭、粗杂粮。喜食马齿苋、苦苦菜、苦瓜等清热祛毒类蔬菜、野菜。喜食鱼头富含磷和各类维生素，对于抗衰老、防老年性痴呆颇有裨益。毛泽东基本上不饮酒，偶尔喝一点也是少量的。最新医学研究发现：臭豆腐在所有食品中维生素 B_{12} 含量最高，可有效防治老年性痴呆。所以毛泽东喜食臭豆腐并不是一件坏事。

毛泽东的养生之道充满了"阴""阳"制衡的转换关系，这也是他在生活中运用矛盾相互转化的规律，将不利因素转化为有利因素特立独行的养生办法。

（参见顾英奇等：《健康红宝书》，东方出版社 2003 年版）

超脱的死亡哲学

"我在世时吃鱼比较多，我死后把我火化，骨灰撒到长江里喂鱼。你就对鱼说：鱼儿呀，毛泽东给你们赔不是来了。他生前吃了你们，现在你们吃他吧，吃肥了你们好去为人民服务，这就叫物质不灭定律。"

1963 年 12 月 16 日罗荣桓元帅逝世，有一天毛泽东和护士长吴旭君议论起生、老、病、死的话题。

吴旭君说："咱们别老说死的事吧。"

毛泽东固执地说："我这个人就这么怪，别人越要回避的事，我越要挑起来说。在战争中我有好多次都要死了，可我还是没死。人们都说我命大，可我不信，我相信辩证法。辩证法告诉我们，有生就有死，有胜利也有失败，有正确也有错误，有前进也有后退。冬天过去就是春天，夏天热完了就到了秋天等等。你都不研究这些呀？"

吴旭君说："我们研究的范围比较窄，不像主席说的这么广泛。确切地说，我们更多的研究人的生、老、病、死。在医学有的还落后于其他学科。虽然生、老、病、死只有四个字，可是在这个范畴内还有许许多多微妙复杂、无穷无尽的问题。比如，如何提高优生率，怎样防老，减缓衰老过程。对疑难、不治之症怎样找出一个预防治疗措施。如何降低死亡率，这些问题都需要继续研究，有待解决。"

听完吴旭君的话，毛泽东笑了，他掐灭烟头说："讲的不错嘛。你承认生、老、病、死是生命在不同时期的表现。那好，按这个科学规律，我和罗荣桓同志一样也会死的，而且死了要火化，你信不信？"

对这么突然的提问吴旭君一点儿思想准备也没有，吴旭君吓呆了，好久没有说话。

"你怎么了？"毛泽东问。

"主席，咱们不要谈这个问题，换个话题吧。"

毛泽东认真起来，用肯定的语气说："你不要回避问题喽。话题不能换，而且我还要对你把这个问题讲透，给你一点思想准备的时间。我书架上有本《形式逻辑学》，你拿去读，明天我们再接着谈"。

谈话就这样结束了。吴旭君从他的书架上找到《形式逻辑学》回到休息室就看起来，以应付"考试"。毛泽东说话从来是算数的，任何人休想打马虎眼。

第二天，吴旭君陪毛泽东吃过第一顿饭以后已是下午，他们离开饭桌，坐在沙发上，毛泽东就问吴旭君："你的书看得怎么样，我们接着昨天的谈。"

吴旭君说："这本书的页数不算多，我都看完了，我觉得自己得了消化不良症，有的问题似懂非懂。"

"形式逻辑讲的是什么？"毛泽东像个严格的老师似的问。吴旭君把准备好的几段有关形式逻辑的定义背给他听。他听完以后说："那你就根据概念、判断、推理举个例子，考考你学过的东西会不会用。"

吴旭君想到他会提这样的问题，想了一下说："所有的金属都是导体，铜是金属，所以铜是导电的。"

毛泽东点点头，"讲得不错嘛，你再联系我们昨天谈的问题举个例子。"

吴旭君想，我从来没把毛主席与死联系起来想过，我的工作是保证他健康、长寿。另外，从感情上讲，我根本不愿他死，中国太需要他了。我无法在这个问题上运用残酷的"形式逻辑"，所以吴旭君直率地说："昨天谈的事我举不出例子。"

毛泽东看着吴旭君为难的样子说："那好，让我替你举个例子吧。"他有些得意地掰着手指说："人都是要死的，这是个概念，根据概念，然后你作出判断：毛泽东是人，看来这个判断是正确的。那么，根据判断你再去推理。所以，毛泽东是会死的。"

毛泽东接着说："我设想过，我的死法不外乎有五种。两年前在武汉见蒙哥马利时我也对他讲过。第一，有人开枪把我打死。第二，外出乘火车翻车、撞车难免。第三，我每年都游泳，可能会被水淹死。第四，就是让小小的细菌把我钻死，可不能轻视这些眼睛看不见的小东西。第五，从飞机上掉下来摔死。"他笑着说："中央给我立了一条规矩，不许我坐飞机。我想，我以后还会坐。总之，七十三、八十四，阎王不请，自己去啰。"说完，他开心地大笑起来。

吴旭君听了这些话，觉得心里很沉重，一点儿也笑不起来。吴旭君说："咱们能不能不说这些不吉利的话？"

"你这个人呀，还有点儿迷信呢。"毛泽东指着吴旭君的鼻子说："你是个搞自然科学的，应该懂得自然规律的严肃性。"他说，"我死了，可以开个庆祝会。你要打扮得漂漂亮亮的，最好穿颜色鲜艳的红衣服或花衣服，要兴高采烈，满面春风地参加庆祝会，然后你就大大方方地上台去讲话。"

"讲什么呢？"吴旭君茫然地问。

"你就讲：同志们，今天我们这个大会是个胜利的大会。毛泽东死了，我们大家来庆祝辩证法的胜利。他死得好，如果不死人，从孔夫子到现在地球就装不下了。新陈代谢嘛，沉舟侧畔千帆过，病树前头万木春，这是事物发展的规律。"停了一会儿，他又认真地对吴旭君说："我在世时吃鱼比较多，我死后把我火化，骨灰撒到长江里喂鱼。你就对鱼说：鱼儿呀，毛泽东给你们赔不是来了。他生前吃了你们，现在你们吃他吧，吃肥了你们好去为人民服务，这就叫物质不灭定律。"

"不能，不能，万万不能。"吴旭君连连摇头说，"平时我一切都听你的，这件事不能听，我也不干！"毛泽东不再笑了，脸上显出不高兴的神情。他说："你在我身边工作了这么久，离我又这么近。都不能理解我呀。我主张实行火葬，我自己当然也不能例外。我在协议上签了名的。"

1976年9月9日，毛泽东逝世了。当时出于种种需要，在第二年建成了毛主席纪念堂，按说这种做法是不符合他本人意愿的。

正如美国作家R.特里尔所说的：毛泽东自身的闹钟敲出的谐音与社会的闹钟敲出的不一致。这正说明了毛泽东的辩证思维的特殊性。

（参见《缅怀毛泽东》，中央文献出版社1993年版）

人生革命苦乐观

"万里长征，千回百折，过了岷山，豁然开朗，转化到了反面，柳暗花明又一村了。"

毛泽东在生活中运用对立统一规律观察客观世界，观察一切事物，正确地揭示了苦与乐的辩证统一关系，阐明苦与乐既对立又统一，两者相互对立，相互渗透，苦中有乐，乐中有苦，没有苦也无所谓乐，没有乐也无所谓苦，苦与乐在一定条件下可以相互转化，苦可转化为乐，乐也可转化为苦。人们所讲的"苦尽甘来"、"乐极生悲"等都是说苦与乐在一定条件下，可以相互转化的道理。

毛泽东曾多次论及苦乐观，1958年12月他说："万里长征，千回百折，顺利少于困难不知多少倍，心情是沉郁的。过了岷山，豁然开朗，转化到了反面，柳暗花明又一村了"。

毛泽东指出：革命就得吃苦，不怕苦。怕吃苦，吃不得苦，就别革命。革命不经过艰苦斗争，又怎么能取得革命胜利呢？我们从事任何工作，不经过痛苦的磨炼，不进行艰苦的劳动，或者艰苦的求知，或者艰苦的生活，怎么可能干出优异成绩呢？世界上没有不费任何气力、不吃一点苦就能办成的事。要干出一番事业，要为社会发展或人类作出贡献。就必须艰苦奋斗。"苦尽甘来"由苦转化为乐，需要经过艰苦努力。怕吃苦，吃不得苦，就不能实现向乐的转化。所以，真正的快乐只能由奋斗的艰苦转化而来。

自然，吃苦不是目的，而是为了变苦为乐。鲁迅说过："人固然应该生存，但为的是进化；也不妨受苦，但为的是解除将来的一切苦；更应战斗，但为的是改革。"这就是说，是为了变苦为乐，为了使人民获得欢乐。以苦为荣，以苦为乐，并不是安于贫苦，去当"苦行僧"，而是为了创造美好的未来感到快乐；现在吃苦，正是为了将来不吃苦、少吃苦而感到苦中有乐；个人和少数人经历困苦，正是为了换得他人和多数人的欢乐和幸福而感到欣慰。倘若吃苦的结果不能给人民带来利益、幸福和欢乐，还有什么"荣"可言呢？老吃苦而不能由苦转化为乐，还有什么"乐"可言呢？这种苦与乐的辩证统一的观点，是毛泽东苦乐观的一个重要特点。

毛泽东在党的八届二中全会上说：要勤俭建国，反对铺张浪费，提倡艰苦朴素、同甘共苦。同志们提出，厂长、校长可以住棚子，我看这个法子好，特别是在困难的时候。我们长征路上过草地，根本没有房子，就那么睡，朱总司令走了40天草地，也是那么睡，都过来了。我们的部队，没有粮食，就吃树皮、树叶。同人民有福共享，有祸同当。

毛泽东一生，始终保持巨大的革命热情和伟大的献身精神，始终保持艰苦朴素，同甘共苦的品格。毛泽东在战争年代，过着极其艰苦的生活。新中国成立以后，环境条件虽有了好转，但他的生活仍是极为俭朴。他对饮食始终要求不高，吃的主食基本上都是粗粮，米饭里加点小米、赤豆或红薯、芋头，有时他吃一碗麦片粥或几个芋头，就是一餐。他身边的医务人员，为了他的健康制定菜谱，都被他拒绝了。毛泽东吃饭时总习惯地敲敲碗盘感叹说："什么时候农民都吃上我这样的饭，那就不得了啦，那就太好啦。"医务人员有时建议他吃点名贵菜肴和补品，以改善和提高他的饮食水平。毛泽东则皱着眉头说："要开国宴呀？你那些菜贵是贵了，贵了不见得就好，不见得就有营养。依我说，人还是五谷杂粮什么都吃的好，小米就是能养人。"

毛泽东认为，苦中有乐，苦可转化为乐。同样，乐中也潜伏着苦的因素，也可转化为苦。他在1944年4月12日作的《学习和时局》的报告中指出："我党历史上曾经有过几次表现了大的骄傲，都吃了亏的。……全党同志对于这几次骄傲，几次错误，都要引为鉴戒。近日我们印了郭沫若论李自成的文章，也是叫同志们引为鉴戒，不要重犯胜利时骄傲的错误。"

这说明，苦与乐是相互渗透的。胜利、欢乐也潜伏着失败、痛苦的因素，胜利了如不防止骄傲，就会犯错误导致失败，就会吃苦头，就会变乐为苦。因苦得乐，因乐得苦，这是苦与乐相互转化的历史辩证法。我们革命者的任务，就是要创造条件，促进由苦向乐的转化，防止由乐向苦的转化。

毛泽东说："我赞成这样的口号，叫做一不怕苦，二不怕死。"体现了无产阶级的苦乐观和生死观的内在联系，在人民利益的基础上把两者统一起来。这是完全彻底的人生革命苦乐观。

（参见王恕焕：《毛泽东的人生哲学》，湖北人民出版社 2003 年版）

二、思想武器

　　毛泽东既是伟大的政治家，也是伟大的哲学家。他非常重视对哲学的理论研究，并力倡通过对哲学的学习和应用，来避免错误，提高工作成效，使之成为锐利的思想武器。他的哲学思想对马克思主义哲学的一些基本理论观点作了重大的丰富和发展，是对中国革命和建设的实践经验作了哲学上的总结所产生、形成和发展起来的。他把马克思主义哲学原理化为科学的思想方法和工作方法，使马克思主义哲学的世界观、认识论和方法论在理论上统一起来，在实践活动中真正融为一体。他还把哲学从哲学家的书斋里解放出来，使之具有广泛的群众性，并逐渐为人民大众所掌握。

　　由于毛泽东的哲学思想，产生在中国这块土壤上，明显具有中国革命和建设的突出印记，并且是结合中国的实际所形成的理论。因此，学习他的哲学思想既有针对性，又有亲切感，在实践中更具有应用性。所以，用毛泽东的哲学思想武装头脑，会从哲理上不断地提高个人的理论素养，从理性上去解决各种矛盾和问题，从而更好地发挥这一锐利的思想武器的作用。

传统文化的汲取

> 毛泽东哲学思想是中华民族几千年哲理思想的结晶，凝聚了无数民族先哲与亿万人民群众社会实践的智慧。

毛泽东哲学思想本身不仅是马克思主义的伟大继承和发展，而且是对中国古代优秀文化精华的批判继承、改造和发展，是中华民族几千年哲理思想的结晶，凝聚了无数民族先哲与亿万人民群众社会实践的智慧，本来应是十分深奥难懂的，然而，在毛泽东那里却能化晦涩于通俗，化艰深于浅出。中国古代的许多成语典故，圣贤豪杰的警句格言，流传千古的诗歌词赋，脍炙人口的民间谚语，益人神智的历史故事，引人遐想的神话传说，从"阳春白雪"到"下里巴人"，都被融化在毛泽东对现实斗争的认识和实践中，被融化为易懂浅出的语言和非凡的语势。

例如，用"实事求是"来说明辩证唯物主义的根本观点；用"一切归于司马懿"来说明"一切归于物质"；用"不入虎穴，焉得虎子"、"吃一堑，长一智"来说明"实践出真知"；用"知己知彼，百战不殆"、"兼听则明，偏听则暗"来说明必须全面地看问题；用"坐井观天"、"只见树木，不见森林"来形容思想方法的片面性；用"纸上谈兵"来形容理论脱离实际；用"一分为二"、"一阴一阳之谓道"来说明对立统一规律；用"天不变，道亦不变"来解说形而上学；用"相反相成"、"文武之道，一张一弛"来说明矛盾的同一性与斗争性相结合；用"物极必反"、"祸兮福所倚，福兮祸所伏"来说明矛盾双方的相互转化；用"人间正道是沧桑"来说明世界的发展变化；用"飞鸟之景，未尝动也"来说明运动与静止的关系；用"一尺之棰，日取其半，万世不竭"来说明物质的无限可分性；用"看菜吃饭，量体裁衣"来说明具体问题具体分析；用孔夫子的"每事问"来提倡调查研究；用"凡事预则立，不预则废"来说明办事的计划性；用"三个臭皮匠，合成一个诸葛亮"来说明群众观点和群众路线；用"运用之妙，存乎一心"来说明灵活运用的主观能动性；用"愚公移山"来比喻坚定的革命信念和艰苦奋斗的精神；用"口蜜腹剑"、"美女蛇"来说明假象、现象与本质的关系，以及"叶公好龙"、"夸父追日"、"羿射九日"、"杞人忧天"、"围魏救赵"、"草木皆兵"、"声东击西"、"有的放矢"、"霸王别姬"、"风起于青苹之末"、"树欲静而风不止"、"流水不腐，户枢不蠹"等举不胜举的成语典故，格言警句，在他的文章中随处可见。其智慧的闪光，有如满天星斗，相映生辉美不胜收。这是古今中外哲人所无法比拟的。

毛泽东就像一个参照系，他一生浓缩着历史的哲人现象，其复杂纷纭，变幻莫测，犹如狂涛巨澜挟着风雷电雨之于汪洋大海。哲人毛泽东，他像灿烂的中国古代文化，他像一笔丰厚的、永恒的弥足珍贵的历史遗产。当你走进他的精神世界和考察他的壮举时，都可以从他的身上去感悟或领略到，许多深刻的中西方哲学密切结合的启示。

（参见戴木才：《毛泽东人格》，江西人民出版社 2001 年版）

哲学研究的目的

"哲学的研究不是为着满足好奇心，而是为了改造世界。认识世界的规律性，找到正确的理论，为着有效的指导实践，改造世界。"

1937 年 7 月以前毛泽东在延安阅读了一本重要的苏联哲学著作《辩证

唯物论与历史唯物论》（上册）。毛泽东读此书时极其认真，他批读时留下的文字和符号，在全书491页中达186页，将近占全书的五分之二。这本书共有6章34节。毛泽东的批注集中在第三章第五节"社会的实践为认识底标度"，以及第四章第一节"对立体一致底法则"，上面都有密密麻麻的批注。

毛泽东用铅笔、钢笔作批注，字数达2600多字。从内容上看，批注最多的是对立统一规律问题，占批注文字的一半。

如他在读第四章第一节"对立体一致底法则"时就写了"外因通过内因并被曲折才能发展。不废除外因，但内因是主导的。不明内因，即无从了解发展。"他还写道："任何现象自身的矛盾引起事物发展，这是唯物辩证法的发展观的基本要素。"他还就书中引用恩格斯"运动就是矛盾"的话作了批注："运动就是矛盾，即是连续和中断的一致。""托洛茨基只肯定不间接而否定间接，斯特鲁威等肯定间接而否定不间接，都是错误的。动与静的一致，矛盾就是运动。"

批注除对矛盾、对立统一规律论述较多外，对认识论的批注也占了较大比重。如他在第三章第五节"社会的实践为认识底的标度"中，就实践、人的社会实践活动与认识世界的规律性等问题，写下批注："实践是真理的标准，实践高于认识。""实践是发展的，理论也应是发展的。"他认为物质的生产是人类多方面生活的基础。一切知识是生产斗争和阶级斗争的结果。

"马克思以前一切唯物论离开人的社会性，离开社会人的历史发展，去观察认识问题，因此不能了解认识对社会实践的依赖关系。"因此，"哲学的研究不是为着满足好奇心，而是为改造世界。认识世界的规律性，找到正确的理论，为着有效的指导实践，改造世界。"

从上面批注中，可以清楚地看出，毛泽东的批注，主要是围绕认识论和矛盾论展开的，在这方面他下了很大的气力。从批注的内容上看，有些批注的话，与他后来写的《矛盾论》和《实践论》中的话几乎一字不差。不过批注中有的观点，后来在《矛盾论》和《实践论》中又得到了进一步发挥。这说明毛泽东在研读苏联米丁著的《辩证唯物论与历史唯物论》时，就是有目的地为后来写作"两论"作理论上的准备。他把研究哲学同现实斗争的需要结合起来，用马列主义哲学的新成果——毛泽东哲学著作，去指导革命实践，因而为中国革命指明了前进方向，使中国革命取得了前所未有的巨大成就。

（参见刘益涛：《十年纪事——毛泽东在延安》，
中共党史出版社 2007 年版）

讲课岂不折本吗

"我花了 4 夜 3 天的时间，才准备好了讲课提纲，讲矛盾统一法则，哪知只半天就都讲完了。岂不折本了吗？"

1937 年 8—9 月间，郭化若从庆阳到延安，毛泽东教哲学的高潮已经过去。郭化若所听到的反映是，毛泽东讲哲学深入浅出，讲得非常生动、活泼、有趣，许多听众不断发出笑声。有时则哄堂大笑。有一次郭化若到主席处谈到这些反映，并以不在延安为憾。毛泽东幽默地说："我折本了。"郭化若不大理解，有点诧异。毛主席解释说："我花了四夜三天的时间，才准备好了讲课提纲，讲矛盾统一法则，哪知只半天就都讲完了。岂不折本了吗？"

正是由于毛泽东作了深入的精细的研究，所以他才能发展辩证法的许多方面。特别是他创造性地提出"矛盾的特殊性"问题。他的杰出的命题是"不同质的矛盾，只有用不同质的方法才能解决"，"用不同的方法去解决不同的矛盾，这是马克思列宁主义者必须严格地遵守的一个原则"。例如武装夺取政权问题，这是马列主义的普遍真理，但是由于各国社会情况、历史情况的不同，所走的具体道路也各不相同。所以毛泽东后来说：我们不要求兄弟党都照中国革命的办法做，只要求他们把马克思列宁主义的普遍真理同各国革命的具体实际相结合。

毛泽东所说的"折本"当然是开玩笑，他历来是把学而不厌和诲人不倦两句成语统一起来，看作教学相长的。他自己学了就向干部讲，把讲课前的准备和上课时的讲解作为加深研究的方法。在陕北公学讲了哲学课后，又应红军大学(后改抗日军政大学，简称"抗大")的请求，讲了唯物论和辩证法。总政治部把讲课的记录稿整理了出来，经过毛泽东同意，打印若干份，分给大家学习。后来毛泽东根据记录稿，选出其中辩证唯物论中的"实践论"和唯物辩证法中"矛盾统一法则"两节，整理加工成为现在我们所看到的《实践论》和《矛盾论》。《实践论》、《矛盾论》和后来写的《关于正确处理人民内部矛盾的问题》、《人的正确思想是从哪里来的?》4 本哲学著作，在理论上影响了整整几代人，成为马列主义哲学的精华和重要成果。

(参见樊昊:《毛泽东和他的"顾问"》，人民出版社 2006 年版)

哲学要走出书斋

"今天开个会，我心里高兴，回想前年开新哲学学会的那一天到现在，已两年了，工作有了成绩。今天开过这个年会后，一定会更好。"

延安时期，一段时间，在杨家岭毛泽东办公的窑洞里，每到星期三夜晚。总有七八个人围在一支蜡烛前，漫谈马列主义的新哲学。这个会是毛泽东组织的，每次他都亲自主持。事先指定一个报告人，准备好发言提纲，首先发言。然后大家发表意见。开始谈的几个人都是毛泽东秘书处的秘书或干事，谈的只是哲学的一般常识或通俗讲话。随后逐渐扩大，也有高级干部和理论家参加，人数增加了，座谈的内容也有所发展，地点移到了中央组织部大而深的土窑洞内，中央组织部还准备了简单的面食招待。因为毛泽东的号召适应了广大干部的迫切需要，因此参加的人都踊跃积极。这是毛泽东传播马列主义唯物论辩证法的一种方式，引起了许多高级干部学习马列主义哲学的兴趣。

毛泽东认真实行把哲学从哲学家的书本和讲堂上解放出来。把哲学交给广大干部和工农群众。他不断地竭尽心思、想方设法，把唯物论辩证法这一无产阶级的宇宙观用通俗、易懂、易记的语言传播出来，如"实事求是"、"从实际出发"、"调查研究"、"点的试验，面的推广"、"总结经验，提高认识"、"从群众中来，到群众中去"，"一分为二"、"要抓住主要矛盾"、"物质变精神，精神变物质"等等这样就把哲学思想和实际工作密切地结合起来了。

党政军干部学习哲学的热潮初步形成了。毛泽东很高兴、进一步提出成立"新哲学会"，由艾思奇、何思敬等主持，具体工作叫郭化若做。新哲学会用什么形式宣布成立呢？毛泽东提出筹备召开新哲学年会。艾思奇、何思敬都表示拥护。于是分别去请人做报告并邀请各方人士到会。愿意来听报告的人不少，起码有200人左右。而做报告或讲话的人则你推我让，最后请了几位同志来讲演，新哲学年会毕竟开成了，约开三四个半天。开完会，郭化若向毛泽东汇报时，毛泽东高兴得立即定于第二天在西北饭馆庆祝。

第二天在西北饭馆摆了几桌酒菜，费用是毛泽东用自己的稿费交付的。人们都满面笑容而来。毛泽东首先举杯庆祝新哲学年会的成功，并宣布新哲学会的成立，号召大家积极学习马列主义的新哲学，把传播新哲学的活动进一步扩大。毛泽东还走到每一桌去敬酒，并和每个人碰杯。

毛泽东说："今天开个会，我心里高兴，回想前年开新哲学学会的那一天到现在，已两年了，工作有了成绩。今天开过这个年会后，一定会更好。"

毛泽东那样积极地、热情地组织干部学习马列主义的新哲学，郭化若到后来才逐渐地体会到。他是希望大家用无产阶级的宇宙观改造客观世界的同时，亦改造主观世界。把革命实践上升到理性高度，来研究哲学理论的指导意义。

（参见樊昊：《毛泽东和他的"顾问"》，人民出版社 2006 年版）

由浅入深学哲学

　　"学哲学，要由浅入深，先看一些比较浅的文章，引起兴趣来，再看大部头。"

　　1960 年春，谢静宜从杭州到了广州，毛泽东在开会，读书之余向她推荐看哲学杂志，毛泽东说："小谢，学哲学，你要由浅入深，先看一些比较浅的文章，引起兴趣来，再看大部头。"

　　回到北京后，毛泽东让张仙朋给谢静宜送来一本冯契著的《怎样认识世界》的哲学通俗读物。谢静宜发现，毛泽东已读过这本书，在前半部有他许多圈点批划。

　　对这本书，毛泽东在一些地方虽有不同观点，但总的认为它是一本好书，值得一看，特别是对初学哲学的青年来说是需要的。

　　谢静宜拿回家后，这本书她有时读，有时又给丈夫苏延勋读。因为是哲学书，尽管是通俗读物，也不如读小说那样省脑筋，加之有些部分特别是毛泽东作了批划的部分需要反复推敲，读起来进度较慢。过一段时间谢静宜见到毛泽东，毛泽东问这本书读的怎么样了？有什么心得体会？谢静宜把自己和丈夫交谈的一些粗浅体会告诉毛泽东，并说这本书对我们有启蒙作用。毛泽东一听很高兴，马上说："我应该再送小苏一本"。几天后，谢静宜丈夫也得到了毛泽东的赠书。

　　事过若干年后，当谢静宜读《毛泽东的读书生活》一书中的龚育之所写《关于毛泽东读哲学书的几封信》一文时，看到其中有这样一段叙述："1960年，毛泽东写给他身边的工作人员林克一封信：'冯契著《怎样认识世界》一书，中国青年出版社印行，1957 年出版，我想找四、五、六、七、八本送给同我接近的青年同志阅读。请你找一找。如找不到此书，则找别的青年人能够阅读的哲学书，要薄本小册子，不要大部头。'"这段话，使谢静宜倍感亲切。从这封短信可以看出，毛泽东对身边工作人员的学习，给予多么热心的支持呀！

毛泽东指导谢静宜学习哲学，随时用他自己的亲身经历引导她思考认识论和辩证法。

在随毛泽东出差的火车上，毛泽东与谢静宜谈起解放前在学校受过的教育。谢静宜说，小时候并不知道共产党，是通过学校教的一支歌才知道的。毛泽东很感兴趣地问："什么歌？还记得吗？你唱唱。"谢静宜说："当然记得，为这我还挨了四叔一巴掌呢！"毛泽东笑了，说："你再唱唱。"谢静宜说："那是骂您、骂朱老总的。"毛泽东仍笑着说："不怕的，没关系的。"谢静宜看毛泽东坚持一定要唱，谢静宜就唱起来。唱完，毛泽东大笑起来，几乎把眼泪都笑出来了。他好奇地问："你四叔为什么打你呢？"谢静宜说："当教师教会这支歌后，回到家见了正上高中的四叔，我问他'什么是共产党、八路军？'四叔说，'你连共产党都不知道啊？中国有两个大党，一个是国民党，一个是共产党。'于是谢静宜就给四叔唱了刚刚从学校学会的这支歌。还没等唱完，四叔一巴掌打了谢静宜。谢静宜一边哭，四叔一边吼叫：'你怎么知道共产党杀人、放火？''今后不准你再唱，再唱我打死你！'"以后，谢静宜确实不敢再唱了，但心里不明白为什么？也不敢再去问谁。直到1948年解放，谢静宜才知道共产党、八路军有这么多人呀！解放军教我们唱歌，扭秧歌，可热闹了，军民关系可好了。谢静宜停了一下最后说："没想到抗美援朝时我也参了军。"毛泽东听谢静宜说完，兴奋地说："小谢，这支歌好啊！国民党替我们办了好事，你本来不知道天下有共产党、八路军，不知道还有朱德、毛泽东，他们这样教给学生唱歌，骂共产党，反而使你知道有共产党了，这不是替我们做了宣传吗？他们本来想让你们骂共产党、八路军的，结果适得其反，反而使你参了军，加入了共产党，你看这是多大的好事啊！这就是坏事变好事，这就是辩证法嘛！"

后来，毛泽东与田家英等人在研究毛选四卷时，又举了这个例子，唱了这支歌。直到1975年毛泽东又给一些同志唱了这支歌，用以阐述辩证法的道理。

1973年后，毛泽东还在关心谢静宜的学习，推荐谢静宜读任继愈、范文澜、杨荣国、周一良等著的中国哲学史、古代思想史、中国通史和世界通史等书。

毛泽东让小谢读哲学书，使她的哲学水平不断提高，并且逐步学会了在实践中运用这些哲理。

（参见高智、张聂尔：《机要秘书的思念》，中共中央党校出版社1993年版）

开会时讲讲哲学

各级领导开会时，第一把手都要讲一讲哲学、讲一讲辩证法，要结合当前工作讲，要用劳动人民的语言讲。

毛泽东指出，哲学，要在我们党内形成风气。首先，中央、中央局、省这三级每次开会时，第一把手都要讲一讲哲学、讲一讲辩证法，要结合当前工作讲，要用劳动人民的语言讲，每次不要超过一小时，最好是半小时以内，讲长了就没人听了。

现在我们的大学生学哲学5年，读了很多哲学书，当然有一定的书本知识是必要的，但仅仅靠书本知识，而脱离实践，脱离群众，就能出哲学家？我不信。我国历史上的哲学家如柳宗元，他是文学家，也是唯物论者。他的哲学观点是在现实生活中同不同观点进行辩论和斗争中逐步形成的。他在任永州司马的十年间，接触贫苦人民并为他们办了许多好事。正是在此期间，他写了《山水游记》等许多文学作品，同时又写了《天说》、《天对》等哲学著作，这是针对韩愈的唯心观点而写的。我们的大学文科要改造，要学生下去搞工业、农业、商业。至于工科、理科，情况不同。他们有实习工厂，有

83

实验室，在实习工厂做工，在实验室做实验。文科学生下农村、下工厂、下商店工作时，教员也跟着下去，一面工作，一面教。哲学、文学、历史不可以到下面去教吗？一定要在大洋楼里教吗？大学五年可不可以考虑，下去三年，然后读书两年。

雷锋的日记我看了，他是懂得一点哲学的。他的日记中，有许多很好的辩证法的观点和语言。比那些死读哲学书的大学生的论文强多了。他的哲学思想是从哪里来的？还不是从为人民服务的丰富多彩的具体实践中来的。他为群众办了那么多好事嘛！这一点是那些死读哲学书的大学生所无法比拟的。

毛泽东还说，他看过《哲学研究》1965年第6期上登载的工农兵哲学论文，如广东一位木工黄华亭的文章，这篇文章是讲他发明夯墙机的体会的；还有山西的一位细纱挡车工解悦写的"要骑在客观规律的马上"，是讲她创造"新接头法"的认识过程的。这两篇文章都很好嘛。所以，你们不要把哲学看得那么难，看得那么神秘。哲学要走出课堂到工农兵广大的天地中去。哲学是可以学到的。实际上3岁小孩就知道妈妈是人不是狗，这就是一个判断。这个判断说明妈妈同人是有同一性的，是个别和一般的统一，因而是符合辩证法的。所以，列宁在《谈谈辩证法问题》一文中说："辩证法根本就是人类的全部认识所固有的。"总之，要普及和发展辩证法就要破除迷信，解放思想。

毛泽东说，唯物论、唯心论、辩证法、形而上学、世界观都是讲的认识论。从物质到认识，再从认识到物质，总是如此反复。物质变精神，精神变物质，也总是如此反复。几百年之后，阶级消灭了，马克思主义不要了。那时要什么？要别的东西。但是马克思主义的基本东西，还是会保留的。如哲学将来会变，但是唯心与唯物，形而上学与辩证法还会保留的。因为这些自古有之，这是指有文字记载的古代。我看一万年以后，还会有一个依靠谁的问题。因为那时阶级差别没有了，但是总还有先进、中间、落后之分，总还有唯物论与唯心论之分，不然辩证法就不灵了。总而言之，任何时候都要尊重唯物论，尊重辩证法。毛泽东号召在党内要形成讲哲学的风气。

（参见陶鲁笳：《毛主席教我们当省委书记》，
中央文献出版社1996年版）

武松打虎的故事

> "矛盾就是'打架'。世界上一切事物都在打架，你要战胜我，我要战胜你，互相斗争，这就是事物的矛盾。"

延安时期，有一次，毛泽东给抗大学员讲《矛盾论》。开头，一些人对矛盾这个词一下子搞不懂。毛泽东就打了个比方说："矛盾就是'打架'。世界上一切事物都在打架，你要战胜我，我要战胜你，互相斗争，这就是事物的矛盾。"

正讲着，瓦匠在房顶上开始，"叮叮当当"敲个不停。毛泽东随即就说："我们和瓦匠也在打架，我们上课需要安静的环境，他却在房顶上敲打，我们要上课，他要工作，这就发生了矛盾。"

毛泽东还讲："一个人脑子里有两种思想，也在经常打架……"

毛泽东讲得生动风趣，把一些哲学原理，讲得浅显易懂，听课的老同志、新同志、教员、炊事员都豁然明白，宛如明媚的阳光照进了心灵的窗户。

下课了，几个炊事员就蹲在一起热烈地讨论起来。

一个说："长征中，毛主席的路线要北上。张国焘要南下，当时我们炊事员是北上，还是南下，脑子里也在打架。一想，还是北上，跟着毛主席的路线走，战胜了跟张国焘南下的错误思想。"

另一个说："当时我还跟张国焘往南跑了一段路。跑到西康后，思想上又打架，才往回跑。到了毛主席身边，往后遇见事。可要多想想，斗争斗争，坚持正确的，战胜错误的，才能坚定地跟毛主席干一辈子革命。"

毛泽东为了使同志们听懂"外因是变化的条件，内因是变化的根据，外因通过内因而起作用"的观点，他举出鸡蛋得适当的温度而变化为小鸡，而温度不能使石头变小鸡的例子来说明事物变化的根本原因在内部。

他讲到事物是相互影响的时候，讲了武松打虎的故事。他说武松和虎的关系，似乎与松树没有什么关系，其实不然，武松忽略了这一点，结果哨棒一下子打在松树上了，这是因为没有注意到松树。松树就发挥了作用，限制了他。后来武松懂得了利用有利条件，趁虎扑过来的机会，因势利导，把虎按在地下，终于把虎打死了。通过这个例子，说明与敌人斗争时必须考虑到外部条件，使它发挥有利于我，不利于敌的作用。

为了给大家讲明革命道理，毛泽东借用了张果老下华山，去蓬莱阁朝圣这个故事说，这个人不是凡人，是个仙家，所以，他骑毛驴和我们不一样，是倒骑。走着，遇到仙人吕洞宾，问张果老去何处？张说去蓬莱。吕洞宾惊诧地问：蓬莱在东，你骑毛驴向西。怎么能到？张果老生气了，认为自己有理，反驳道：我的脸是朝东方蓬莱的！毛泽东讲完，接着说：想要革命的人，如果路线方向不对，革命还是不能胜利的，张果老虽面朝蓬莱，但路线错了，永远也到不了。毛泽东就是这样用极普通的事例，来讲解深奥的矛盾原理，使学员们明白了许多哲学上的难题。大家听后很受启发。

（参见孙宝义、刘春增、邹桂兰编著:《毛泽东的读书人生》，中央文献出版社 2006 年版）

非得下点苦功夫

"没有压力是学不到东西的，尤其是学哲学，非下点苦功夫不可。"

1935 年，穰明德随红二方面军长征到达陕北后，被调到抗大政治部，有机会接触毛泽东。

　　毛泽东对抗大十分关心，对教职员的学习抓得很紧。他常说："要当先生，必须先当学生。"在一次校务办公会议上，他对大家说："我们要来一个读书比赛，看谁读的书多，掌握的知识多。只要是书，不管是中国的，外国的，古典的，现代的，正面的，反面的，大家都可以涉猎。但不能一目十行，三国中那个庞统能一目十行，我是从来不信的，那是神话。读书先是粗读，有个大概的印象，然后是复读，重温一个重要章节，也叫精读。在这个基础上再写点读书笔记，问几个为什么，联系实际思考一下周围的事情。这样才能防止教条主义和本本主义。"于是，在抗大很快掀起了读书的热潮。

　　有一次，穰明德去毛泽东办公室汇报工作，他正在伏案写作，见穰明德来了，同穰明德握手寒暄，接着问："你最近在读一些什么书呀？"穰明德如实回答说："在读您写的书《中国革命战争的战略问题》，另外还读了一本苏联的《从二月革命到十月革命》。"毛泽东诚恳地说："你呀！光读我写的书不行。要博览群书嘛！像你这样的同志出身苦，有斗争经验，但文化程度不太高，尤其应该多读书，这样可少犯经验主义错误。你只读我写的书，远远不够，要多读别人写的书，这样你可能还会发现我书中的错误呢！"

　　"主席说得对，我一定照办。"说着，见毛泽东桌上有张他刚照的照片，于是穰明德请毛泽东把照片送给他作个纪念，毛泽东立即答应了。回去后，穰明德把平时的积蓄全部拿出来，到延安城里买了艾思奇的《大众哲学》、李达的《政治经济学讲授大纲》以及《辞源》等书，逐字逐句地认真读起来。

　　为了开展竞赛，巩固读书成果，毛泽东又提出了"官教兵，兵教官，兵教兵"。他要穰明德给学员上"政治工作"课，并亲自进行督促启发，当时学员也有这一要求。于是穰明德先备课，然后试讲，再印出讲稿，正式上讲台讲课，讲完后，请学员提意见，再修改成讲义，印发学员。这样做对穰明德这些工农干部虽然十分吃力，但收获甚大。毛泽东经常开玩笑说：过去，我们小时候读私塾，记不住"人之初，性本善"，是要挨先生打的。但我现在不会打你们，不过，我晓得你们这比挨打还难受。没有压力是学不到东西的，尤其是学哲学，非下点苦功夫不可。

　　当时抗大的学员不少是从全国各地，主要是从城市投奔革命圣地延安的青年学生，他们带有较浓厚的小资产阶级情调，对陕北延安生活不太适应。针对这种情况，毛泽东不但强调文化和理论学习，还特别注重教育学员学习实际本领。他对学员提出了"一要学会种地，二要学会穿草鞋，三要学会地方方言"的要求，并作为对学员进行考核的一项重要内容。使读书和实际更好地结合起来。在毛泽东的倡导下，延安学习马列主义的哲学著作形成了热潮，涌现出一批学习上的积极分子。

（参见穰明德:《毛泽东让我们多读书》，见
《难忘的回忆——怀念毛泽东同志》，中国青
年出版社 1985 年版）

《实践论》中的警句

"实践的观点是辩证唯物论的认识论之第一的和基本的观点。"

1937 年毛泽东在延安抗日军政大学做《辩证唯物论》讲演，其中主要讲了反对教条主义的主观主义，后来形成了文字材料即《实践论》。

在《实践论》中，毛泽东有许多独创的警句。比喻说在讲到真理标准时，用了三个警句：

"判定认识或理论之是否真理，不是依主观上觉得如何而定，而是依客观上社会实践的结果如何而定。"

"真理的标准只能是社会的实践。"

"实践的观点是辩证唯物论的认识论之第一的和基本的观点。"

在讲到感性与理性的关系时，用了两个警句：

"感觉到了的东西，我们不能立刻理解它，只有理解了的东西才更深刻地感觉它。"

"感觉只解决现象问题，理论才解决本质问题。"

在谈到对待知识的正确态度时，文中写道："知识的问题是一个科学的问题，来不得半点的虚伪和骄傲，决定的需要的倒是反面——诚实和谦逊的态度。"并用"你要知道梨子的滋味，你就得变革梨子，亲口吃一吃。"这一种比喻性警句，说明了"你要有知识，你就得参加变革现实的实践"和"你要知道革命的理论和方法，你就得参加革命"等知识、理论和方法与实践、革命的必然联系，使道理深入浅出，通俗明白。

在阐述从感性认识向理性认识跃进的过程时，用了人们已朗朗上口经常使用的警句："要完全地反映整个的事物，反映事物的本质，反映事物的内部规律性，就必须经过思考作用，将丰富的感觉材料加以去粗取精、去伪存真、由此及彼、由表及里的改造制作工夫，造成概念和理论的系统，就必须从感性认识跃进到理性认识。"这里仅用"去粗取精、去伪存真、由此及彼、由表及里"16 个字，就把人们的认识过程高度概括出来，造成人们争相引用的现象。

在谈到认识的能动作用时，文中写道："马克思主义的哲学认为十分重要的问题，不在于懂得了客观世界的规律性，因而能够解释世界，而在于拿了这种对于客观规律性的认识去能动地改造世界。"接着又指出："如果有了正确的理论，只是把它空谈一阵，束之高阁，并不实行，那末，这种理论再好也是没有意义的。"

在谈到相对真理与绝对真理的关系时，写道："无数相对真理之总和，就是绝对的真理。"而在解释认识论的含义时，又写道："实践、认识、再实践、再认识，这种形式，循环往复以至无穷，而实践和认识之每一循环的内容，都比较地进到了高一级的程度。这就是辩证唯物论的全部认识论，这就是辩证唯物论的知行统一观。"

这些精辟的论述，都以简练而含义深刻动人的句子，把人们从纷纭复杂的各种现象中引到抽象概括的理性殿堂，从而变为工作实践的准绳，成为人们实践活动的有力指南。《实践论》成为马列主义宝库中经典的哲学著作，它把理论升华到一个新的高度。

（参见《毛泽东选集》第一卷，人民出版社1991 年版）

两类性质的矛盾

正是这些修改和补充，使《正确处理人民内部矛盾》完成了从一次会议上的讲话到哲学科学理论学说的飞跃。

1956 年 12 月及 1957 年 2 月，毛泽东两次提出了两类性质的矛盾问题。1957 年 3、4 月间，毛泽东南下时又多次阐述了正确处理人民内部矛盾这一主题。毛泽东把多次讲话加以整理，于 1957 年 6 月公开发表了"关于正确处理人民内部矛盾的问题"。毛泽东的两类矛盾学说，是中共八大正确思想的继续和发展。

《正确处理人民内部矛盾》从原讲话记录稿到发表稿，由于不断地修改，产生了 15 稿。如果再加上毛泽东在那次会上发言用的讲话提纲，一共就有 16 份文献材料。从时间上看，《正确处理人民内部矛盾》从讲话到发表历时 4 个月，但实际的修改，即从第 2 稿（原讲话记录稿为第 1 稿）到最后定稿，是集中在 5 月 7 日至 6 月 17 日的 42 天中进行并完成的。

仔细地研究各份过程稿，可以看出，修改、整理和补充之处，从性质上说，主要有以下三点：

一是对正确处理人民内部矛盾这一主题作了进一步的理论化和系统化，丰富和完善了这个主题的理论基础。这种情况最典型的是第一节的修改。原讲话记录稿在这一节只是提出了两类社会矛盾和用团结、批评、团结的公式解决人民内部矛盾的问题。而发表稿，在这一节则从理论上全面论证了两类社会矛盾，特别是人民内部矛盾的性质，人民民主专政的性质、作用，民主集中制的原则，"团结——批评——团结"的公式和社会主义社会的基本矛盾等等，使其成为全篇的理论纲领。

二是对围绕正确处理人民内部矛盾提出的一系列具体方针作了更严密、审慎的说明和规定。在第一节所作的纲领性论述的基础上，其他各节修改和补充的重要内容，如经济方面实行统筹安排，兼顾国家、集体和个人三者利益的原则，探索发展工业和农业同时并举的中国工业化的道路的思想；科学文化方面贯彻"百花齐放、百家争鸣"的方针；共产党与民主党派关系上实行"长期共存、互相监督"的方针；以及团结、教育好知识分子，搞好汉族与少数民族的关系，处理好少数人闹事等等，都是对正确处理人民内部矛盾的具体方针的进一步阐述。

三是增加和补充了原讲话中没有或仅仅提到的一些重要的思想和观点。它们包括：社会主义改造完成以后国内基本形势和根本任务，社会政治生活判断是非的六条标准，意识形态方面的阶级斗争长期存在和必须注意对修正主义的批判等。值得指出的是，这部分内容中，有的是更进一步坚持和完善了正确处理人民内部矛盾的主题，有的则需要作进一步的、具体的分析。

因此，从整体上说，《正确处理人民内部矛盾》的修改及其结果——发表稿，不仅保持了原讲话的基本精神，而且使之更臻丰富和完善。正是这些修改和补充，使《正确处理人民内部矛盾》完成了从一次会议上的讲话到哲学科学理论学说的飞跃。

毛泽东历来对理论研究非常重视和认真，从《正确处理人民内部矛盾》的形成过程看，他在不断的充实、完善，使之在更高层次上，发挥了指导正确处理人民内部矛盾，从理论和实践的结合上丰富了两类矛盾学说，在纷纭复杂的国内外形势下发挥了独特的导向作用。

（参见《毛泽东著作选读》下册，人民出版社
1986 年版）

哲学是一种架子

　　"哲学是一种方法，是一种架子，不懂得这个架子，办事就要差一些，想问题就要差一些。"

　　毛泽东研究哲学，与旧大学的哲学教授不同，不是为研究而研究，主要是为了总结中国革命斗争的经验。他在批读苏联西洛可夫、爱森堡等合著的《辩证唯物论教程》第四版时，曾感叹"中国的斗争如此丰富，却不出理论家！"犹如研究其他学问一样，他研究哲学，善于独立思考，联系实际，敢于怀疑，大胆创新，因而在对中国革命经验进行概括和阐述时，能提出新的观点，创立新的理论，发展马克思主义哲学。这个发展，在民主革命时期，以《实践论》、《矛盾论》为主要代表，在社会主义时期，以《关于正确处理人民内部矛盾的问题》为主要代表。这个发展，具体表现为，在唯物论思想方面，深刻阐述了坚持实事求是、从实际出发的辩证唯物主义思想路线，反对以主观主义为特征的唯心论思想路线；在认识论方面，全面地阐述了坚持了以社会实践为基础，以能动的革命的反映论为特征的辩证唯物主义的认识论体系；在发展观方面，集中论述了作为唯物辩证法核心的对立统一规律，提出了对于客观事物进行研究的矛盾论系统；在社会历史观方面，强调社会基本矛盾，精辟地分析了社会主义社会的矛盾，创立了严格区分和正确处理两类不同性质的矛盾的理论。

　　毛泽东哲学思想不是从天上掉下来的。在创立理论体系的过程中，同其他任何思想家一样，毛泽东也要借鉴和汲取以前的研究者们有益的思想资料和理论成果，包括 20 世纪 30 年代的苏联哲学在内。

　　毛泽东哲学思想不仅强调了正确的思想方法、领导方法和工作方法，对于革命事业成败的至关重要的意义，而且创立了具有中国共产党人鲜明特色的方法论系统。

在 20 世纪 60 年代前期号召学哲学时，他曾说过：哲学是一种方法，是一种架子，不懂得这个架子，办事就要差一些，想问题就要差一些。还说：历来讲认识论这一套，不把它运用到具体工作。你离开了具体工作，那些哲学干什么的呀？那就没有用了嘛。他还强调。要写"活"哲学，不要写"死"哲学。应当说．毛泽东把哲学应用于革命斗争和实际工作。真正实现了世界观与方法论的融合，这样的哲学是"活"哲学的典范。

他特别注重宣传哲学和普及哲学的工作。还在延安研读哲学时，他就认为，哲学只有和实际相结合，为群众所掌握才有生命力。新中国成立后不久，他就指出："关于辩证唯物论的通俗宣传，过去做得太少，而这是广大工作干部和青年学生的迫切需要"，应当加强这项工作，"使成百万的不懂哲学的党内外干部懂得一点马克思主义的哲学。"1957 年 11 月。他在莫斯科共产党和工人党代表会议上的发言中，阐发了解放哲学的思想。他说：关于辩证法，需要作广泛的宣传。辩证法应该从哲学家的圈子走到广大人民群众中间去。他还建议要在各国党的政治局会议和中央全会上谈这个问题。要在党的各级地方委员会上谈这个问题。随后，他在我们党的一些会议上，在一些谈话中，都穿插着讲些哲学问题，并为破除哲学的神秘性作了大量宣传。在 1963 年 5 月的一次会议上，他进一步指出：要在日常工作中讲哲学。中央、中央局、省三级，开会时都要讲。还说：不要把哲学看得太难和神秘，那么神圣不可侵犯，把它看得太黑暗，就不容易进门，还是要破除迷信。同时他指出，不要破除了科学，不要像前几年那样，连不该破的也破了。也就是在这次会上，他讲了物质变精神、精神变物质的一番道理，提出：这些道理应当让干部懂得，群众懂得，让哲学从哲学家的课堂上和书本里解放出来，变为群众手里的尖锐武器。

从毛泽东的一生经历中可以看出他一直在关注哲学研究，在不同历史时期，他都运用马列主义哲学理论，去融合方法论，使哲学真正变成了密切结合实际的"活"哲学，大众化的哲学。而不是停止不前，迟滞落后的形而上学的哲学。

（参见《毛泽东文集》第八卷，人民出版社
1999 年版）

不要搞四面出击

　　"即使苏联敢于冒险向东，必将像威廉皇帝和希特勒一样，犯两面出击的错误。"

　　1972 年 7 月 24 日晚上，总社通知王殊立刻到外交部去。王殊正好外出，等赶到外交部时已晚了 1 个小时。王殊上了等在外交部门口的一辆车才知道，毛泽东要见王殊。晚上 10 时，王殊被引进毛泽东中南海寓所的会客室，毛泽东已在同周总理和姬鹏飞、乔冠华谈话。毛泽东同王殊握手时，周总理介绍王殊是新华社记者。毛泽东笑着说，"我也当过记者，我们是同行。"王殊在毛泽东旁边的藤椅上坐下来。在此之前，王殊从来没有见过毛泽东，这次看到他穿着套宽大的白色绸衣裤，比过去在照片和电视上看到的形象苍老一些，胖了不少，头发已斑白稀疏，但是精神很好。在他身边的小茶几上，放着好几本还没有看完的卷着的参考资料和书。

　　毛泽东同大家纵论了欧洲和世界的局势。他说，西方不少人正在讨论苏联的战略是向西，还是向东，还是声东击西，有的人还在幻想祸水东移。欧洲是一块肥肉，谁都想吃。我们没有资格。欧洲是美苏激烈争夺的重点，双方都把重兵摆在欧洲。他准确地列举了美苏双方在欧洲的兵力数字后说："我看，苏联就是声东击西。"

　　接着，毛泽东谈到两次世界大战的经验教训。他说，德国威廉皇帝和希特勒在世界大战中都遭到了失败，主要原因都是吃了两面出击的亏。威廉皇帝 1914 年在西线同法英军队还处于对峙的状态，第二年他把大量兵力从西线调到东线攻击俄国，幻想先打败俄军，迫使沙皇签订和约退出战争。这个目标没有实现。第三年他又把大量兵力调回西线，但情况已经发生变化，法英军队已大为加强，美国也参战在即，最后他吃了败仗。希特勒也是一样，在西线还没有全部解决的时候，又在1941年6月发动了对苏联的进攻，结果也陷入了被两面夹击的境地。

毛泽东用精炼生动的语言，援引历史上的经验教训，阐明了对当时国际局势以及苏联战略的估计，特别是反对两面出击的思想，给王殊的印象极为深刻。王殊体会到，毛泽东认为，美苏都不会放开欧洲这块肥肉，而且争夺日益激烈。苏联的战略是向西，不会战略东移或挥师向东。苏联之所以在东边做一些动作，是声东击西，麻痹西方。而且即使苏联敢于冒险向东，必将像威廉皇帝和希特勒一样，犯两面出击的错误，最终遭到失败。苏联不会不考虑到这一点。西欧国家要联合起来，对苏联的威胁要认真对付，不要抱不切实际的幻想。后来的事实证明，毛泽东和周总理对苏联战略的估计是十分正确的。

毛泽东一贯主张要集中兵力，打击主要敌人，反对分散力量，犯四面出击的战略错误。在军事上是这样，在其他工作上也是这样。

当时，美苏争霸和东西方对峙非常激烈。苏联陈兵中苏边境，对中国威胁很大。对中国来说，中苏矛盾大于中美矛盾；而对美国来说，美苏矛盾也大于美中矛盾。因此，中国有可能改善同美国和西方的关系，集中力量来对付苏联的威胁。

在毛泽东战略方针的指导下，局势发展很快。1971年4月的"乒乓外交"，同年7月基辛格秘密访华，1972年2月尼克松访华，中美关系得到了改善。同时，1971年10月中国恢复在联合国中的合法席位，中国打开了同西方国家的关系。接着，在国际上出现了大三角的形势，对国际形势产生了很大影响。

在改善同美国关系的同时和以后，毛泽东和周总理最关心同当时还没有建交的日本和联邦德国的关系。当时，中国邀请日本田中首相和大平外相在1972年9月下旬前来访问。施罗德刚刚访问中国回到波恩，在联邦德国引起了很大的反响。无疑，如果中国先同日本建了交，对联邦德国会有影响，而如果同联邦德国先建交，对日本也会有推动。

王殊回到波恩以后，中德两国很快在波恩开始建交谈判。40天后，终于在9月29日草签了两国建交的联合公报。而就在这一天，周总理同田中首相在北京签署中日建交公报。这两条消息第二天同时刊登在《人民日报》的第一版上。不久，联邦德国外长谢尔应邀访华，10月11日同姬鹏飞外长在人民大会堂正式签署建交联合公报。王殊陪同谢尔也回到了北京，再次见到了周总理。在谈话中，周总理对同日本和联邦德国建交表示高兴。

当时，"文革"正在进行，由于"四人帮"的破坏，内外情况都很困难。毛泽东和周总理这一重大的战略部署，调动了世界上的各种因素和矛盾，中国的威望大为提高。王殊通过这次亲身经历，体会到毛泽东在外交上利用矛盾、集中力量对付主要威胁，不搞四面出击以免到处受敌的战略思想，使中国在国际关系中开创了新局面。也感受到，周总理认真严谨的工作作风，同各方面人士研究讨论、听取各种不同意见的民主精神也起了很大的作用。

毛泽东在观察国际形势时，善于用矛盾学说和集中兵力各个歼灭敌人的战略战术，在世界风云变幻中，为中国制定了新的外交政策，不搞四面出击，开创了国际关系的新格局。

（参见王殊：《听毛泽东纵论不要四面出击》，
《瞭望》1992年第40期）

注意从坏处着眼

"什么问题从困难着想就不怕，不妨把它想多一点，想尽。"

毛泽东认为事物的发展不是径情直遂的，意想不到的困难随时都有可能发生，因此，不要贪便宜走捷径，要准备走艰难曲折的路。并一再告诉人们，事情的发展，无非是好坏两种可能。无论对国际问题，对国内问题，都要估计到两种可能。……要放到最坏的基础上来设想。并说，什么问题从困难着想就不怕，不妨把它想多一点，想尽。

从坏处着想，往好处努力，不仅是毛泽东所提倡的处理各种问题的行为准则，也是他决策的出发点与落脚点。如在济南战役，千里跃进大别山等战役中，他都是这样做的。1949年5月23日，在他为中央军委起草的给各野战军的电报中，发布了向全国进军的命令。此命令中亦指出："二野目前任务是准备协助三野对付可能的美国军事干涉，此项准备是必需的，有此准备即可制止美国的干涉野心，使美国有所畏而不敢出兵干涉。"[①] 再如1950年10月2日，毛泽东在一份关于中国人民志愿军入朝参战的电报中，也是着眼中国军队在朝鲜境内和美国军队打起来后，"就要准备美国宣布和中国进入战争状态，就要准备美国至少可能使用其空军轰炸中国许多大城市及工业基地，使用其海军攻击沿海地带。"[②] 尽管如此，"只要我军能在朝境内歼灭美国军队，主要地是歼灭其第八军（美国的一个有战斗力的老军），……那时的形势就变为于革命阵线和中国都是有利的了。"[③]

在尖锐复杂的军事斗争中，毛泽东善于从两个方面去考虑战略战术，因此总是逃不出他的筹算。正因为毛泽东处理问题和决策时，注意从坏处着眼，往好处努力，才能对各种棘手的问题，重大的困难，复杂的局势，应付自如，处置若裕。这一方法论，对所有决策者来说，都可以说是一条成功的经验。

---

① 《毛泽东文集》第五卷，人民出版社1999年版，第298页。

② 《毛泽东文集》第六卷，人民出版社1999年版，第97页。

③ 《毛泽东文集》第六卷，人民出版社1999年版，第97页。

修改李达的解说

　　"这个《解说》极好，对于用通俗的言语宣传唯物论有很大的作用。"

　　1951年，毛泽东重新发表了他在抗战初期写的重要哲学著作——《实践论》。为了帮助广大干部群众学习这部著作，著名的马克思主义哲学家李达写了《〈实践论〉解说》一书。

　　李达写作此书时，为了更好地领会全书的思想观点，每写完一部分即送毛泽东审阅，毛泽东在百忙中亲笔修改，凡是书稿中写有"毛主席"三个字的，他都通通圈去，改为"毛泽东同志"。1951年3月27日，毛泽东还给李达写信，就修改书稿一事作了说明。信中首先对作者表示感谢，说："两次来信及附来《〈实践论〉解说》第二部分，均收到了，谢谢您！"接着又说："《解说》的第一部分也在刊物上看到了。这个《解说》极好，对于用通俗的言语宣传唯物论有很大的作用。待你的第三部分写完并发表之后，应当出一单行本，以广流传。"信还具体谈到了对书稿的修改，即"第二部分中论帝国主义和教条主义经验主义的那两页上有一点小的修改，请加斟酌。"所说"一点小的修改，请加斟酌"，是指《〈实践论〉解说》的第二部分，毛泽东阅后，作了以下几个处修改：（一）在《解说》中谈到中国人民对列强作排外主义的自发斗争的地方，加了这样一句话："中国人民那时还不知道应当把外国的政府和人民、资本家和工人、地主和农民加以区别，我们应当反对侵略中国的外国地主资本家和政府官员，他们是帝国主义者，而在宣传上争取外国的人民，并不是一切外国人都是坏人，都要排斥。"（二）在《解说》中谈到孙中山当年所倡导的民族主义完全以清政府为对象，从未提起过反帝国主义的地方，加写了这样一句："虽然辛亥革命实际上起了反对帝国主义的作用，因为推翻了帝国主义的走狗——清政府，当然就带着反帝的作用，因而引起了帝国主义对辛亥革命的不满，不帮助孙中山而帮助袁世凯；但是当时的革命党人的主观上并没有认识这一点。"（三）《解说》中谈到"唯物论的'唯理论'是今日教条主义的来源，唯物论的'经验论'是今日经验主义的来源"。毛泽东把这句话修改为："唯物论的'经验论'则与今日经验主义相像。"可见，毛泽东对书稿作这些重要改动后，就使得书稿内容更充实、更精确了。

毛泽东还对李达在普及马克思主义哲学的宣传方面给予殷切期望和鼓励。他说："关于辩证唯物论的通俗宣传，过去做得太少，而这是广大工作干部和青年学生的迫切需要，希望你多多写些文章。"1954年12月28日在给李达的另一封信中又说："你的文章通俗易懂，这是很好的。在再写文章时，建议对一些哲学的基本概念，利用适当的场合，加以说明，使一般干部能够看懂。要利用这个机会，使成百万的不懂哲学的党内外干部懂得一点马克思主义的哲学。"

毛泽东对哲学家李达提出了殷切的期望。

胸中有雄兵百万

"你们愿意哪个方式，是天津方式，北平方式，还是绥远方式？"

毛泽东胸中自有雄兵百万，打起仗来神出鬼没，令敌人胆战心惊。

解放战争时期，在平津战役中，东北部队分三路进关。华北部队从柴沟堡、涿鹿实施包围。毛泽东制定的方针是：北平以西"围而不打"，只包围不歼灭；北平以东"隔而不围"，免得他害怕。另外，不先攻东，而先打西面，因为东面是蒋介石的中央军，西面是傅作义的部队，当时傅作义的三十五军在北平，这是他的最重要的主力部队。毛泽东想了一个办法打他，把他从北平调出来，于是下命令打张家口，但不消灭，让傅作义的主力调来增援，并且不要阻止，一直让他去。但是回来却要阻住他，不能让他进入北平，要在中间消灭他。三十五军出了北平后，东北野战军立即切断了平绥路，傅作义一看危险，马上叫三十五军返回北平，但晚了，被包围在新保安。以后毛泽东下命令先打掉新保安三十五军。打了新保安，把傅作义的第一个主力消灭后，就把敌军分割包围在北平、天津等地。这时和傅作义谈判，要他投降，他不干。告诉他某日某日要打什么什么地方，他不信。后来打了二三个地方，他才相信了。打张家口时，毛泽东说，这次告诉他，他一定相信。果然，在攻击头一天敌军就跑了，他一离开工事更好打了。这是西面。

东面，东北部队进关后首先包围塘沽。塘沽有敌军 5 万人，天津有敌军 13 万人，北平有敌军 20 万人，东面是三点。毛泽东曾下决心把海港搞掉。经侦察发现，塘沽海面周围全是盐田，盐田冬天不结冰，田埂又直又长，不易进攻；士兵一负伤倒在盐田，血止不住，盐水一浸对伤口不好。这时，国民党塘沽的指挥官派人出来，叫东北部队不要打，他说："你们没有海军，消灭不了我。我的司令部在船上，打得差不多就坐船走了。"他实际上也怕打他。这五万人放弃了，因为没有海军，包围不住。这时只剩下天津、北平。打北平或打天津，这是要考虑的。如果打北平，有很多坏处：北平是古都，有很多文化古迹，损失大，对全国、对全世界都有影响。但是靠谈判，条件又不成熟。时间拖久了不利。所以，毛泽东决定打天津，用战斗方式解决天津。

东北部队用 25 个师，29 个小时把天津打下来了。在包围天津后，天津城防司令陈长捷派人出来谈判，条件很高。东北部队给他 24 小时，24 小时不放下武器，就总攻。他未执行忠告，东北部队就发起攻击，29 小时解放了天津，把天津城防司令陈长捷抓到了。毛泽东下命令把他用汽车送到北平附近，让北平傅作义代表出来和天津城防司令见面。傅作义派了邓宝珊和陈长捷见了面。陈长捷告诉邓宝珊，赶快回北平告诉傅作义，不要守了，天津的味道不好受。这时傅作义才下决心谈判，北平 20 几万人接受改编，这就是北平方式。

绥远是傅作义的基地，有一个军，毛泽东没有派部队去打。傅作义请示毛泽东:"这个部队也把它打掉?"实际上是傅作义摸毛泽东的底。毛泽东说:"你那么多部队都搞掉了,只剩这一点,把这部队也搞掉,你不更痛心。"当时傅作义流了泪,因为把话讲到他的心里了。后来,毛泽东给了他一个部队番号,傅作义非常感谢。

这时毛泽东对南面的敌军发出通告:"你们愿意哪个方式,是天津方式、北平方式、绥远方式?"毛泽东非常了解敌人,敌人在想什么他都知道。他要敌人怎样行动,敌人就怎样行动。他要傅作义的三十五军出来,敌军就出来了。大家都说:"毛主席用兵真如神。"

毛泽东是统帅,是军事家,他有高超的指挥才能。在那些艰难的战争岁月里,他运筹帷幄,决策千里,不仅指挥了强大的中国人民解放军,而且还指挥了国民党的军队。有趣的是,有时打仗布好了口袋,让敌军进去,它就乖乖地进去,让它在什么地方交战,敌军就着了魔似地赶去受擒。这里决没有鬼使神差,而是毛泽东日常积累的智慧和力量,使他具有超常的才能,所以在纷纭复杂的战场上,在运用战略战术上,轻车熟路,运用自如,这决不是偶然的。这正是他军事哲学头脑的充分运用。

(参见孙宝义编著:《毛泽东的读书生涯》,知识出版社1993年版)

价值法则是学校

"这个法则是一个伟大的学校,只有利用它,才有可能教会我们的几千万干部和几万万人民,才有可能建设我们的社会主义和共产主义。"

1958年11月2日至10日,毛泽东召开了第一次郑州会议。第一天,毛泽东同志先找河北、山西、陕西、甘肃、河南等五省的省委第一书记到他停在郑州的专列上开会。一见面，他就面带笑容地说："噢，还是老人手。"又问："你们有什么新闻？"会上，陈伯达汇报他在河南调查的情况时讲到要废除商品生产，以劳动券代替人民币等奇谈怪论，毛泽东同志听后沉默无语。

之后，其他省、市委的同志和中央部分同志相继分批来参加会议。

会议期间，毛泽东给每人发了两本书：斯大林著《苏联社会主义经济问题》、《马恩列斯论共产主义》，并要他们联系实际用心读三遍。毛泽东还用了3天时间听取了各省、市同志的汇报。

10日清晨，大家被突然通知到一个小礼堂开会。一开头，毛泽东说："现在秀才（指陈伯达）要造反，你们知道不知道？今天我给大家开课，讲《苏联社会主义经济问题》。"于是，他用一整天的时间，结合我国的具体实践，逐章逐段地分析了斯大林的这本书，驳斥了陈伯达的错误观点，对于斯大林著作中的观点，毛泽东有肯定和发挥，也有否定和商榷。他针对当时公社化运动中普遍存在的混淆社会主义与共产主义、集体所有制与全民所有制的情况，明确指出，必须划清这两种界线，肯定现阶段是社会主义，肯定人民公社是集体所有制。同时，关于商品生产和价值法则，从现实出发，从理论上作了精辟的阐述：

商品生产是个经济法则问题。现在有些人，对于商品生产、价值法则的积极意义毫不估计，避而不谈，这是对马克思主义极不严肃的态度。现在，有些人大有消灭商品生产之势，有不少人向往共产主义，一提商品生产就发愁，觉得这是资本主义的东西。他们没有弄清社会主义商品生产与资本主义商品生产的区别，不懂得利用其作用的重要性，这是不承认客观法则的表现，是不认识五亿农民的问题。现在我国还是商品生产很不发达的国家，比印度和巴西还落后。现在还必须利用商品生产和价值法则来积极地为社会主义服务。

商品生产，不但资本主义社会有，封建社会有，奴隶社会也有嘛！为什么社会主义社会不能有商品生产呢？商品生产看它和哪个经济相联系就为哪个经济服务。社会主义商品生产和社会主义公有制经济相联系，因此它是为社会主义公有制经济服务的。这正是它和资本主义商品生产区别之所在。在我国社会主义阶段，你不搞商品生产、商品交换，你就要剥夺农民。农民有三权：生产资料权，产品所有权，劳动权。你只要废除商品，实行调拨，就要剥夺农民这三权。现阶段应当利用商品生产，团结几亿农民。只要存在两种公有制，商品生产就极其必要，极其有用。只要有商品生产，你没有人民币怎么行！

1958 年 11 月 21 日至 12 月 10 日，毛泽东召开了武昌会议，他在这次会议上当讲到商品交换时，特别"提醒大家注意《苏联政治经济学教科书》第 3 版承认生产资料也是商品，这是对斯大林的《苏联社会主义经济问题》的一个重大修正。"他说："生产资料归根到底是制造生活资料的。"他批评斯大林对国营企业生产的生产资料和集体农庄生产的生活资料的关系没有弄清楚。为了扩大积累，不是等价交换，而是提高工业品价格，压低农产品价格，扩大剪刀差，对农民竭泽而渔。他还针对有些同志企图过早地取消商品，否定按劳分配、价值法则、等价交换的主张，明确提出继续发展商品生产和继续保持按劳分配的原则，对于发展社会主义经济是两个重大的原则问题，必须在全党统一认识。并且尖锐地指出，"一平"（分配上的平均主义）"二调"（无偿调用生产队的劳力、物资）的"共产风"，是对按劳分配、价值法则、等价交换的否定，是对别人劳动的无偿占有，是对农民的剥夺。这不是马克思主义，而是"左"的修正主义。

1959 年 2 月 3 日至 12 日，毛泽东召开了第二次郑州会议。他围绕公社所有制这一中心问题，进一步从理论上、政策上作了系统的阐述。在会上，陶鲁笳汇报了会前在洪洞县蹲点时目睹公社干部把富队的粮食无偿调给穷队，富队社员愤怒地群起阻拦以至相互殴打的情景。当时陶鲁笳对县社干部说："队与队之间的贫富差别是客观存在，不能强行拉平，只有承认差别，才能消灭差别，正如毛泽东说过的，只有承认山头，才能消灭山头的道理一样。"毛泽东听了点点头表示同意，并强调说："把穷队提高到富队的水平，需要有一个较长的过程。这个过程，是农业机械化、电气化、公社工业化、国家工业化的过程，是人民的社会主义、共产主义觉悟程度和道德品质提高的过程，也是人民的文化教育和科学技术水平提高的过程。这只是第一阶段，以后还有第二第三阶段，才能完成社会主义建设。现在土地、人力、产品三者名义上归公社所有，实际上仍然是而且只能是归生产队所有。目前阶段只有部分归公社所有,即公社的积累、社办工业、社办工业的固定工人,此外还有公益金。所谓社有,如此而已。虽然如此而已,伟大光明灿烂的希望也即在这里。年年增加积累,年年扩大社办工业,不但有大型农业机械,而且有社办电气站、社办学校等等,这样经过若干年,即可在所有制上,由基本上队有变为基本上社有。"

为了纠正"共产风",毛泽东指定几个人起草一个通俗、简明的条文。当陶鲁笳作为起草小组成员之一向他汇报说"公社要实行三级管理、三级核算、各计盈亏"时,他非常敏锐地指出:"你没有讲等价交换、价值法则嘛。"经过多次讨论修改,毛泽东综合大家的意见,最后形成了整顿人民公社的14句话的方针,即"统一领导,队为基础;分级管理,权力下放;三级核算,各计盈亏;分配计划,由社决定;适当积累,合理调剂;物资劳动,等价交换;按劳分配,承认差别"。他还说:"在社与社、队与队、社与国家之间,在经济上只能是买卖关系,必须遵守等价交换原则。"

1959年3月25日至4月5日,毛泽东召开了上海会议。为了继续纠"左",会上产生了《关于人民公社18个问题》的文件。讨论过程中,陶鲁笳向毛泽东同志写了一个山西省县一级召开五级干部会议贯彻"14句话"方针的情况的报告。他看后当即加了《介绍山西经验》的标题,并在标题下署名写了"此件很好,很容易看。如有头昏病,还可以愈头昏"的按语。他还在报告的六处写了批语,作为会议文件印发了。陶鲁笳的报告中讲到运城县五级干部会议宣布将公社扣用原高级社的现金收入全部算清退还,社员们听到后高兴得跳了起来,以此实例证明,第二次郑州会议"主席提出的旧账要算、要处理的指示,是完全正确的,是群众的一个迫切要求"。在这段话后面,毛泽东写了如下批语:"旧账一般不算这句话,是写到了郑州讲话(指第一次郑州会议的讲话)里面去了的,不对,应改为旧账一般要算。算账才能实现那个客观存在的价值法则。这个法则是一个伟大的学校,只有利用它,才有可能教会我们的几千万干部和几万万人民,才有可能建设我们的社会主义和共产主义。否则一切都不可能。对群众不能解怨气。对干部,他们将被我们毁坏掉。有百害而无一利。一个社(应为一个县)竟可以将原高级社的现金收入400多万元退还原主,为什么别的社(应为别的县的社)不可以退还呢?不要'善财难舍',须知这是劫财,不是善财。无偿占有别人劳动是不许可的。"

这段旗帜鲜明的批语，尖锐地指出了价值法则对于社会主义经济建设的极端重要性，字字句句都洋溢着对人民群众切身利益的关怀。从政治经济学上解决了"左"的影响和对"一平二调"的批判。

（参见陶鲁笳:《毛主席教我们当省委书记》，
中央文献出版社 1996 年版）

科研离不开哲学

　　"世界上万物都是可以认识的，没有不解之谜，只是有的问题还没有认识。世界是无限的，原子核、质子都不是最基本的，你信不信?"

1953 年，毛泽东关于物质结构的看法，徐涛就听他说过。他经常和徐涛谈自然科学问题，常要徐涛给他写文字材料。他常谈及分子、原子、原子核、物质组成结构、分子式、构造式、有色金属、重金属等，有一次闲谈涉及物质构成的最基本最小成分时，徐涛说：

"最早有这样想法的人是非常聪明的。"

"恐怕还是中国人。"他缓缓地说。

"据说希腊人德谟克利特首先提出'原子'概念，在希腊文就有'不可分割'的含义。"

"古代化学家去搞'点石成金、炼长生不老丹'都走了斜路，对原子的论点没能深入。'原子不可分'后来怎么打破的?"他提问了。

"大概从门捷列夫提出了'周期率'以后吧，向老的'原子论'挑战了。"

"怎么个挑战?"

"居里夫妇研究放射性元素，放射性元素的原子为何能变成其他元素的原子呢？所以设想原子内部是复杂的结构。"

"你看他们的脑筋就好用，独立思考不跟别人的脑子走。不信原来2000多年的定论，也不怕名人权威。"

"好像是叫卢瑟福的人吧，他提出原子里头有原子核和电子"，徐涛补充了一句。

"正是此人提出原子结构像太阳系，原子核又由质子、中子组成。你说质子还能再分吗？"

"我说不清，只有把质子再分开，才能说可分。"其实那时徐涛根本不懂"物质的无限可分性"，认为分出来才可信。

"世界上万物都是可以认识的，没有不解之谜，只是有的问题还没有认识。世界是无限的，原子核、质子都不是最基本的，你信不信？"

"徐医生，这原子核能看到吗？"他又在提问。

"这是公认的理论，我想在特殊的理化实验中会能证实的。但我没看见过。"

毛泽东有些遗憾的表情。

"我没见过原子核，我看见最小的物质是细胞核、细菌。虽然放大1000多倍，也有看不清的部分。"

这些话题暂告一段落，但实际上并没结束。由此引出了两件事，一件在近期，一件在他临去世前。

没过多久他又和徐涛闲谈，他突然提出一个问题，徐涛毫无精神准备。

"徐医生，你帮我建立个实验室吧！"

"你是指哪一种实验室？"徐涛奇怪地问。

"物理实验室、化学试验室。"

"你要做什么呢？"

"你作老师我作学生，我们一起做实验。"

"我怎么能作你的老师呢？"

"为什么不能？你有专长就可以作，学问学问，边学边问嘛。又学又问，再能自己动手，这样学得快记得牢。"

"如果真搞，不如再加一个生物医学实验室。"徐涛想搞医学生物更熟悉，可以作小动物解剖、搞解剖模型标本、了解人体结构、认识细菌、使用显微镜等，这将对徐涛为他进行医疗工作更为有利。

"那好，你就作这些实验室的主任。"他是多么迫切的想学习呀。

另一件事是他去世的前一段时间，徐涛在翻阅资料时发现了一张图片，是用电子显微镜拍摄的"世界第一张分子像"，是氯化铜酞花青的分子结构像。在国际上给以很高的评价。这是徐涛搜寻很久才刚得到的宝贵资料，想专门送给毛泽东看看以了却他的宿愿。可惜那时他已身患重症，视力障阻，难以观看了。

从上面毛泽东关于"基本粒子"的事例徐涛得出如下几点体会：

（1）毛泽东对自然科学的自学早下工夫，20世纪50年代已经深入，他为社会主义建设学用结合。

（2）毛泽东用哲学思想指导科学研究，"基本粒子的可分性"是他从物理学中学来，用他的哲学思想把"物质的无限可分性"这个辩证唯物思想运用到高能物理学上，提出"基本粒子的无限可分性"指导高能物理学的研究，对哲学指导自然科学研究方面作出了贡献。正如恩格斯所说"不管自然科学家采取什么样的态度，他们还是得受哲学的支配"。

（3）毛泽东提出"辩证法应从哲学家的圈子里走到广大人民群众中间去"，他认为哲学不应是纯学术纯理论性的，应让群众掌握并联系实际用作改造世界的武器。后来提出"一分为二"就是把辩证法"对立面的统一"这个精华实质又高度概括而深入浅出地体现出来。他曾经期望"中国应成为辩证法发展的国家"。他对哲学的实用与群众相结合方面也作出了重大贡献。

这些也证明了毛泽东不仅是政治家、军事家而且也是名副其实的理论家、哲学家。他将哲学的触角延伸到自然科学领域了，表达了超凡脱俗的观点。

（参见《缅怀毛泽东》上、下册，中央文献出版社1993年版）

如何除山头主义

　　"我们要承认山头的存在，这是客观的历史原因造成的，承认的目的是为了消灭山头，要使它溶化起来，全党变成一个统一的团结的整体。"

　　在中国共产党武装夺取全国政权的漫长岁月里，共产党与执政的国民党处于敌对状态，是通过武装割据的形式生存的。这些割据的地域分散在国内数处，彼此隔绝，只是在中央的宏观指导下，各自独立作战，谋求发展壮大。毛泽东曾借《水浒传》来描绘这种情形，说群英聚义梁山前，有好多山头，如清风山、桃花山、二龙山等。

　　夺取全国政权后，中国共产党和中央人民政府的领导者，可以说来自各个不同的根据地、不同的野战军，也就是各个"山头"，同时既有长期进行武装斗争的人，也有长期在国民党统治区从事地下工作的人。为了团结来自不同'山头'的领导成员们一起工作，作为中共的领袖毛泽东，必须十分注意，……同志就是志同道合、目标一致的战友。因此，毛泽东十分注重团结一切可以团结的人一道工作。

　　1945年2月15日下午，抗大六部和五部的同学，都到北关外中央党校礼堂听报告。

　　毛泽东穿着灰棉衣，戴着帽子，从坐的板凳上站起来，先是鼓掌，然后边向大家招手边迈着矫健的步伐，走到了主席台上的讲桌前。

　　毛泽东讲到山头主义问题时说：我们要承认山头的存在，这是客观的历史原因造成的，承认的目的是为了消灭山头，要使它溶化起来，全党变成一个统一的团结的整体。要达到这个目的，首先要从团结出发，从团结全党出发，出发点是全党和全国人民，这也就是我们的立场。其次，就是分析，分析就是批评，批评自己也要批评别人，这个分析就是批评。分析一个东西就要加以分解，分解是分成两个东西，哪个是正确的，哪个是不正确的。在工作中间也要加以分析，做得正确的要承认正确，做得不正确的就要加以修改，也就是我上次在这里讲过的两条：坚持真理，修正错误。团结全党是第一，加以分析批评是第二，然后再来一个团结。团结批评团结是我们的方法，这是辩证法。整个、分别，再来一个整个，这就是辩证法的运动和发展。

毛泽东就是用这个思想去解决山头主义的，这对凝聚革命队伍内部团结，起到了不可估量的作用。蒋介石在这方面就做得太差了，在国民党内派系斗争很尖锐，派系之间尔虞我诈，离心离德。结果蒋家王朝分崩离析，最终走向失败。

（参见林克：《我所知道的毛泽东》，中央文献出版社2000年版）

黄克功一粒子弹

"黄克功一粒子弹，否定了刘茜，违反了政策，破坏了群众影响；我们的一粒子弹，又否定了黄克功，坚持了政策，挽回了群众影响，而且使得群众更拥护我们了哟！"

延安时期，尽管黄克功被枪毙已经三个月了，尽管毛泽东写给雷经天的那封信已公开了，可黄克功枪毙之事还是经常有人议论，甚至还有人为此惋惜。这不，又有人在谈论着。

　　这是在"抗大"举办的一次结业聚餐会上。参加的多是"抗大"的师生和一些中央领导，毛泽东也来了，大家都为将要离别的结业同学说一些勉励的话，毛泽东兴致勃勃地与"抗大"的负责人谈论着学校工作和学员的事情。

　　忽然，毛泽东的耳朵里钻进来"黄克功"三个字。原来，是坐在他旁边一桌的几位年轻学员正在议论黄克功被枪毙之事。只听一个学员说："黄克功也罪不该杀啊。不就是一个女人吗？何况黄克功还是井冈山时期的老红军，走过路爬过山的，立下过赫赫战功，是我们红军的重要领导干部。"另一个人附和道："是啊，现在抗日战争正需要这样的指挥员，应给予他戴罪立功的机会嘛。"

　　毛泽东这时已经从凳子上站了起来，缓缓地走过去，来到他们的桌边坐下来。这几人一见，赶紧住了口，紧张地望着毛泽东。

　　毛泽东开口说话了，并不是批评他们："怎么，还没有想通？"他缓缓地说下去，"正因为黄克功不同于一个普通人，正因为他是一个受党教育多年的老党员、老红军，所以不能不枪毙他啊。现在国家危急，革命紧张，可他卑鄙无耻残忍自私到那样的程度，他被处死，是他自己行为决定的。"

　　这几个年轻学员羞愧得低下了头，喃喃地说："主席，我们错了，我们理解了。"

　　看到这样，毛泽东笑了起来：我们这样做叫做否定之否定嘛。黄克功一粒子弹，否定了刘茜，违反了政策，破坏了群众影响；我们的一粒子弹，又否定了黄克功，坚持了政策，挽回了群众影响，而且使得群众更拥护我们了哟！

　　打这之后，极个别人的说三道四再也没有了，延安群众都夸赞共产党法治严明。

　　　　　　　（参见徐懋庸：《高屋建瓴解纷争》，见《我眼
　　　　　　　中的毛泽东续集》，河北人民出版社1995年
　　　　　　　版）

善弹钢琴的艺术

每个领导者在领导方法和工作方法上都应该善于统筹全局，抓住工作的重心，学会"弹钢琴"。

毛泽东在《关于领导方法的若干问题》中特别强调："在任何一个地区内，不能同时有许多中心工作，在一定时间内只能有一个中心工作，辅以别的第二位、第三位的工作"①，"领导人员依照每一具体地区的历史条件和环境条件统筹全局，正确地解决每一时期的工作重心和工作秩序，并把这种决定坚持地贯彻下去，必定得见结果，这是一种领导艺术。"②

毛泽东这种善"弹钢琴"、凝聚力量的领导艺术是出类拔萃的。他在领导中国民主革命的过程中，提出走农村包围城市的道路，强调"革命战争是当前的中心任务，经济建设事业是为着它的，是环绕着它的，是服从于它的"，不能离开革命战争去进行经济建设，但又应当注意一切群众的实际问题。因为我们既是革命斗争的领导者、组织者，又是群众生活的领导者、组织者。当民主革命即将在全国取得胜利的时候，毛泽东又在党的七届二中全会上及时地指出，从1927年到现在，我们的工作重点是在乡村，在乡村聚集力量，用乡村包围城市，然后取得城市。采取这样一种工作方式的时期现在已经结束。"从现在起，开始了由城市到乡村并由城市领导乡村的时期。党的工作重心由乡村移到了城市。"但是，城乡必须兼顾，必须使城市工作和乡村工作，使工人和农民，使工业和农业紧密地联系起来，决不可以丢掉

① 《毛泽东选集》第三卷，人民出版社1991年版，第901页。
② 《毛泽东选集》第三卷，人民出版社1991年版，第901页。

乡村，仅顾城市，如果这样想，那是完全错误的。同时，毛泽东又正确地指出城市工作的中心是生产建设。城市中的其他工作都是"围绕着生产建设这一中心工作并为这个中心工作服务的"。新中国成立初期，毛泽东抓住中心，统筹全局，有条不紊地领导全党、全军和全国各族人民迅速恢复和发展了生产事业，医治了长期战争的创伤，在经济、政治、文化、军事、外交各个领域以及党的自身建设上，都使之协调地有节奏地向前发展，充分体现了毛泽东善于弹钢琴凝聚力量的领导艺术。

毛泽东认为，主要矛盾和非主要矛盾、矛盾的主要方面和非主要方面是互相联系的，又是互相区别和互相转化的。因此，他要求每个领导者在领导方法和工作方法上都应该善于统筹全局，抓住工作的重心，学会"弹钢琴"。

弹钢琴有人弹得好，有人弹得不好，这两种人弹出来的调子差别很大。因为，弹钢琴要十个指头都动作，不能有的动，有的不动，但是有的人把十个指头同时都按下去，结果不成调子，产生不出好的音乐。有的人弹钢琴时，十个指头的动作很有节奏，有主有次，互相配合，结果产生了美妙和谐的乐章。

弹钢琴虽然是个方法问题，但里面却蕴含着丰富的哲理：如果没有重点和中心，乱弹一气，必然会乱了套数出现杂音，会干扰美妙的乐章；如果弹钢琴轻重得法，主次分明，必然会奏出令人倾倒的音乐。其实干工作也是同样的道理。

（参见孟庆春：《跟毛泽东学凝聚人心》，当代中国出版社 2002 年版）

通俗易懂的借喻

用群众所熟悉的事例、语言来阐述深奥、难懂、抽象的哲学原理和含义，这是毛泽东在《矛盾论》、《实践论》这两篇哲学著作中不同凡响的魅力。

毛泽东非常重视马克思主义哲学的通俗化问题。这是因为马克思主义的辩证唯物论是为无产阶级服务的，要使无产阶级和劳动人民掌握这一锐利的思想武器，就必须使它从哲学家的圈子里走到广大人民中去。1936 年，毛泽东很赞赏苏联作家伊林·谢加尔写的《人怎样变成巨人》、艾思奇写的《大众哲学》等通俗哲学读物。毛泽东写作《矛盾论》和《实践论》，不仅用通俗的语言解释艰深难懂的哲学概念，更主要的是科学地、准确地运用马克思的哲学分析了人们所关心的政治、社会、科学、生活等各个方面的实际问题，所以阐述的哲理虽然深刻，但深入浅出，并不枯燥难懂，很容易为人们所理解。在"两论"中，多处引用了中国古典小说如《三国演义》、《水浒传》、《西游记》和《聊斋》等的故事和情节，用以说明哲学问题。如《实践论》中，用《三国演义》常用的那句"眉头一皱计上心来"，说明"人在脑子中运用概念以作判断和推理"的过程。《矛盾论》中，用《水浒传》中宋江三打祝家庄的故事，说明"研究问题，忌带主观性、片面性和表面性"。否则"没有不出乱子的"。毛泽东说："《水浒传》上有很多唯物辩证法的事例，这个三打祝家庄，算是最好的一个。"在《实践论》中，他还用通俗的事例："你要知道梨子的滋味，你就得变革梨子，亲口吃一吃。"说明"你要有知识，你就得参加变革现实的实践"的观点。在《矛盾论》中，他又用最通俗的事例："鸡蛋因得适当的温度而变化为鸡子，但温度不能使石头变为鸡子，因为二者的根据是不同的。"用以说明"唯物论辩证法认为外因是变化的条件，内因是变化的根据，外因通过内因而起作用"这一道理。至于"失败是成功之母"，"不入虎穴，焉得虎子"，"秀才不出门，全知天下事"，"知己知彼，百战不殆"等，也都是为一般人所熟知的。用群众所熟悉的事例、语言来阐述深奥、难懂、抽象的哲学原理和含义，这是毛泽东在《矛盾论》、《实践论》这两篇哲学著作中不同凡响的魅力。通俗化绝不单纯是语言、事例问题，它是毛泽东坚定的无产阶级立场，炽热的无产阶级感情，处处为劳动群众着想，为无产阶级利益着想，再加上精通马列主义哲学几方面的综合结晶。

《矛盾论》和《实践论》，是毛泽东留给中国人民锐利的思想武器，也是留给中国人民的智慧，留给中国人民宝贵的精神财富。

（参见张贻玖：《广读天下书》，江苏文艺出版社 1995 年版）

闪光的胜利原则

"感觉到了的东西，我们不能立刻理解它，只有理解了的东西才更深刻地感觉它。"

毛泽东的一生曾用精辟的语言，概括出许多富有哲理的警句，在实践中成为闪光的胜利原则。例如：

为了保持"统一战线中的独立自主"，毛泽东提出做事情可以采取或"先奏后斩"，或"先斩后奏"，或"暂时斩而不奏"，或"暂时不斩不奏"等方针。批驳了当时陈绍禹的错误观点，保证了统一战线中的独立自主。

1937 年 8 月在《矛盾论》中，说到事物的转化时，毛泽东说："世界上总是这样以新的代替旧的，总是这样新陈代谢、除旧布新或推陈出新的。"①
在这里毛泽东运用的每个词语都是那么精当，既反映了事物的复杂性，又分
出了层次，理出了脉络，使人的印象深刻且条理分明，逻辑性很强。

如何才能了解事物的本质呢？1937年7月毛泽东在《实践论》中说："必
须经过思考作用，将丰富的感觉材料加以去粗取精、去伪存真、由此及彼、
由表及里的改造制作工夫……"② 这里用了四组反义词，全面深刻地指明了
感性认识上升到理性认识的正确道路。不仅表现了思维的深刻及全面，而且
产生强烈的对比效果。

关于游击战著名的十六字诀："敌进我退，敌驻我扰，敌疲我打，敌退
我追。"后来的军事原则也是这十六字诀的发展。这十六字诀，好记、易懂，
便于应用。在同一篇文章中，说到歼灭战的作用，毛泽东说："对于人，伤
其十指不如断其一指；对于敌，击溃其十个师不如歼灭其一个师。"③ 比喻恰
当，对举鲜明，通俗中给人警觉，便于掌握。

"枪杆子里面出政权。"这句话应用借代的手法表现真理，无人不知，无
人不晓。毛泽东说："不要枪杆子，必须拿起枪杆子。"这就是战争的辩证法。
关于党和军队的关系，毛泽东说："我们的原则是党指挥枪，而决不容许枪
指挥党。"④ 词句的一正一反，说出了我们党的一条根本原则。

说到对敌斗争，毛泽东不止一次的谈到三条原则，即"有理"、"有利"、
"有节"，那就是"自卫原则"、"胜利原则"和"休战原则"，这三条的有机
结合，充分体现了毛泽东斗争策略的高超技艺，它在原则上具有灵活性，而
在灵活性上又不违反原则性。毛泽东在《论持久战》中说："优势而无准备，
不是真正的优势，也没有主动。"这不只是说的是打仗，实际上做任何事情
都应该是这样。

"没有调查就没有发言权。"这是毛泽东一贯坚持的理论与身体力行的格
言，强调从实际出发。这是唯物主义观点。"感觉到了的东西，我们不能立

---

① 《毛泽东选集》第一卷，人民出版社1991年版，第324页。

② 《毛泽东选集》第一卷，人民出版社1991年版，第291页。

③ 《毛泽东选集》第一卷，人民出版社1991年版，第237页。

④ 《毛泽东选集》第二卷，人民出版社1991年版，第547页。

刻理解它，只有理解了的东西才更深刻地感觉它。"这话既是理论上的升华，也是实践中经验的总结。① 这话也鼓励人们去学习理论，去探求事物的本质。"事情有大道理，有小道理，一切小道理都归大道理管着。"朴素的语句里含有深刻的哲理。"学习的敌人是自己的满足，要认真学习一点东西，必须从不自满开始。"这就是我们学习上的座右铭。

这类隽永的哲句，比比皆是，它们给人以启迪，给人以智慧，永远放射着真理的光辉。

（参见《毛泽东选集》第一至四卷，人民出版社 1991 年版）

捉虱子也有学问

"我这是虱道主义，实行火葬。"

四渡赤水，东奔西突，南转北进，毛泽东主要也是靠两条腿走路，他也跟战士们一样风餐露宿、日晒雨淋，行军途中也是蹲在田埂地坎啃冷饭团，他也长满了一身虱子，一头长发。

已经接替邓小平当了中央队秘书长的刘英，最操心最无奈的就是毛泽东那一头长发。跋涉途中，时常连喝的水都没有，更不要说烧水洗澡洗头了。经常不洗澡不洗头，身上、头发里就会长虱子。所以，有人自嘲地把虱子叫做"革命虫"，它是长征路上特有的一种现象，长征战士身上没有一个不长虱子的，没有一个不经受被虱子咬得痒疼钻心的煎熬。

---

① 《毛泽东选集》第一卷，人民出版社 1991 年版，第 286 页。

人人都剪短了头发，连女红军都剃成了"尼姑头"，让虱子无法在头上肆虐。唯独毛泽东个别，偏偏不肯剃头，越留越长，变成了披肩发。管生活的刘英催促了几次，毛泽东总推说没有时间。

刘英打毛泽东头发的主意已不止一天。这一天天气晴朗，休息时间长，刘英让中央队理发员烧好一锅热水，便跑去找毛泽东，她下决心今天无论如何要"消灭"他的长发——虱子的巢穴。

毛泽东住在一位草家小竹楼上，刘英刚要上楼，警卫员小吴拦住了："秘书长，你莫上去！"

刘英大声说："我是来叫毛主席理发的，你看他的头发有多长！"她是嚷给楼上的毛泽东听的。

小吴还是拦住不让上："请你小点声，秘书长。今天吃完早饭，主席就把自己关在房子里，还特别交待，谁来也不许上楼呢。"

毛泽东下了命令，刘英也不能违抗，只得耐着性子坐在院子的土墩上与小吴聊天，等毛泽东下楼来。等了一个多小时，刘英急得不行，那锅热水都快变凉了，她征得小吴同意上楼去探问一下。

刘英轻手轻脚地上了楼，循着门缝往里一看，不由得乐了。毛泽东正坐在火塘边的小凳子上，披着棉衣，捉脱下来的衣衫上的虱子，慢条斯理地捉一个，向火塘里丢一个，"哗剥"一声烧死一个。他捉一会，又抬头盯视一会墙上的地图，一副若有所思的专注神情。原来他正在思考四渡赤水的战略部署哩。捉虱子只是忙里偷闲的副业。

刘英不敢惊动专心致志的毛泽东，又轻手轻脚地走下竹梯，她不甘心让毛泽东的头发疯长下去，又坐在院子里耐心等待。

又过了很长时间，楼上还没有动静，刘英看看没有希望了，叹了一口，正站起来要走，忽然听到楼上的咳嗽声，接着掷下毛泽东的发问："小鬼，谁在下面哪？"

"是刘英大姐，她等你半天了。"小吴回答。

"我就下来。"毛泽东说着已经走下楼梯。

刘英看见毛泽东，未曾开口先抿嘴笑个不停。

把毛泽东笑愣了，他问："笑么子嘛，我有什么好笑的？"

刘英停住笑，说道："我是笑你捉虱子也与众不同，特有意思。"

毛泽东诧异地问:"噢?捉虱子就是捉虱子嘛,有么子讲究?"

刘英:"我们捉虱子,捉住了,就用指甲挤死它。可你呢,捉住一个,往火塘里丢一个,倒省事。"

毛泽东乐了:"我这是虱道主义,实行火葬。"

刘英反应快,由"火葬"跳到"水葬",扯到本题上来:"我看,火葬不如水葬。我已经让理发员烧了一锅热水,我专门来请你理发,把你头上的虱子消灭掉。"

毛泽东风趣起来:"水葬不是彻底的办法,烫一次,不久它们又卷土重来。虱子很反动,好像故意与革命作对,每次我静下来动脑筋,它们便出来捣乱。跟敌人作战,可以乘敌人疲劳骚扰他;敌人退却时,我们就进攻。可现在反过来了,是我疲劳的时候,敌人来骚扰,你说反动不反动?所以,不能手软,只有一次又一次地对它们实施火葬。"

刘英不忘自己的使命:"所以,我才一次又一次地动员你理发,只有水葬才是治本之法呢。"

毛泽东大摇其头,固执地说:"不打一个漂亮仗,就是白发三千尺,我也不理。"

毛泽东就是这样忍受着行军的疲劳、虱子的煎熬,日夜思考部署四渡赤水战役的,而且,不打胜仗绝不理发!毛泽东把捉虱子同四渡赤水战役联系起来,固守自己的道理。

(参见李庆山:《大长征》,中共党史出版社
2006年版)

三、辩证思维

　　唯物辩证法是毛泽东哲学的主要内容。毛泽东的哲学思想既有深刻的辩证法理论，又有生动丰富的辩证法的实际运用。他对辩证法的本质和矛盾精髓的思想的深刻阐明，深化了唯物辩证法的理论；他把辩证法运用于认识和实践过程，运用于对中国国情的分析，运用于政治斗争、统一战线等工作的指导中，运用于思想方法、工作方法中，倡导干部、群众自觉按辩证法办事，拓展了唯物辩证法的内容，扩大了马克思主义哲学的群众基础。使唯物辩证法得到了充实和普遍地应用。

　　毛泽东在运用马克思主义普遍原理解决中国革命实践问题的过程中，丰富了唯物辩证法的内容，推动了辩证法的理论向前发展。《关于建国以来党的若干历史问题的决议》指出："毛泽东同志阐述和发挥了马克思主义辩证法的核心——对立统一规律。他指出不仅要研究客观事物的矛盾的普遍性，尤其重要的是要研究它的特殊性，对于不同性质的矛盾，要用不同的方法去解决。因此，不能把辩证法看做是可以死背硬套的公式，而必须把它同实践、同调查研究密切结合，加以灵活运用。他使哲学真正成为无产阶级和人民群众认识世界和改造世界的锐利武器。"① 从总体上看，毛泽东着重发挥了列宁关于对立统一规律是唯物辩证法的实质和核心的思想，又把它充分展开，形成一个有丰富内容的理论体系。

　　毛泽东发展了马克思主义唯物辩证法，并做出了一系列重大贡献。他具

---

① 《十一届三中全会以来重要文献选读》上，人民出版社 1987 年版，第 339 页。

体阐明了矛盾是如何推动事物发展的，多层次地挖掘了"矛盾动力论"的内涵。从矛盾的普遍性与特殊性的联结上提出了矛盾问题精髓的思想，对矛盾特殊性作了独到、深入的研究，展开了对立统一规律的多方面研究内容，建立了比较完备的科学理论体系。

毛泽东十分重视把辩证法运用到党的各项工作中去，他的一系列领导方法和工作方法都闪烁着唯物辩证法的光辉。毛泽东的军事辩证法就是唯物辩证法在军事工作中的科学运用和发挥，这是前人所不可比拟的，早已被历史所证明了的，在唯物辩证法史上占有重要的地位。除此之外，他还善于把唯物辩证法运用于党的政治工作、经济工作等各个方面，提出了诸如自始至终的矛盾分析法，一分为二，两分法，两点论，独立自主、自力更生，多谋善断，不失时机，留有余地，一般与个别相结合，战略上藐视、战术上重视，抓典型，解剖麻雀，一切经过试验，抓重点，弹钢琴，抓两头带中间，胸中有数，从坏处着想、从好处争取，区别情况、分类指导，抓三分之一，波浪式推进等一整套思想方法和工作方法。毛泽东的科学方法论和他创建的一整套科学的领导方法和工作方法，都是具有独创性的。这些都标志着他对马克思主义辩证法的发展不只是作了星星点点的补充，而是从纵横两个方面把唯物辩证法理论的研究和运用提高到一个新的高度，并结合中国的实际与时俱进，使之成为认识世界改造世界威力无比的武器。

辩证法的核心规律

"辩证法只有一个规律，就是矛盾的规律，也就是列宁说的对立统一规律。"

从 1957 年到 1959 年这 3 年间，毛泽东在中央召开的会议上谈辩证法的次数最多，而且几次谈到了辩证法的规律问题。

毛泽东说："辩证法的核心是对立统一规律，其他范畴如质量互变、否定之否定、联系、发展等等，都可以在核心规律予以说明。盖所谓联系就是诸对立物间在时间和空间中互相联系，所谓发展就是诸对立物斗争的结果。至于质量互变、否定之否定，应与现象本质、形式内容等等，在核心规律的指导下予以说明。旧哲学传下来的几个规律并列的方法不妥，这在列宁已基本上解决了。我们的任务是加以解释和发挥。至于各种范畴（可以有十几种），都要以事物的矛盾对立统一去说明。例如什么叫本质，只能说本质是事物的主要矛盾和主要矛盾方面。如此类推。"[1]

毛泽东为了使我们深刻理解列宁的对立统一的学说，一方面，要我们弄清楚对立统一学说的反面，即形而上学。他说，所谓形而上学，就是否认事物的对立统一，对立斗争，否认矛盾着的事物在一定条件下互相转化，走向它们的反面这样一个真理。另一方面，毛泽东又以许多普通的事例生动地说明和发挥对立统一规律。例如，他说：全知就等于不知。因为全知，否定了全知和不知的对立统一，也即否定辩证法。飞机飞得很快，但在一瞬间每一点上是不动的，这就是动与静的对立统一。苏联的《简明哲学辞典》原来不

---

① 《毛泽东文集》第八卷，人民出版社 1999 年版，第 326 页。

承认战争与和平有同一性，1952 年出版的第三版改了，承认有同一性，这就对了。新中国初期毛泽东同苏联的尤金大使——《哲学辞典》的编著者之一谈过这个问题。毛泽东说，战争与和平有同一性，否则，为什么在一定条件下战争就转化为和平呢。还有生与死也是一样嘛。我们中国有一句俗话，叫做"红白喜事"，结婚生孩子叫红喜事，办丧事叫白喜事。这就说明我们中国人是懂得辩证法的。也即懂得生和死是对立的统一。有生必有死。有死才能转化为生。如果没有死，也就不能转化为生。从这个意义上说，办丧事也应该是喜事。生和死都是突变，由生到死则是渐变。突变是由渐变而来的，也即量变转化为质变。我们的工作一年要抓 4 次，7 年抓 28 次。中国有许多小的质变或小的突破，尔后发展到大的质变或大的突破。没有必要的量变就不能有突破，否则，就叫做"左"倾冒进。

毛泽东说，计委做计划工作总是找平衡，但客观事物总是不平衡。发现不平衡达到平衡，就出现新的不平衡，事物就前进。要前进就得有突破。先进经验就是从突破平衡得来的。只要平衡而不要突破，就是右倾保守。

毛泽东说，辩证法是需要有辩论的。不要怕别人对自己的意见提出不同意见来。有了不同意见就有了对立面。为了弄清是非最好主动设置对立面。过去，整风就是这样。据说美国的一个实验室干净到不能培养细菌。这说明太干净了就没有对立面了嘛。在古代，所谓辩证法就是在辩论中，以揭露对方议论中的矛盾并克服这些矛盾来求得真理的艺术。辩证法是研究本质和现象、主流和支流的矛盾。过去，一个时期我们工作中犯的错误是看到现象而没有看到本质，抓住了支流而没有抓住主流，把次要矛盾当做主要矛盾来解决。什么叫本质？本质就是事物的主要矛盾和主要矛盾方面。本质是看不见的。只有通过现象才能逐步认识本质。不是讲现象与本质的对立统一嘛，有时连现象也看不见，只有亲身参加实践，进行调查研究才能发现真实的现象，然后才能通过它逐步认识事物的本质。

毛泽东说，有些同志讲辩证法多，讲唯物论少，甚至忽视唯物论。没有问一问，你的讲话、文章所表达的认识是从哪里来的？是从脑子里空想来的，还是从客观实际来的。当然，应当从客观实际来。这就要讲唯物论。要知道，主观反映客观不是那么容易的，要有大量的客观事实，在实践中反复过无数次，才能形成一个观点。而且开始一个观点冒头的时候是不巩固的，因为还没有大量的事实足以证明。所以毛泽东强调说，要尊重唯物论、尊重辩证法。而且首先要尊重唯物论。马克思主义的辩证法是唯物辩证法，而不是黑格尔的头足倒置的唯心辩证法。

1965 年毛泽东在一次小型会议上说，辩证法的规律，过去讲三大规律（指恩格斯所讲的，"对立面的统一和斗争，量变到质变，否定的否定"三大规律）一直讲到现在，我的意见是，辩证法只有一个规律，就是矛盾的规律，也就是列宁说的对立统一规律。量变和质变，肯定和否定，现象和本质，内容和形式，偶然和必然，必然和自由，可能和现实等等都是对立的统一，哪里有并列的三个基本规律。

毛泽东详尽地论说了对立统一规律是辩证法的核心，各种范畴的事物都可以用对立统一规律去说明，并举出一些例子来证实这一观点。

（参见《毛泽东著作选读》下册，人民出版社
1986 年版）

分析与综合的关系

"历来讲分析、综合，讲得不清楚。分析比较清楚，综合没有讲几句话。"

毛泽东在 1964 年 8 月在北戴河的谈话中，他说：历来讲分析、综合，讲得不清楚。分析比较清楚，综合没有讲几句话。我曾找艾思奇谈话，他说现在只讲概念上的综合、分析，不讲客观实际上综合分析。我们怎样分析综合共产党与国民党？无产阶级与资产阶级？地主与农民？中国人民与帝国主义？拿共产党和国民党来说，我们怎样分析综合？我们分析：无非是我

们有多少力量、多少人、多少党员、多少军队、多少根据地，如延安之类。弱点是什么？没有大城市，军队只有 120 万，没有外援，国民党有大量外援。……我们的长处是有人民的支持，国民党脱离人民。你地方多，军队多，武器多，但是你的兵是抓来的，官兵之间是对立的。

毛泽东接着讲：怎么综合？国民党共产党两个对立就是这么综合的：他的军队来，我们吃掉，一块一块地吃。不是两方面和平共处的综合。他不要和平共处，他要吃掉你。不然他为什么打延安……分析了，如何综合？你要到的地方，你去。你的军队，我一口一口吃你。打得赢就打，打不赢就走。……宜川被我们包围，刘戡军长，打死了，他的三个师长，两个打死，一个俘虏了。全军覆灭，这就是综合了。所有的枪炮都综合到我们这边来，兵士也都综合了。愿留下的留下，不愿留下的发路费。

毛泽东的结论是：一个吃一个，大鱼吃小鱼，就是综合。从来书本上没有这样写过，我的书也没有写过。因为有人提出合二而一，谈综合就是两种东西不可分割地联系在一起。世界上没有不可分割的联系。有联系，但总要分割的。

关于分析与综合的关系，他说："分析时也综合，综合时也分析。"人吃动物吃蔬菜，也是先加分析。为什么不吃砂子？米里有砂就不好吃。为什么不吃马牛羊吃的草？只吃大白菜之类？都是加以分析。神农尝百草，医药药方，经过了多少年分析出来，哪些能吃，哪些不能吃，才搞清楚。蚂蚁、蛇、乌龟、王八可以吃。螃蟹、狗、下水能够吃。

在杭州谈话中他又说：写书不能像现在这样写法。比如讲分析、综合，过去的书都没有讲清楚。说分析中就有综合，分析和综合是不可以分的。这种说法恐怕是对的。但有缺点。应当说分析和综合既是不可分的，又是可分的。什么事情都是可分的，都是一分为二的。

在这次谈话中，他对综合的看法说得更明确：综合就是吃掉敌人。我们是怎样综合国民党的？还不是把敌人的东西拿来改造，俘虏的士兵不杀掉。一部分放走，大部分补充我军。武器粮食，各种器材，统统拿来。不要的，用哲学的话来说就是扬弃，就是杜聿明这些人。吃饭也是分析综合，比如吃螃蟹，只吃肉，不吃壳。胃肠吸收营养，把糟粕排泄出去。你们都是洋哲学，我是土哲学。对国民党的综合就是把它吃掉，大部分吸收，小部分扬弃。

毛泽东用"土哲学"解释分析综合这个难懂的哲学命题。在场的人都强烈感受到毛泽东的哲学思想太丰富了。

毛主席在 1965 年那次谈辩证法的规律的小型会议上，再一次谈到了分析和综合的结合。他说：有人讲分析和综合是不可分的，这种说法是对的，但是有缺点，应当说，分析和综合既是不可分的，又是可分的。事物都是可分的，都是一分为二的。分析也有不同的情形。比如对国民党和共产党的分析。我们过去是怎样分析国民党的？国民党统治的土地大，人口多，有大城市，有帝国主义的支持，他们的军队多，武器强；但是，最根本的，他们脱离群众，脱离农民，脱离工人，脱离士兵，他们内部也有矛盾。我们是军队少，武器差，小米加步枪，土地少，人口少，没有大城市，没有外援；但是，我们联系群众，代表群众的根本要求，有三大民主，三八作风，这是最根本的。

国民党的军官，陆军大学毕业的，都不能打仗。我们的元帅、将军，没有几个是军官大学毕业的。我本来也没有读过军事书，读过《左传》、《资治通鉴》、还有《三国演义》这些书上都讲过打仗，可是打起仗来，一点印象也没有了。我们打仗，一本书也不带，只是分析敌我斗争形势，分析具体情况。什么叫综合？综合就是吃掉敌人。我们是怎样综合国民党军队的？还不是把敌人的东西拿过来加以改造。俘虏的士兵不杀。一部分放走，一部分补充我们的军队。其中还有医生也要留下来。武器、粮秣、各种器材统统拿来。不要的，用哲学的名词叫做扬弃。吃饭也是分析、综合，肠吸收营养，把糟粕排泄出去。对国民党军队的综合，这也是从马克思那里学来的。马克思综合了黑格尔、费尔巴哈的哲学。马克思把黑格尔哲学的外壳去掉，汲取它的有价值的内核，把它改造成为唯物辩证法。对费尔巴哈汲取他的唯物论，批判他的形而上学。继承还是要继承的，但是要批判地继承。马克思对法国的空想社会主义，英国的古典政治经济学，也是好的汲取，坏的抛弃。这些就是马克思主义的三个组成部分和三个来源的形成过程。

毛泽东用形象化的比喻说明了分析和综合既是不可分的，又是可分的。

（参见许全兴：《毛泽东晚年的理论与实践 1956—1976》，中国大百科全书出版社 1993 年版）

统一战线中的机宜

"我们的方针是统一战线中的独立自主，既统一又独立。"

"我们的方针是统一战线中的独立自主，既统一又独立"。这条方针的前半部分是毛泽东努力反对关门主义、孤家寡人政策的成果，后半部分则得益于第一次国共合作的教训。那一次共产党没有经验，在共产国际的帮助下，半推半就地与国民党合作，结果吃了大亏。而吃亏的原因，在毛泽东看来，就是在统一战线中丧失了独立性，放弃了领导权，一切听命于国民党，结果，当蒋介石翻脸的时候，共产党陷入被动，无以回击。

有了陈独秀的教训，毛泽东变得聪明了。他深知在当时的情况下，共产党没有统一战线不行，有了统一战线没有独立自主也不行。统一战线是毛泽东主动要搞的，但搞成以后并不是万事大吉。共产党有可能借统一战线获得一个大发展，也有可能在统一战线中连老本都丢掉。到底鹿死谁手，关键在于统一战线的领导权抓在谁手上。而共产党要想取得抗日民族统一战线的领导权，首先必须强调自己在统一战线中的独立性。

于是毛泽东开始了两条战线上的斗争：一方面，他猛烈地批判"左"倾关门主义，告诉那些只知"直"不知"曲"，单刀匹马和强敌硬拼的同志：我们要搞统一战线，否则共产党就无法摆脱目前的劣势而获得发展；另一方面他又及时地批判右倾机会主义，提醒那些相信国民党超过相信人民群众的人：我们不能无原则地让步，否则，就不是我们把人家统过来而是人家把我们统了去。

毛泽东十分懂得民族斗争与阶级斗争之间的微妙关系。蒋介石本来不想合作，而想在"最后五分钟"消灭羽翼尚未丰满的共产党以后，再去谋他的民族利益。后来迫于形势，不得不和共产党搞统一战线。在蒋介石看来，搞统一战线，共产党就得服从国民政府，由于国民党是执政党，服从政令也就是服从国民党，服从蒋介石。有了这种服从关系，使共产党未必能沾光。哪知毛泽东更聪明，他更知道这样在民族斗争中谋本党本阶级的利益，而且谋得更合情理。他对自己的同志说："目前我们必须同国民党合作，搞全民族的统一战线。但是我们千万不要把无产阶级和资产阶级的纲领、政策、思想、实践等等看作一样的东西而忽视其原则差别，否则合作就会变成混一，无产阶级就会变成资产阶级的尾巴。"

为了保证共产党在统一战线中的独立性不被当权的国民党、蒋介石抹掉，毛泽东提出："必须保持加入统一战线中的任何党派在思想上、政治上和组织上的独立性。"他特别强调，"不论是国民党也好，共产党也好，其他党派也好，都是这样"。其实，国民党并不存在这个问题，因为它是当权的党，越统一对它越有好处。

统一战线实际上是国民党当权，蒋介石当家。那么共产党的行动要不要服从它，要不要经过它？毛泽东回答：要服从，但不能完全服从；要经过，但不能一切经过。

这种"擦边球"的辩证打法？毛泽东向他的同志们面授了四条机宜：

一、有些事"先奏后斩"。例如将师的番号改为军的番号，不涉及问题的实质，但又容易惹出"政令不一"的麻烦，所以应该先经过国民党的同意。

二、有些事"先斩后奏"。例如派兵去山东、发展20余万军队之责，是蒋介石最敏感的问题，先经过就行不通，只能造成既成事实以后再告诉他。

三、有些事"暂时斩而不奏"。例如召集边区议会，估计它现时不会同意，将来在新形势下可能同意，那时再去向之奏明。

四、有些事"暂时不斩不奏"。例如斗地主，分田地，分浮财，在民族统一战线时期，既不能做，也不必奏。做了就会导致统一战线破裂，影响抗日大局。

毛泽东的这些策略充满了辩证思维，从各个角度运用了统一战线中的独立性，使蒋介石也无可奈何，只好听从摆布。

（参见萧诗美等编著：《毛泽东谋略》，湖南出版社1995年版）

让毛驴上山的办法

> "蒋介石是不愿意抗战的，我们就要采取对付毛驴一样的办法，拉他，推他，不干就打他。"

当日军侵略中国的炮声在 1937 年 7 月 7 日于卢沟桥炸响的时候，毛泽东正在延安抗日军政大学的土台子上向红军指战员讲授哲学课。还从来没有过任何教授，像他那样讲课的。

红军团以上的干部绝大多数出身工农，文化水平低，连年征战，很少受到系统的理论教育。营连级的干部更不必说了，许多人斗大的字识不了几个。为了使学员听得懂，毛泽东常常列举许多浅显的例子来说明抽象的哲学道理。

讲感性认识到理性认识的飞跃时，毛泽东说，延安西北菜馆里有个老师傅，50 多岁了，炒菜炒了 34 年，人家总愿意到那里去吃，因为他的菜炒得非常香。他炒的菜为什么这样受人欢迎呢？他开始也是没有经验，盐放多了就咸，放少了就淡，大家提意见。可他在长期的实践中慢慢地摸索，不断总结经验，提高炒菜技术，今天你们叫他讲，他能讲出一大套道理，这就是由感性提高到理性，就是人们对客观事物的认识过程。

毛泽东讲课具有鲜明的针对性，通过讲哲学提高红军指挥员执行党的方针的自觉性。西安事变和平解决后，很多人缺乏思想准备，因而很需要引导全党同志从理论的高度认识当时的形势和各种社会矛盾。毛泽东来到抗大作关于西安事变和平解决的报告。

毛泽东说，蒋介石罪恶滔天，欠下全国人民无数的血债，大家要求杀他，可以理解，不算过分。不杀他，确实不能平息民愤，但是蒋介石是不能杀的。

有个学员含着眼泪说：为什么不能杀？蒋介石欠我们的血债太多了，他杀了我们许多同志，将他千刀万剐，也难解心头之恨啊！

毛泽东来到那位鸣不平的学员跟前，语重心长地说，你们大家的心情可以理解，心是纯洁的。但缺乏政治斗争的经验，在大事变中认不清方向，不知道局部与全局的关系。在现在情况下，杀了蒋介石，正中日本帝国主义和亲日派的下怀，国民党中的亲日派正打着"讨伐叛逆"的旗号，纠集大批军队开赴潼关、进逼西安，扬言要炸平西安，阴谋用这种手段置蒋介石于死地，以便取而代之。各派军阀之间的争权夺利，大打内战，必然给日本帝国主义一个最好的侵略机会，其结果是不言而喻的，即中国将会沦为日本的殖民地。如果仅仅从我们党的私仇出发，杀蒋介石来解恨，忘记了民族危亡这个大局，我们就不配称为马克思列宁主义的党。我们共产党就是要以整个中华民族的利益为重，不记私仇，以德报怨，迫使蒋介石改变反动政策，团结一致，共同抗日。

学员提出疑问：好不容易把蒋介石抓住了，为什么还要放掉？毛泽东说：我们必须明白，这次蒋介石被捉，既不同于俄国十月革命被捉的沙皇尼古拉二世，又不同于滑铁卢惨败后被擒的拿破仑。前者是革命胜利的结果，后者是军事失利的必然。这次抓蒋介石是出其不意，乘其不备，他的军事实力还原封不动地保留在那里，如果我们不杀他，通过谈判，逼他改变态度，把军事力量用到抗日上去，岂不更好？如果我们只记党和个人的恩怨，忘记民族危亡这个大局，那是不行的。我们要从中华民族的利益出发，不能给日本帝国主义侵占我国创造条件。

还有人担心地问道：如果蒋介石不谈判，不接受张学良、杨虎城抗日主张怎么办？蒋介石心狠手毒，毫无信义，放了他，他会抗日吗？毛泽东对此作了深刻分析：日本侵略者，国民党亲日派，他们唯恐我们不会杀蒋介石，而蒋介石又最怕死，在这样生死攸关的时刻，蒋介石会认识到他抗日则生，不抗日则死。再加上宋氏兄妹的劝说，蒋介石肯定会接受张学良、杨虎城两将军的抗日主张的。

毛泽东把学员们的思维很快地导向哲学高度，指出："任何过程如果有多数矛盾存在的话，其中必定有一种是主要的，起着领导的、决定的作用，其他则处于次要和服从的地位。"他打了个生动的比喻：陕北的毛驴很多，毛驴驮了东西是不愿上山的，但是陕北老乡让毛驴上山有三个办法：一拉，二推，三打。蒋介石是不愿意抗战的，我们就要采取对付毛驴一样的办法，拉他，推他，再不干就打他。当然喽，要拉得很紧，推得有力，打得得当，毛驴就上山了。西安事变就是这样。当前，日本帝国主义和中华民族的矛盾是主要矛盾，我们党领导全国人民抗战是主要矛盾的主要方面，起决定作用的是我们，国共合作是大势所趋。但是，驴子是会踢人的，我们要提防它，这就是既联合又斗争。

众所周知，尽管西安事变后蒋介石被释放回南京，张学良遭囚禁，杨虎城被害，但是这一事变的和平解决，终于成为由国内革命战争走向抗日民族战争的转折点。用毛泽东的话说："成了时局转换的枢纽：在新形势下的国共的合作形成了，全国的抗日战争发动了。"这正是毛泽东学习与研究马克思主义辩证唯物论的丰硕成果。

（参见张志清、孙立、白均堂：《延安整风前后》，江苏文艺出版社 1995 年版）

中美是矛盾统一体

"在抗美援朝的战场上，缺少一方就讲不成抗美援朝的战争了。"

"1952 年中直机关的同志们积极地学习毛泽东的哲学著作《矛盾论》。在学习讨论会上，有的同志提出："我们和美帝国主义有没有统一性或同一性呢？"

本来这样的问题在《矛盾论》中是有定论的命题，但在当时抗美援朝正在激烈地进行着的时刻，提出这个问题来，表明对《矛盾论》中提出的："矛盾的双方处于统一体中"这一论断认识不清。所以这个问题一提出来，就引起了热烈的争论，这也说明，那时这些机关工作人员，尤其像保健医生王鹤滨这样的专业技术人员在政治理论方面水平是很低的，但同时也说明，他们那时追求理论知识的学习热情是很高的，这也是一分为二吧。

王敬先（当时是中央警卫处的副处长）带着尖锐的男高音声调，对这个问题提出了肯定的回答："根据《矛盾论》的解释来说，我们和美帝国主义者之间是有统一性或同一性的。"说罢，他向小会场环视了一周，脸上带着挑战性的微笑。

"那么，我们和美帝国主义者之间有什么样的统一性或同一性呢？我们是社会主义国家，他们是帝国主义国家，这之间的统一性或同一性表现在哪里呢？"王鹤滨提出了疑问性的反驳，这也正是搞不清楚的地方。

"《矛盾论》中是这样写着的嘛！"王敬先带着兴奋的尖声说着，同时打开《矛盾论》小册子念道："矛盾的双方处于统一体中。"念罢，他合上书本，得意地冲着王鹤滨笑笑，又补充道：

"这是毛主席的《矛盾论》上说的，至于我们和美帝国主义有什么样的统一性或同一性，我说不上来，但我可以肯定，我对这个问题回答得不错。"王敬先的发言，王鹤滨也无力反驳，因为在《矛盾论》的书本上写得明明白白，白纸黑字就在眼前。

很显然，王鹤滨当时受形式逻辑推理的束缚，挣脱不出来，认为一承认我们与美帝国主义者有统一性或同一性时，不就把我们自己也推论到帝国主义的性质上去了吗？所以不敢承认，也无法解释、理解我们与帝国主义有统一性或同一性的问题。由于王鹤滨还没有吃透"矛盾的双方处于统一体中"这一简单的命题，要更深一层地去理解这个问题就更难了。

学习讨论会的争论平静了下来，但问题并没有得到解决，等于那个问题从书本上提了出来，又回到书本上去作为解答。

这个问题怎么去理解？于是王鹤滨想到了最好的老师、《矛盾论》的作者——毛泽东。对！去请教毛主席，王鹤滨悄悄地溜出了会场。

王鹤滨走进菊香书屋的院子，在毛泽东办公室的门口停下步来。这时，王鹤滨迟疑了，心想，为了一个学习上的问题去打扰他老人家，合适吗？于是王鹤滨在办公室的门前踌躇起来，是走进去请教毛主席？还是退回到学习讨论会上，再听听同志们的见解，正在犹豫之间，毛泽东从办公室里走了出来，大概看到王鹤滨在门口迟疑不决的状态，就发问道：

"王医生！有什么事情吗？"毛泽东同时很关心地看着王鹤滨，他的问话马上把王鹤滨从游移不定的思考状态下解脱了出来。

"我们正在学习主席的著作《矛盾论》，有的同志提出我们和美帝国主义有统一性或同一性。我不明白，我们怎么会与美帝国主义者有统一性或同一性呢？"王鹤滨像小学生向老师请教答案时一样，仰望着毛泽东问道。

"我们和美帝国主义者是有统一性或同一性的。"毛泽东肯定地回答。

"主席，是个怎么样的统一性或同一性呢？"王鹤滨把讨论会上曾经提出的问题摆在了他老人家面前。毛泽东看着王鹤滨那固执而又幼稚的眼神，改变了直接回答问题的方式，而是启发式地向王鹤滨提问道：

"我们中国在什么地方呀？"

"在地球上。"王鹤滨回答了提问，但是尚未马上明白毛泽东问此问题的目的。

"对！中国在地球上。美国呢？它也在地球上，而且位置正好与我国相对着。它在地球的那一面，中国在地球的这一面，但都是在地球这个统一体上的，对吗？"毛泽东看着王鹤滨的眼睛，看王鹤滨懂了没有。

毛泽东看到了王鹤滨眼神的变化，知道王鹤滨对中国和美国在空间上的统一算是明白了，接着他又解释道：

"在抗美援朝的战场上，缺少一方就讲不成抗美援朝的战争了。"毛泽东由浅入深地解答，使王鹤滨有了豁然开朗的感觉，王鹤滨的难题解决了，解难题的方法也有了。

王鹤滨带着获得知识的喜悦心情，向学习讨论的会场走去。边走边思考着毛泽东对问题的解释和解释的方法，同时，王鹤滨一面举一反三地思索着，有滋味地咀嚼着获得的见解。

对啦！任何矛盾着的事物都在一定的时间和空间里存在着，好像有一个"外壳"把一对或多对矛盾包裹起来，这对或这些矛盾又受其他外界矛盾的影响，在一定条件下，"壳肉"的矛盾可以相互转化，其中包括位、势上的或性质上的转化，或者这对矛盾冲出"外壳"与外在的另一事物的矛盾组成新的矛盾时，存在于另一统一体中，即变换了一个"外壳"。人体和自然界就是这样的。动物、植物、矿物被人吞食后，经过一系列的过程（条件）转化为人体自身的组成部分，人死后，又把组成人体的物质成分归还给大自然；其中一部分被动物、昆虫、细菌吃掉，转化为动物、昆虫、细菌等有机体的组成部分，一部分成为土壤的组成成分，在一定条件下，又被植物所吸收，转化成植物的组成成分。有的仍然留在自然界中组成无机物质的成分。

社会主义是资本主义发展的必然结果，帝国主义在一定条件下，可以和最终必然地转化为共产主义。王鹤滨和毛泽东身边的工作人员终于明白了矛盾的统一性和同一性这一哲学上的抽象名词。

（参见王鹤滨：《紫云轩主人——我所接触的毛泽东》，中共中央党校出版社 1991 年版）

孙行者与铁扇公主

"铁扇公主虽然是一个厉害的妖精，孙行者却化为一个小虫钻进铁扇公主的心脏里去把她战败了。"

1942 年 4 月 22 日，中共中央书记处发出关于总结精兵简政经验的通知，对各抗日根据地执行精兵简政的情况作了一次调查。情况表明，精兵简政的重要性和必要性在一些同志的思想上还没有引起应有的认识，在他们的思想上对这一政策还存在着一些不正确的意见和片面的观点。

毛泽东认为，对于精兵简政"还有若干根据地的同志们因为认识不够，没有认真地进行。这些地方的同志们还不理解精兵简政同当前形势和党的各项政策的关系，还没有把精兵简政当作一个极其重要的政策看待"①。所以，

---

① 《毛泽东选集》第三卷，人民出版社 1991 年版，第 880 页。

他在著文、讲话、发指示时多次首先说明这个问题："精兵简政是糊里糊涂地提出还是确有需要而提出来的呢？项英同志很早以前即提出了精兵主义，这在当时是不确当的。当时正是抗日战争初期，抗日武装刚刚建起，还没有发展壮大就提出精兵主义，当然是不对的。那时的抗日政权也在初创时期，没有巩固，提简政也是不对的。而现在情况不同了，我们的队伍发展起来了，但根据地在缩小，即包含着这样的情况，即接近着胜利，但又有极端的困难，也就是所谓'黎明前的黑暗'的情况。这是因为抗日战争进入第五年以后，各抗日根据地的人力、财力消耗相当严重；这是因为国民党政府停发军饷，对抗日根据地实行经济封锁；这是因为日寇对抗日根据地实行残酷的烧光、杀光、抢光的'三光'政策，就使得抗日根据地必然要缩小。而我们已经发展起来的队伍和庞大的战争机构，是适应过去的情况的，那时的情况允许我们如此，也应该如此。但是现在不同了，根据地已经缩小，在今后的一个时期内还可能再缩小，我们便决然不能还像过去那样地维持着庞大的机构。在目前，战争的机构和战争的情况之间已经发生了矛盾，我们必须克服这个矛盾。而解决这个矛盾的办法，就是党中央提出的精兵简政的政策。"

毛泽东针对主观主义、教条主义认识事物凝固不变形而上学的特征，教育全党的认识要跟上形势发展的需要，要具体问题具体分析解决。1942年9月7日，他在为延安《解放日报》写的社论《一个极其重要的政策》中，运用了一个非常恰当的比喻，把这个问题说得很清楚。他说：气候变化了，衣服必须随着变化。每年的春夏之交，夏秋之交，秋冬之交和冬春之交，各要变换一次衣服。但是人们往往在那"之交"不会变换衣服，要闹出些毛病来，这就是由于习惯的力量。目前根据地的情况已经要求我们褪去冬衣，穿起夏服，以便轻轻快快地同敌人作斗争，我们却还是一身臃肿，头重脚轻，很不适于作战。

毛泽东还特别指出机构精简后、队伍整编后精小能胜庞大的道理。他说：何以对付敌人的庞大机构呢？那就以孙行者对付铁扇公主为例。铁扇公主虽然是一个厉害的妖精，孙行者却化为一个小虫钻进铁扇公主的心脏里去把她战败了。柳宗元曾经描写过的"黔驴之技"，也是一个很好的教训。一个庞然大物的驴子跑进贵州去了，贵州的小老虎见了很有些害怕。但到后来，大驴子还是被小老虎吃掉了。

毛泽东希望我们的八路军、新四军都是孙行者和小老虎,从而战胜那日本妖精或日本驴子,办法就是变一变,"精兵简政",我们的身体变小了,但更加扎实些,我们就会变成无敌的了。

这种充满辩证法的智慧和认识问题的方法具有强大的生命力。全党摒弃主观主义、教条主义,掌握唯物辩证法,就会自觉地克服对于精兵简政政策一些不正确的看法。思想澄清后,就会认真地主动地愉快地去实行,也才能真正实行好。毛泽东在说明精兵简政的必要性时,把它提到认识论的高度。正如当时《解放日报》一篇社论总结的那样:精兵简政,这一口号所以提出,从某方面讲,全部意义也就是一个:实事求是。这样,就把它与教条主义对立起来,与当时党内整风,反对主观主义以整顿学风的运动结合起来,以整风来推动精简,以精简来检验整风的成果,从而取得了精神与物质双丰收。

（参见《毛泽东选集》第六卷,人民出版社1999年版）

与赵朴初聊辩证法

"佛经里有些语言很奇怪,佛说第一波罗蜜,即非第一波罗蜜,是名第一波罗蜜。佛说赵朴初,即非赵朴初,是名赵朴初。先肯定,再否定,再来一个否定的否定,是不是?"

1958年6月30日,毛泽东接见了胡达法师率领的柬埔寨佛教代表团,中国佛教协会副会长赵朴初参加了会见。这天,毛泽东穿着灰色中山装,一边等待客人,一边兴致勃勃地和赵朴初聊天。客人还没有到,毛泽东以开玩笑的口吻对赵朴初说:佛经里有些语言很奇怪,佛说第一波罗蜜,即非第一波罗蜜，是名第一波罗蜜。佛说赵朴初，即非赵朴初，是名赵朴初。先肯定。再否定，再来一个否定的否定，是不是？

赵朴初一听连连点头。从这里可以看出，毛泽东是读佛经的，至少，他熟悉《金刚经》。"佛说"、"即非"、"是名"就是《金刚经》的主题。见毛泽东以自己的名字解释佛经里的话，而且，还和黑格尔的辩证的否定思想联系在一起，赵朴初也不完全同意，心想，自己可不是"非"赵朴初和"名"赵朴初啊，自己可是实实在在的赵朴初，所以，他笑着说："不是，是同时肯定又同时否定。"

平常，赵朴初研究佛法般若时，就发现其中有很多辩证的哲理和辩证方法，如只有利他才能自利的菩萨，以救度众生为自救的辩证目的等。他甚至怀疑黑格尔的辩证法与佛教存在某种关系。这回，见毛泽东问辩证的否定，赵朴初所以有自己的主见。毛泽东很满意赵朴初的回答，说："看来你们佛教还真有些辩证法的味道……"

毛泽东后来指着赵朴初对旁人说："这个和尚懂得辩证法。"

（参见佚名：《佛说赵朴初》，《老年博览》1999年第 10 期）

战略藐视战术重视

"事物总是在一定条件下通过斗争同它的对方交换位置，向着它的对方转化的。"

1959 年春季，中央书记处交给文学研究所一个任务，就是从中国过去的笔记中选编一本《不怕鬼的故事》。毛泽东要何其芳为这本书起草序文，并要他写完后送交自己审阅。

1961 年 1 月 4 日上午 10 点 40 分，毛泽东办公室通知何其芳立即到中南海去，说毛泽东对序文有指示。何其芳到时，已有两位同志在座。谈到《不怕鬼的故事》的序文时，毛泽东说：你的问题我现在才回答你（指请他审阅稿子）。除了战略上藐视，还要讲战术上重视。对具体的鬼，对一个一个的鬼，要具体分析，要讲究战术，要重视。不然，就打不败它。你们编的书上，就有这样的例子。《聊斋志异》的那篇《妖术》，如果那个于公战术上不重视，就有可能被妖术谋害死了。还有《宋定伯捉鬼》。鬼背他过河，发现他身体重。他就欺骗它，说他是新鬼。"新鬼大，旧鬼小"，所以他重嘛。他后来又从鬼那里知道鬼怕什么东西，就用那个东西治它，就把鬼治住了。你可以再写几百字，写战术上重视。

何其芳从毛泽东的话中省悟到自己写的序有片面性，只从"不怕"二字上做文章，只讲战略上藐视，而没有把战略上藐视与战术上重视统一起来讲。之后，毛泽东虽然不再谈《不怕鬼的故事》的有关问题了，但他的整个讲话仍贯穿着很强的辩证法。

毛泽东说：《易经》上有这样的话："无平不陂，无往不复。"物极必反。现在就是适得其反，欲速则不达。

当一位同志插话说："欧几米德的几何学虽然也是演绎法，却还是对于实际用处很大。可以从已知推未知，如从地球圆周推地球直径。"

毛泽东说："这个未知还是包含在已知之内。"

1 月 23 日下午 2 点半，何其芳又接到电话，通知他到毛泽东那里去。

坐下后，毛泽东说："你写的序文我加了一段，和现在的形势联系起来了。"他像征求意见似地念给大家听，又传给大家看。等传到何其芳的手中时，何其芳发现修改了好几处。其中有两处最引人注目。一处是加了这样一个长句：难道我们越怕鬼，鬼就越喜欢我们，发出慈悲心，不害我们，而我们的事业就会忽然变得顺利起来，一切光昌流丽，春暖花开了吗？

另一处是加了这样一句：事物总是在一定条件之下向着它的对方交换位置，向着它的对方转化的。

后来，毛泽东又让何其芳在序中再增加几句，讲半人半鬼的文字。他说：半人半鬼，不是走到人，就是走到鬼。走到鬼，经过改造，又会走到人。

1月24日上午，何其芳要通讯员把誊清打印好的稿子送到中南海。毛泽东当天就看了，接着又退回来了。并亲笔批示："此件看过，就照这样付印。"又说："此书能在2月出版就好了，可使目前正在全国进行整风运动的干部们阅读。"

在退回的稿子中，毛泽东又对上次改稿时增加的一句话："事物总是一定的条件下向着它的对方交换位置，向着它的对方转化的"，作了些改动，改成了这样："事物总是在一定条件下通过斗争同它的对方交换位置，向着它的对方转化的。"

通过毛泽东对这篇序文神来之笔的润色，不仅使文章更加生动活泼，也使深邃的辩证唯物主义思想得到具体反映。

（参见王毅：《毛泽东的"打鬼"战略》，《炎黄春秋》1999年第5期）

文艺批评的两标准

"政治和艺术的统一，内容和形式的统一，革命的政治内容和尽可能完美的艺术形式的统一。"

毛泽东1957年3月8日同文艺界人士谈话说："中国文学批评的历史是从魏文帝开始的吧？有《典论·论文》。以后有《文心雕龙》。《昭明文选》里也有批评，昭明太子那篇序言里就讲，'事出于沉思'，这是思想性；'义归乎翰藻'，这是艺术性。单是理论，他不要。要有思想性，也要有艺术性。"

1958 年 9 月，张治中将军陪同毛泽东到南方视察。当他们到安徽时，一天，毛泽东对张治中谈起了陆机、陆云兄弟。他说："陆机、陆云，都是晋代的文学家。陆机的《文赋》是很有名的，具有朴素的唯物观点，可惜太冗长了些。"

在毛泽东的文艺理论著作中，他提出了文艺批评的两个基本标准，一个是政治标准，一个是艺术标准，二者是不可偏废的。他根据文艺史上出现过的无数事实，科学地概括出这样一条规律："任何阶级社会中的任何阶级，总是以政治标准放在第一位，以艺术标准放在第二位的。"[①] 坚持政治标准第一，但这绝不意味着可以轻视艺术标准。因为"缺乏艺术性的艺术作品，无论政治上怎样进步，也是没有力量的"。[②] 显然，在毛泽东看来，真正优秀的艺术作品应当是"政治和艺术的统一，内容和形式的统一，革命的政治内容和尽可能完美的艺术形式的统一。"这就不仅对文艺创作提出了要求，而且也为文艺批评指出了着眼点和归宿。文艺批评只有既注意政治标准又注意艺术标准，并把两个标准结合起来，从政治和艺术的统一观点去评价作品，才能得出科学的符合实际情况的结论。毛泽东的这些论述，虽然是在延安抗日战争时期讲的，但至今仍然具有重大的理论和实践意义。

（参见余湛邦:《张治中机要秘书回忆录〈张
治中与中国共产党〉》，中共中央党校出版社
1992 年版）

---

① 《毛泽东选集》第三卷，人民出版社 1991 年版，第 869 页。
② 《毛泽东选集》第三卷，人民出版社 1991 年版，第 870 页。

百花齐放　百家争鸣

> "'百花齐放，百家争鸣'，这是一个基本的同时也是长期性的方针，不是一个暂时性的方针。"

1951年，毛泽东提出京剧应"百花齐放，推陈出新"。1953年，毛泽东又提出了"百家争鸣"方针。1956年，毛泽东正式提出和阐述"百花齐放，百家争鸣"方针，确定为共产党在科学文化工作中的一条基本方针。以后，毛泽东又多次强调了双百方针。"双百"方针提出后，在国内外都引起强烈反响。

1956年4月28日毛泽东在政治局扩大会议上作总结发言。他在发言的第五点中说："'百花齐放，百家争鸣'，我看这应该成为我们的方针。艺术问题上百花齐放，学术问题上百家争鸣。讲学术，这种学术可以，那种学术也可以，不要拿一种学术压倒一切，你如果是真理，信的人势必就会越多。"

1956年5月2日毛泽东在最高国务会议上作《论十大关系》的报告。各方人士发言之后，毛泽东又一次发言，其中说中共中央的政治局扩大会议上还谈到一点就是"百花齐放，百家争鸣"。他说："现在春天来了嘛；一百种花都让它开放，不要只让几种花开放，还有几种花不让它开放，这就叫百花齐放。百家争鸣是诸子百家，春秋战国时代，二千年前那个时候，有许多学说，大家自由争论，现在我们也需要这个。"他还说："在中华人民共和国宪法范围之内，各种学术思想，正确的，错误的，让他们去说，不去干涉他们。李森科、非李森科，我们也搞不清。有那么多的学说，那么多的自然科学。就是社会科学，这一派，那一派，让他们去说，在刊物上、报纸上可以说各种意见。

1957年1月7日毛泽东在《关于正确处理人民内部矛盾的问题》的讲话和3月12日《在中国共产党全国宣传工作会议上的讲话》中，进一步系统地论述了"双百"方针。他明确宣布："百花齐放，百家争鸣"，这是一个基本性的同时也是长期性的方针，不是一个暂时性的方针。讲学术，这种学术可以，那种学术也可以，不要拿一种学术压倒另一种学术。

毛泽东运用马克思主义唯物辩证法，强调在文艺创作和学术研究中，应该尊重客观规律，在"百花齐放，百家争鸣"中去繁荣我们的文化、教育事业。

（参见盛巽昌编著:《毛泽东与戏曲文艺》，广西人民出版社1998年版）

正反合就是辩证法

"批评、反批评、小结；正、反、合，这就是辩证法嘛。"

1957年3月，中央召开全国宣传工作会议。3月10日下午1时许，《解放日报》总编辑杨永直赶来匆匆地对徐铸成说："毛主席要接见我们，赶快去吧。"徐铸成赶忙上了杨永直的汽车，直驱中南海。

当时，毛泽东的住所，庭院中并没有什么特殊布置，院墙还有些剥落未修。会客厅中，只有一张长桌，四周是普通的椅子。

毛泽东先在会客厅前和前来谒见的同志一一握手、谈话。他紧紧握着徐铸成的手说："你们的报纸搞得活泼，登些琴棋书画之类，我也爱看……"接着和邓拓、金仲华、王芸生、赵超构等一一握手。陪同接见的文化部副部长钱俊瑞是最后赶来的，毛泽东风趣地说："钱武肃王的后人来了。"

大家入座后，邓拓轻轻地对徐铸成说："铸成同志，你先谈谈。"徐便说："我们从旧社会过来的人，对马列主义还没有学好，在报纸上如何开展'双百'方针，感到很难掌握，怕抓紧了会犯教条主义的错误，放松了会犯修正主义的错误，请问主席该怎么办好？"

毛泽东含笑而慈祥地详细谈了约半小时，要点就是《同新闻出版界的谈话》的第一段。

以后，毛泽东又问："你们在开展'双百'方针中还有什么具体困难没有？"

徐铸成说："我们的报纸开展电影问题的讨论后，刚发表了几篇文章，就受到了猛烈的围攻。于是，别人有意见也不敢再提了。我的想法是，最好是让人家把意见都谈出来，再开展讨论，就会得出较正确的结论。"

毛泽东的答复，大意就是《谈话》中第二段。他还说："请周扬同志给你们写一篇小结。批评、反批评、小结；正、反、合，这就是辩证法嘛。你的意见如何？"徐铸成连连点头，由衷敬佩毛泽东的安排。毛泽东在这里所讲的辩证法的"批评、反批评、小结和正、反、合"这不正是"双百"方针的精神实质吗？

从农夫救蛇谈矛盾

"敌我之间和人民内部这两类矛盾的性质不同，解决的方法也不同。"

1948 年 12 月 30 日毛泽东在《将革命进行到底》中说：应该怎样来对付这些君子国的先生们呢？这里用得着古代希腊的一段寓言："一个农夫在冬天看见一条蛇冻僵着。他很可怜它，便拿来放在自己的胸口上。那蛇受了暖气就苏醒了，等到回复了它的天性，便把它的恩人咬了一口，使他受了致命的伤。农夫临死的时候说：我怜惜恶人，应该受这个恶报！"

……

中国人民决不怜惜蛇一样的恶人，而且老老实实地认为：凡是耍着花腔，说什么要怜惜一下这类恶人呀，不然就不合国情、也不够伟大呀等等的人们，决不是中国人民的忠实朋友。像蛇一样的恶人为什么要怜惜呢？

毛泽东关于正确区分和处理两类社会矛盾的学说，是唯物辩证法关于对抗性矛盾和非对抗性矛盾的原理在新的历史情况下的具体运用和进一步发展。他说："敌我之间的矛盾是对抗性的矛盾。人民内部的矛盾，在劳动人民之间说来，是非对抗性的；在被剥削阶级和剥削阶级之间说来，除了对抗性的一面以外，还有非对抗性的一面。"他又说："敌我之间和人民内部这两类矛盾的性质不同，解决的方法也不同。"毛泽东关于两类不同性质矛盾的一系列重要论述，给我们提供了强大的思想武器。

一般说来，对抗性矛盾只能通过对抗的斗争形式来解决。在阶级社会里，对抗性矛盾是客观存在的。因此到一定阶段必然要采取剧烈的外部对抗的斗争形式。这正如毛泽东所说："在阶级社会中，革命和革命战争是不可避免的，舍此不能完成社会发展的飞跃，不能推翻反动的统治阶级，而使人民获得政权。"否定对抗形式的斗争，从而否定革命和革命战争，在理论上是十分荒谬的，在实践上是极其有害的。

如果我们像那个农夫一样，怜惜蛇一样的恶人，不敢采用剧烈的外部冲突的形式去解决人民大众同帝国主义、封建主义、官僚资本主义这个对抗性矛盾，把革命停顿下来，其后果之严重将不堪设想！这在新民主主义革命中看得很清楚。

（参见《毛泽东选集》第一至四卷，人民出版社 1991 年版）

合则两利　分则两伤

　　毛泽东很欣赏"话说天下大势，分久必合，合久必分"。认为这符合辩证法。

　　从 1936 年到 1964 年，在近 30 年的时间里，毛泽东在涉及革命和建设的大事面前，先后七八次引用《三国演义》开篇的头句话"天下大势，分久必合，合久必分"，他认为这句话很符合辩证法。

　　《三国演义》的作者给周秦以来中国封建社会的历史发展概括了一条规律：天下大势，分久必合，合久必分。这种统一和分裂代谢的历史观较为符合中国封建社会的历史发展过程的表象，在一定程度上表现了人民群众反对分裂要求统一的愿望，有历史进步性和人民性。因此它成了人们评定历史评定事情发展规律的口头禅。具有浓厚《三国演义》情结的毛泽东，用唯物辩证法的眼光去观照《三国演义》的这句话，紧紧抓住了其"符合辩证法"的精髓。

　　在《三国演义》里，这句话只适用于社会历史现象，毛泽东却做了广泛的发挥。党派之间的分离与合作，党内的团结与斗争，国际间的和平与战争，生产规模的集中与分散……都被这个规律所笼罩着，说明了他把《三国演义》中这句话里的辩证法广泛活用到现实生活中去了。

　　但是，《三国演义》作者的分合论，在承认社会分与合、乱与治的相互转化的辩证性外，作为历史观却带上明显的宿命论色彩。"合久必分，分久必合"的两个"必"字，很容易使这种历史观导致历史循环论。因为它掩盖了社会历史每次分合的具体历史内容，抹杀了社会历史每次分合是在进步与倒退的斗争中螺旋式上升的事实，而不是分与合的机械的平面的简单循环。

1938 年 5 月 4 日，延安抗大的学员聚精会神地听毛泽东讲课。

毛泽东指出，国共合作分为三段，第一段两党合作，第二段两党分裂，第三段两党又合作。毛泽东说："按照中国古书《三国演义》——你们看过吗？——那里开头就说'话说天下大势，分久必合，合久必分'，过去分了 10 年，现在又合起来，当然，把这话拿到现在来说是不正确的，现在合起来不一定再分。我们可以把它改成两句话：国共两党，合则两利，分则两伤。"

正是基于这种分合论本身的缺欠，毛泽东使用时对其进行了批判性的改造。他认为老是分合就搞不成什么事情了，就会犯错误。分合是有历史前提的，在国共合作抗日救国的情况下讲"合久必分"就是"不正确"的。这是毛泽东远比《三国演义》作者高明的地方，也是他对待文化遗产态度科学的地方。他是站在历史进步趋势的大前提下，来正确区分"合"与"分"的性质，从而去制定正确的政策和策略。

震惊中外的皖南事变后，在如何对待蒋介石和国民党反动派的问题上，党内产生了不同的意见。有的同志主张从政治上、军事上立即全面反击。毛泽东说："气愤是完全正当的，哪有看到这种严重情况而不气愤的呢？但是抗日仍然是有希望的，国民党里面也不都是坏人。"

毛泽东又举例说："三国时期，荆州失守，蜀军进攻东吴，被东吴将领陆逊火烧连营七百里，打得大败，其原因就在于刘备没有区分与处理好主要矛盾与次要矛盾的关系，在谋略中没有抓住主要矛盾。诸葛亮在《隆中对》中所确定的战略方针是'东联孙吴，北拒曹操'。曹刘是主要矛盾，孙刘是次要矛盾。孙刘的矛盾是统一战线内部的矛盾。所以当孙权数次讨荆州时诸葛亮总是一再推诿软磨，而不硬抗，直到最后才让出荆州的部分地方。刘备不了解这一点，派了根本不执行'联吴为根本，争夺荆州要有理有节'方针的关羽去驻守荆州……结果最终导致兵败身亡。"

毛泽东由此指出，要"抓住主要矛盾，分清主次与轻重缓急"，很快统一了全党同志对皖南事变的认识。

在运用天下大事分久必合，合久必分上，毛泽东自有一套新的观点，他把现实生活中遇到的矛盾，进行辩证分析后，采取了科学的策略，因此能赢得了最后胜利的结局。

（参见董志新：《毛泽东读〈三国演义〉》，上海
人民出版社 2001 年版）

《三国志》里的辩证法

"要当机立断，不要优柔寡断。应当根据形势的变化来改变计划。
反对党内一些不良倾向，也要当机立断。"

由于违背正确的指导思想，1958 年的"大跃进"运动和农村人民公社
化运动，造成严重损失。1959 年 4 月党中央召开上海会议前，为了纠正已
察觉的错误，毛泽东连续向全党发了四封《党内通信》，反对浮夸风等"左"
的倾向；在上海会议上，又着重议论了多谋善断、留有余地等问题。毛泽东
提出，希望大家看看《三国志》中的郭嘉传。郭嘉是三国时期的一位著名人
物，最初在袁绍部下，但他认为袁绍"多端寡要，好谋无决，欲与共济天下
大难"。后经荀彧推荐，成为曹操的重要谋臣，追随左右，策谋帷幄，协助
曹操南征北战，擒吕布，破袁绍，北伐乌桓，功绩卓著。郭嘉中年夭折，曹
操非常惋惜，称道他："每有大议，临敌制变。臣策未决，嘉辄成之。平定
天下，谋功为高。"郭嘉足智多谋，而曹操能够问计于郭嘉等谋臣，听取他
们的意见，果断作出决策，这说明他是一个知人善任、多谋善断的人物。毛
泽东介绍大家看郭嘉传，意思是希望各级领导干部做事要多谋。他说，多谋
善断，这句话重点在"谋"字上。要多谋，少谋是不行的。要与各方面去商
量，反对少谋武断。商量又少，又武断，那事情就办不好。谋是基础，只有
多谋，才能善断。谋的目的就是为了断。他还说，要当机立断，不要优柔寡

断。应当根据形势的变化来改变计划。反对党内一些不良倾向，也要当机立断。领导干部应向郭嘉学习，少一点唯心主义，多一些辩证多谋。

（参见高凯、于玲主编：《毛泽东大观》，中国人民大学出版社 1993 年版）

缺点也需要两面看

"成绩、缺点，正面、反面，光明面、黑暗面，已认识了的世界、未认识的世界，一万年还有。"

在 1959 年到 1961 年严重困难时期，毛泽东多次到江苏进行调查。他总是开导大家："对形势要从积极方面看，有困难要想办法战胜它。""缺点要两面看，两点论嘛！成绩缺点一万年也有，你能说只有现在有成绩、缺点，过去没有？成绩、缺点，正面、反面，光明面、黑暗面，已认识了的世界、未认识的世界，一万年还有。"毛泽东鼓励说："一定要坚持实事求是、艰苦奋斗的精神。"他向江苏各级党组织和广大党员干部提出："有困难，有希望，有办法"，"久卧思起，现在是起床的时候了"，要"团结起来，努力奋斗，克服困难，争取胜利"。

毛泽东强调指出，调查研究要写出好文章。好的学风和好的文风是一致的。只有掌握了充分的第一手材料，才能写好的文章；但也只有好的文风，才能正确地反映客观世界，正确地指导改造客观世界的实践。毛泽东说过：写文章，第一是设计，第二是施工，第三是雕梁画栋，第四是验收。经过这几步，文章就能更好地接近和反映客观实际。毛泽东还提倡，要通过调查研究，把理论和实践，中央的路线、方针、政策和各地的具体情况更好地结合起来，从而进行创造性的工作。他曾生动地形象地批评过这种情况：中央画图样，省市抄图样，地县走图样，基层没图样，这是一种不调查，不结合实际，只是照抄照转的领导方法，其结果必然使中央的路线、方针、政策不能正确地贯彻执行。

（参见《"关于如何打乒乓球"一文的按语》，
《人民日报》1966 年 6 月 22 日）

自力更生　丰衣足食

"你们既不想解散回家，又不想坐着等死，那就只剩下第三条路了，叫做自力更生，自己动手。"

中日战争爆发后，由于日寇与国民党的封锁，边区在经济上发生了很大的困难。在一段时间里，几乎没有衣穿，没有油吃，没有菜吃，没有纸张，没有鞋袜，冬天没有被子盖，甚至吃粮都发生了困难。

一天，抗日军政大学邀请毛泽东去做报告。中央组织部副部长李富春主持大会，简单讲了会议日程，作动员报告的是毛泽东。他从抗日战争的形势、陕甘宁边区的环境条件，讲到摆在面前的巨大困难，提出克服困难的办法，最后鼓励大家坚定信心，去克服困难，争取胜利。毛泽东说："抗日战争爆发后，我红军改编为八路军，开赴华北前线，首战平型关，威名天下扬。接着又打了许多胜仗。开辟了广大的抗日根据地，日本帝国主义者陷入了人民战争的汪洋大海之中。现在我军深入敌后方，各项工作都迫切需要干部，为了适应这种情况，延安办了许多学校，培训抗日战争的领导骨干。再加上党中央各部门和边区政府机关人员的充实，边区部队的扩大，各种人民团体的组织机构建立与健全，脱产人员越来越多。革命队伍里的人，都需要吃饭穿衣，可是陕甘宁边区的老百姓只有120万，边瘠民贫，生产力很低，养活不了这样庞大的革命队伍。国民党和他们的'委员长'，掌握着国家的军权、政权、财权，高官厚禄，位居要津，'占着茅坑不拉屎'，不但不领导人民抗战，而且暗地里积极反共，对战功卓著的八路军不发粮、不发饷、不给枪械弹药，对陕甘宁边区周围搞摩擦，进行蚕食。国民党内有些人历来就是靠反共起家的，他们吃的是'摩擦饭'，发的是'国难财'，处心积虑专门对付共产党、八路军。今天我们陕甘宁边区的党政军在经济上遇到严重困难，吃不饱、穿不暖，生活用品奇缺，大家都有切身的感受，喝小米稀饭，盐水泡野菜，都难以维持。'怎么办呢?'"

毛泽东诙谐而风趣地笑着说："现在和大家商量，究竟如何是好。摆在我们面前的有三条道路，应该选择哪一条? 第一条是把革命队伍解散，都回家当老百姓。"话音刚落，就引得整个会场哄堂大笑。那时正处在抗日战争的高潮，革命队伍里人欢马跃，都想在战场上和日本帝国主义者见个高低。

毛泽东也哈哈大笑："看来你们不同意把革命队伍解散。好吧，那么我提出第二条道路，叫做束手待毙，就是坐着不动，等候饿死。"讲到这里，毛泽东双臂交叉，向胸前一抱，做个束手无策的样子，逗得大家捧腹大笑。

毛泽东继续讲下去："看来第二条路大家也不愿意走，你们既不想解散回家，又不想坐着等死，那就只剩下第三条路了，叫做自力更生，自己动手。全边区各行各业一齐行动起来，参加农业生产。人人都有两只手，劳动起来样样有，用我们的劳动，战胜经济困难，不但要完成自己本身的学习和业务工作，还要改善生活。丰衣足食，吃得饱、穿得暖，要满面红光，兵强马壮，只有这样，才能打败日本帝国主义。"

接着毛泽东又把劳动改造世界的伟大意义和陕甘宁边区搞生产的客观条件。做了详细的说明，告诫大家一定要实事求是，因地制宜，根据各单位具体情况，制定出切实可行的生产计划，多打粮食，多种蔬菜，真正收到好的效果，增加物质财富。

毛泽东还特别指出："现在各学校的学生，绝大多数不是土地革命时期的工农干部，而是全国各大城市跑来的知识分子，这些人过去是手不能提篮，肩不能挑担；还有不少出于少爷，千金小姐，要让他们走出课堂，上山开荒，抢镢头、握锄把不是简单容易的问题，必须深入细致地做思想工作。知识分子要工农化，只要和工农兵结合，才能成为革命的知识分子。"

毛泽东的讲话，在雷鸣般的掌声中结束。

毛泽东的伟大号召，是发动人民战胜困难，坚持抗战的伟大动员令。于是从 1939 年春天开始，延安掀起了轰轰烈烈的大生产运动，整个陕甘宁边区，呈现出一派生机勃勃的景象。自力更生，丰衣足食使陕甘宁边区走出了困境。这是毛泽东对付经济困难最有效的办法。

（参见《军民大生产运动》，《丹东社会科学》
2006 年第 2 期）

"饭"字缺食便剩"反"

"人是要吃饭穿衣的！中国的文字很有道理，'饭'字缺了食就剩下了'反'字，如果老百姓没有饭吃，就要起来造反的。民以食为天嘛。"

1969 年 11 月间，毛泽东乘坐的列车抵达武昌车站。曾思玉和刘丰上了公务车。

毛泽东问："湖北乡村形势如何？"

曾思玉回答说："乡村形势很好，省和地区各级革命委员会派了一大批干部到农村帮助工作。各级都在狠抓'以粮为纲，全面发展'。'粮、棉、油、麻、丝、茶、糖、菸（烟）、果、药、杂'的十二个字和'农、林、牧、副、渔'五个字的两个布局的落实。我们省重点抓了荆州地区的粮食、棉花的生产，并推广优良品种，提高产量，并抓改进冬泡田，提倡'麦稻稻（麦子、稻子）、油稻稻（油菜）、绿稻稻（绿肥）'，解决肥料不足，有条件的种双季稻，多增产粮食。同时推广种棉花的营养杯，育苗壮、生长期快等。遵照农业'八字宪法'实行科学种田，在逐步实现水利化、化肥化、机械化、电力化，批判那种穷富拉平的'一平二调'错误做法。正确处理国家、集体、个人三者利益关系，坚持'三级所有，队为基础'的集体所有制，不搞高指标，既完成国家任务，又防止征过头粮，不随意抽调生产队劳动力，从而调动了农民种粮种棉的积极性。粮食连年丰收增产，乡村人民生活水平有了较大提高。"

毛泽东说："对，你这是抓到了点子上，人是要吃饭穿衣的。湖北是个好地方，是鱼米之乡。自古以来就有'湖广熟，天下足'之说。中国的文字很有道理，'饭'字缺了'食'就剩下了'反'字，如果老百姓没有饭吃，就要起来造反的。民以食为天嘛，粮食是基础的基础。我们经济形势的好坏依农业形势的好坏而转移的。湖北这个地方产粮食和棉花，你们要抓紧不放，人民有饭吃，有衣穿，事情就好办了。告诉你们，做任何事情都要抓紧，抓而不紧，等于没有抓的。"

国民经济的基础在农业，毛泽东一贯重视农业生产，他走遍了大江南北，不断视察农业生产情况。并用"饭"字解释里面蕴含的道理，来启发各级领导要抓紧抓好农业生产。"民以食为天，食以安为大"，这就抓住了经济工作中的主要矛盾。

（参见康永保：《亲切教诲终生不忘》，大连出版社 2003 年版）

全面辩证地识干部

"荣桓同志是个老实人，又有很强的原则性，能顾全大局，一向对己严，待人宽，做政治工作就需要这样的干部。"

毛泽东在《中国共产党在民族战争中的地位》一文中指出："必须善于识别干部。不但要看干部的一时一事，而且要看干部的全部历史和全部工作，这是识别干部的主要方法。"① 这个方法是马克思主义辩证唯物主义和历史唯物主义的具体应用，是中国共产党的实事求是的思想路线的具体体现，也是把无产阶级用人原则以及中国传统的用人方法和革命实践结合起来，总结出来的识人知人的规律。

毛泽东识别干部的方法具体地说就是客观地、全面地、辩证地、发展地看待干部，只有全部的历史和全面的工作，才是干部的全部的实际情况，表现着干部德才的全貌。以全部历史和全部工作为根本依据，并将其一时一事联系起来，才能防止主观片面性，避免表面性，透过表面现象甚至是假象去识别干部。

1930 年春末夏初，毛泽东需要为 23 岁的军长林彪选择一个合适的搭档做政委。林彪是黄埔军校四期的毕业生，打起仗来十分灵活，颇有一套，深受毛泽东的器重。但林彪这个人性格古怪，个性极强，平常沉默寡言，遇事争论不休，听不进半点批评意见，因而很少有人能与之共事。自从他担任28 团团长以来，同各届党代表都搞不好关系。党代表何挺颖因作战受重伤，毛泽东指示要照顾好他，但林彪却漠不关心，结果在夜行军中何挺颖从马背上摔下来不幸牺牲。林彪后来担任了一纵队司令员，又把党代表谢维俊挤走了。现在林彪当上了军长，毛泽东必须给他物色一名搭档。选谁呢？毛泽东颇伤脑筋，经过反复慎重考虑，决定派当时二纵队政治委员罗荣桓担任红四军政委的职务。

为什么选中了罗荣桓呢？毛泽东认为，与林彪搭档，除了要具备丰富的政治工作经验以外，还必须既有坚定的原则性，又有在非原则问题上的灵活性。在长期的革命实践中，毛泽东看到罗荣桓恰恰具有这种素质。他曾经感慨地说："荣桓同志是个老实人，又有很强的原则性，能顾全大局，一向自己严，待人宽，做政治工作就需要这样的干部。"

罗荣桓能够充分发挥自己的特长，这与毛泽东的知人善任有重要关系的。他后来历任八路军 115 师政委、解放军第四野战军政委、中央军委总政

---

① 《毛泽东选集》第二卷，人民出版社 1991 年版，第 527 页。

治部主任等职，成为人民军队政治思想工作的巨匠，并且是军队政治干部中唯一获得元帅军衔的人。实践证明毛泽东选罗荣桓做林彪的搭档，是最恰当的人选。罗荣桓逝世后，毛泽东在《吊罗荣桓同志》一诗中写道："君今不幸离人世，国有疑难可问谁"，表达了对他的倚重和痛惜之情。

（参见李焱平编著：《毛泽东用人智慧和艺术》，
中国书籍出版社 2008 年版）

人的忧患与生俱来

"怕与不怕，是一个对立统一法则。一点不怕，无忧无虑，真正单纯的乐神，从来没有。每一个人都忧患与生俱来。"

1958 年 12 月 1 日深夜，正在南巡驻足武昌的毛泽东奋笔疾书，赶写出《关于帝国主义和一切反动派是不是真老虎的问题》，大谈铁老虎与纸老虎；大谈战略上藐视敌人，战术上重视敌人；大谈事物的两重性和对立统一。当然毛泽东不是单纯的强调乐观主义，此时的形势也不容过于乐观。辩证法大师毛泽东深知这一点。在这篇印发八届八中全会与会者的文章中，毛泽东提出了一个很有深意的人生哲学课题，他告诫人们："怕与不怕，是一个对立统一法则。一点不怕，无忧无虑，真正单纯的乐神，从来没有。每一个人都是忧患与生俱来。学生们怕考试，儿童怕父母有偏爱，三灾八难，五痨七伤，发烧四十一度，以及'天有不测风云，人有旦夕祸福'之类，不可胜数。阶级斗争，向自然界的斗争，所遇到的困难，更不可胜数。但是，大多的人类，首先是无产阶级，首先是共产党人，除掉怕死鬼以及机会主义的先生们以外，总是将藐视一切，乐观主义，放在他们心目中的首位的。然后才是重视事物，重视每件工作，重视科学研究，分析事物的每一个矛盾侧面，逐步地认识自然运动的法则和社会运动的法则。然后就有可能掌握这些法则，比较自由地运用这些法则，一个一个地解决人们面临的问题，处理矛盾，完成任务……"①

毛泽东提出"帝国主义和一切反动派都是纸老虎"的著名论断后，国际国内曾有不少人不理解，以为有些帝国主义国家还有很强的实力，手中有原子弹，这个观点未免有点盲目乐观。毛泽东为此撰写了此文，就是回答这种不同看法的。

毛泽东阐述了真老虎与假老虎、铁老虎与纸老虎、活老虎与死老虎的辩证关系，阐述了"由真变纸"的历史过程。文中也涉及了乐观主义和忧患意识的辩证法，那就是面对自然界、人类社会和人生的"纸老虎"时，人们充满着对前途的乐观；面对"真老虎"时，则不可不忧患奋斗中的各种现实困难、曲折道路、黑暗时局等。毛泽东的观点不是一种幼稚的不科学的观点，而是一种通观历史进程，渗透人生本质的成熟的真理性的观点。讲到忧患意识，他否定了"单纯的乐神"，承认"忧患与生俱来"的人生哲学，他再次用"天有不测风云"这种自然现象，"人有旦夕祸福"这种人类社会现象，有力地佐证了自己的观点。

当然，更主要的是，不在于承认忧患，而在于奋起与之斗争。这种斗争又不是盲目的。重视斗争对象，掌握事物发展规律，战而胜之，因此，奋斗者"总是将藐视一切，乐观主义，放在心目中的首位"。这就是他立论的主要观点。

---

① 《毛泽东文集》第七卷，人民出版社 1999 年版，第 456 页。

台风也可一分为二

"把台风造成的损失，变成战胜困难的财富。"

有一次，江苏省委书记江渭清向毛泽东汇报工农业生产，说去年江苏遇到特大台风，受到很大损失，今年没有台风，丰收完全有把握。

毛泽东指出："台风也可以一分为二呢。历史上楚汉相争，刘邦从汉中出兵，一路打到徐州，正在兴高采烈与文武百官置酒庆祝，项羽率领三万轻骑突然来袭，把刘邦打个措手不及，大败而逃，项羽衔尾直追，刘邦正在万分危急的时候，突然天上刮起一阵台风，顿时飞沙走石，伸手不见五指，项羽只好收兵。刘邦才得保全性命，率残部逃回洛阳。"

"台风也可以一分为二呢"。此话甚有道理。事物都有其二重性。台风能使人们受到损失，但偏巧又救了刘邦的性命。在这个故事里，刘邦被袭击受挫是其不好的一面，但由此领教了项羽的厉害，懂得如何对付项羽："吾与若角智，不与若角力"，为以后战胜项羽、统一天下积累了经验，这就是坏事变成好事了。江苏去年遭受台风的袭击，蒙受损失，是坏事；但如因此总结经验，今后惩前毖后，加强预防措施，就可以减少损失，这不是坏事又变好事了？

省委书记汇报台风灾害，毛泽东换了一个角度，用一分为二的观点，鼓励他们正确分析利弊，提醒他们坏事也可变成好事，把台风造成的损失，变成战胜困难的财富。使江渭清从中学到了辩证地看问题的方法。

（参见《缅怀毛泽东》下册，中央文献出版社 1993 年版）

变敌人优势为劣势

"一个指挥员的军事艺术水平的高低，决定于他能否在千变万化的错综复杂的局面下变敌人的优势为劣势，变自己的劣势为优势。"

1946 年 8 月，蒋介石集中了 14 个整编师约 30 万人马，由白崇禧、陈诚在开封坐镇指挥，刘峙亲临前线督战，于 8 月 28 日向我晋冀鲁豫解放区杀气腾腾扑来。企图以三倍于解放军的优势兵力，将解放军钳夹歼灭在陇海路以北、老黄河以南的狭窄地区。在敌人大军压境的情况下，毛泽东电示刘、邓将野战军集中陇海路北休整，诱敌深入，寻机歼灭。刘邓根据毛泽东的指示，分析了当时的敌情，认为敌钳型攻势西路的 5 个整编师中，只有整三师是蒋嫡系部队，其余是杂牌部队，如果把整三师诱到预定战场以优势兵力围歼，敌人内部派系矛盾很深，其他杂牌军不会积极支援，就可以达到先歼敌一部，再另歼一部，各个击破的战役计划。敌整编三师听从刘邓首长的调遣，向北猛进，钻进早已为他们布置好的口袋。经过异常激烈的战斗，整三师在运动中被歼灭；敌人的整编四十一师、四十七师仓皇向考城逃窜，被歼约两个旅；敌整编五十五师与六十八师向开封逃窜，又被追歼约一个团。

这次战役的胜利，充分证明了毛泽东制定的"集中优势兵力各个歼灭敌人"的战略战术原则的科学性，是辩证唯物主义原理在军事上的成功运用。因为辩证唯物主义认为，优势和劣势是相对而言的，在作战中，一个指挥员的军事艺术水平的高低，决定于他能否在千变万化的错综复杂的局面下变敌人的优势为劣势，变自己的劣势为优势。面对蒋介石倚仗着整个军事力量的优势，毛泽东则巧妙地指挥各野战军，机动灵活，集中优势兵力，打有把握之仗，每仗以 3 倍、4 倍甚至 5 倍、6 倍的优势兵力歼敌，这就造成了战役作战中的优势，待歼敌一部后，敌人的调整又为解放军歼灭敌人创造了新的条件，再集中优势兵力进行歼灭战，消灭敌人。解放战争初期的胜利，充分显示了毛泽东对辩证唯物论和古今中外军事思想的灵活运用。

（参见萧诗美等编著：《毛泽东谋略》，湖南出版社 1995 年版）

打仗没有什么妙计

"像这样一个普通常识，蒋介石是不知道的。他想的是长江天险，是美帝国主义的援助……"

1949 年 5 月 1 日，毛泽东与柳亚子先生同游颐和园，泛舟昆明湖上，柳亚子问毛泽东：人民解放军很快渡江成功，并且占领南京，不知道毛主席用的是什么妙计？

毛泽东听后，呵呵一笑，回答说："打仗没有什么妙计，如果说有什么妙计的话，那就是知彼知己，根据实际情况，作出正确的决策。还有就是先生说的，人民的支持是最大的妙计。100 万军队要渡江，又没有兵舰、轮船，如果没有人民的大力支持，是不能成功的。靠人民用土办法，靠木船、木排筏子，在漫长的江面上，几万只木船一齐出动，直奔对岸，加上我们有很多大炮掩护，很快就过去了 30 万军队。你能说这是妙计吗？这是一般的常识。但是，像这样一个普通常识，蒋介石是不知道的。他想的是长江天险，是美帝国主义的援助……"

1964 年 5 月，毛泽东在一次谈话中又谈到打仗的诀窍问题，他说："打仗没有什么巧妙，简单说就是两句话，打得赢就打，打不赢就走。你们听说过吗？大体就是这样：你打得赢就打，打不赢还打吗？有两条腿可以走嘛！打得赢就是集中优势兵力消灭敌人……那么打不赢呢？就走，走得远一点，使敌人不知你到哪里去了。"

作为伟大的军事家，毛泽东最美好的岁月是在战火中度过的。他对战争生活有着天生的适应能力。

毛泽东把军事辩证法应用得活灵活现，在艰苦的战争岁月里，他依靠十六字诀和十大军事原则，把蒋介石的800万军队打得落花流水，败逃到台湾孤岛上。充分显示出毛泽东军事辩证法的无比威力。

（参见海鲁德等编著：《生活中的毛泽东》，华龄出版社 1989 年版）

抗日的持久战战略

"抗日战争'规定了和规定着双方一切政治上的政策和军事上的战略战术，规定了和规定着战争的持久性和最后胜利属于中国而不属于日本'。"

从 1935 年 12 月至卢沟桥事变之前，毛泽东曾多次提醒全国人民，日本帝国主义企图吞并中国，中国人民的全面抗战，是不可避免的。抗日战争爆发后不久，毛泽东又指出爆发新的世界大战的必然性。毛泽东的这种科学预见，是基于对当时国际形势和帝国主义法西斯侵略本质的深刻分析。

毛泽东辩证地分析了抗日战争中敌我双方的优势和劣势，提出了持久战的正确战略方针，揭示了敌败我胜的客观必然性。

毛泽东善于将敌我双方客观存在的所有基本特点，进行全面的比较。敌对双方都有许多特点，战争就是双方这些特点的竞赛。所谓优势或劣势，就是战争双方矛盾着的特点之差异的程度。毛泽东对中日双方矛盾着的全部基本特点，进行了全面的分析比较，从而得出结论：日本的长处是其战争力量之强，而其短处则在其战争本质的退步性、野蛮性，在其人力、物力之不足，在其国际形势之寡助。中国的短处是战争力量之弱，而其长处则在其战争本质的进步性和正义性，在其是一个大国，在其国际形势之多助。正是这些矛盾着的基本特点，抗日战争"规定了和规定着双方一切政治上的政策和军事上的战略战术，规定了和规定着战争的持久性和最后胜利属于中国而不属于日本"①。

毛泽东善于分析中日双方每一特点中所包含着的相反的成分，从而揭示了每一特点的相对性和转化的可能性。他还详尽分析了每一特点中两种相反成分各自所占的地位，指出哪些于我有利，哪些于我不利，有针对性地提出了发展有利因素，克服不利因素的具体方法。

毛泽东还善于分析中日双方优劣形势的转化。毛泽东指出，敌我双方的强弱优劣，并不是绝对的，而是相对的。敌之军事力量虽强而处优势，但其兵力不足，资源匮乏，指挥笨拙，异国作战，因而不是绝对的强和绝对的优势。我之军事力量虽弱而处于劣势，但我兵力充足，资源丰富，指挥灵活，本土作战，因而不是绝对的弱和绝对的劣势。强弱优劣的相对性，使敌我双方强弱优劣的转化具有了客观可能性。当然，要使敌人从强变弱，从优势变劣势，使我由弱转强，由劣势变优势成为现实，需要一定的条件，需要主观的努力，需要有一个过程。毛泽东明确地指出了这种转化的条件和过程："只要我能运用正确的军事的和政治的策略，不犯原则的错误，竭尽最善的努力，敌之不利因素和我之有利因素均将随战争之延长而发展，必能继续改变着敌我强弱的原来程度，继续变化着敌我的优劣形势。到了新的一定阶段时，就将发生强弱程度上和优劣形势上的大变化，而达到敌败我胜的结果。"②

毛泽东客观地分析了抗日战争犬牙交错的特殊态势，做出了坚持战略防

① 《毛泽东选集》第二卷，人民出版社1991年版，第450页。

② 《毛泽东选集》第二卷，人民出版社1991年版，第461页。

御中的战役和战斗的进攻战，战略持久中的战役和战斗的速决战，战略内线中的战役和战斗的外线作战的具体战略方针。

这个克敌制胜战略方针的具体实施。即在战争的第一阶段和第二阶段中，坚持战略防御中的战役和战斗的进攻战，战略持久中的战役和战斗的速决战，战略内线中的战役和战斗的外线作战，在战争的第三个阶段，则是战略的反攻战。在毛泽东的指导下，中国人民的抗日战争，创造了战争史上的奇观，日本侵略者无可奈何地哀叹："敌我的势力范围犬牙交错，变化无常。有关敌人准确位置的情报，很不可靠。甚至在我方势力范围内部深处经常潜藏有敌人的军事力量。"

毛泽东根据敌我双方的特点和抗日战争初期的情形，科学地预见到抗日战争必将经历三个发展阶段。"第一个阶段，是敌之战略进攻、我之战略防御的时期。第二个阶段，是敌之战略保守、我之准备反攻的时期。第三个阶段，是我之战略反攻、敌之战略退却的时期。"①

实践证明，毛泽东提出的不同阶段的作战方针，是完全正确的。持久战一锤定音，赢得了八年抗战的最后胜利。充分显示了毛泽东军事辩证法的威力。

（参见刘化绵：《毛泽东指挥抗日战争的高超谋略》，《人民日报》1995 年 8 月 14 日）

物质是无限可分的

"以哲学的观点来说，物质是无限可分的。质子、中子、电子也应该是可分的。一分为二，对立统一嘛！"

---

① 《毛泽东选集》第二卷，人民出版社 1991 年版，第 462 页。

1955 年 1 月 15 日，毛泽东亲自主持书记处扩大会议，讨论发展原子能事业问题，钱三强应邀在会上讲述核物理学的研究发展概况。当他讲到核原理时，毛泽东插话问："原子核，是由中子和质子组成的吗?""是这样。""质子、中子又是什么东西组成的呢?"钱三强一时语塞，因其时尚无人提出此问题，他思考着回答道："根据现在科学研究的最新成果，只知道质子、中子是构成原子的基本粒子。基本粒子，也就是最小的、不可分的。"毛泽东却从容地说："以哲学的观点来说，物质是无限可分的。质子、中子、电子也应该是可分的。一分为二，对立统一嘛! 现在，实验室里还没有做出来，将来，会证明它们是可分的。"后来的事实证明，此一论题的胜者，正是毛泽东。

钱三强说："主席浏览自然科学的经典，更关注最新的科技动态、最新的技术成果。1963 年，《自然辩证法研究通讯》刊登了坂田昌一的文章《基本粒子的新概念》。其观点恰与主席 1955 年的预言吻合。主席十分赞赏，立即让我请《自然辩证法研究通讯》主编于光远，著名科学家李四光、周培源来座谈。

"在这次谈话中，主席谈了他对自然辩证法的见解。他说：宇宙是无限的，无论从时间上，还是从空间都是无限的。从宏观来说是无限的，从微观来说它也是无限的。原子可以分，电子可以分，因此我们对世界的认识是无穷无尽的。

"于光远问主席：我们能不能把望远镜、人造卫星纯看作是认识的工具？毛主席回答：有道理。工具是人的器官的延长，镢头是人手的延长，望远镜是人眼的延长。李四光问：哲学书上通常是以个人作为认识的主体，而在人类社会中，认识的主体往往是集体。这个问题，究竟怎样看才好？毛主席说：阶级就是一个认识主体，由自在阶级到自为阶级，这就说明了整个阶级是个认识的主体。

"后来，毛泽东又一次召集几位哲学工作者，谈基本粒子的问题。他说：近十年来，科学家把原子核分解了，有质子、反质子、中子、反中子、介子、反介子，这是重的，还有轻的。正所谓'一尺之棰，日取其半，万世不竭'，这是个真理。"

当时北京正在举行一个科学讨论会，《基本粒子的新概念》的作者坂田昌一也参加了会议。毛泽东接见与会者时，告诉坂田昌一曾拜读过他的大作，使他十分惊异和喜悦。于光远还把毛泽东 1957 年有关基本粒子的见解，讲给坂田昌一听，更引起了他的兴趣。他回日本后，多次在自己的文章中谈到毛泽东的见解。

基本粒子可分的思想，本是毛泽东从物理学家那里接受的，可反过来又用它影响着物理学家们，使他们站在了这方面研究的前沿。

1977年，世界第七届粒子物理学讨论会在夏威夷召开，诺贝尔物理奖金获得者格拉肖发言，把物理学家逐层研究物质结构的历程，形象地比作剥洋葱。接着。他说："洋葱还有更深的一层吗？夸克和轻子是否都有共同的更基本的组成部分呢？许多中国物理学家一直是维护这种观念的。我提议把构成物质的所有这些假设的组成部分命名为'毛粒子'，以纪念已故的毛主席，因为他一贯主张自然界有更深的统一。"

这个建议，并不是对基本粒子命名的具体意见，它表达了一位科学家对一位哲学巨人深邃见解的由衷钦敬。从自然科学到社会科学，从此一领域到彼一领域，毛泽东自由跨越。相互印证，以丰富自己的理论，以资鉴伟大的事业。并感染着与他接触的每一个人。

毛泽东的思维总是在哲学的范畴内，有一些独特的见解，在自然科学领域里也是如此。

（参见孙宝义、刘春增、邹桂兰编著：《毛泽东的读书人生》，中央文献出版社2006年版）

书法里充满辩证法

"中国的书法里充满了辩证法呀！"

毛泽东的保健医生徐涛回忆，有一天他到卧室去看毛泽东。毛泽东坐在大床上正在看碑帖。

"主席，你在看什么帖呢？"徐涛问。

"兰亭序。"

"上次你跟我讲人有胖瘦、五官，学书法也讲字有五官，还得有精神，你能再跟我讲讲吗？"

"哦，看来你还真想学呀！你看，"毛泽东指着手中的字帖说："字的结构有大小、疏密、笔画有长短、粗细、曲直、交叉，笔势上又有虚与实、动与静；布局上有行与行间关系，黑白之间的关系。你看，这一对对的矛盾都是对立面的统一啊！既有矛盾又有协调统一。中国的书法里充满了辩证法呀！"毛泽东讲得很认真。

"主席，你怎么又讲起哲学来了？"

"你先不要打岔，"毛泽东挥了挥手说："比如王羲之的书法，我就喜欢他的行笔流畅，看了使人舒服。我对草书开始感兴趣就是看了此人的帖产生的。他的草书有'十七帖'。记住了王羲之的行笔你再看郑板桥的帖，"他的视线离开了手中的帖，面向着徐涛继续说："就又感到苍劲有力。这种美不仅是秀丽，把一串字连起来看有震地之威，就像要奔赴沙场的一名勇猛武将，好一派威武之姿啊！郑板桥的每一个字，都有分量，掉在地上能砸出铿锵的声音。这就叫掷地有声啊！"

"主席，你把字都给说活了！"徐涛向毛泽东笑，他也笑了，显得那么轻松。

"临帖是要照原样写吗？"徐涛又问。

"最初要照原样写，以后练多了要仿其形，取其神。"

"主席，字的精神应该怎么理解？我只看到字形不同，看不懂精神。"

"字就像人，有精神有个性，有的雄伟豪放，有的潇洒秀丽，你要学的字可不要让人看了感到松散、柔弱呀！当然写字也不要刻板。"

"我要学草书从那儿下手呢？"

"不要好高骛远，欲速不达，可先学楷书，小楷是基本功，以后再学行书、草书。"

"那我看什么帖好呀？"

"先看千字文，多看多记，还能学到一些常识，比如千字文里讲了天文、地理、农业、气象、矿产、特产、历史、修养。你能背出来，看的也就差不多了。"

"那得看多久呀？"

"不念个十遍八遍，你背不出来，一步步来不要急。也可学'标准草书'。"

"还有什么'标准草书'？"

"就是于右任编的那一本。""将来要写出自己的风格！"毛泽东又补充了一句。

"什么？自己的风格？"徐涛又觉得奇怪。

"就是你的个性呀！你就没有自己的个性？对字帖要学它，又不全学它。学得又像又不像，要发挥你自己的特点。"

徐涛没有讲话，毛泽东看徐涛没听懂又说："如果每个人写的都和字帖或是某人的字一模一样，那书法就停止不前没有发展了。世界上的东西如果全都一样，那叫什么世界呀？世界本身就是丰富多彩的。"

"主席，我好像开始懂了一点。"

徐涛和毛泽东关于书法的讨论，使徐涛明白了一条真理，那就是世界上万事万物里都充满了唯物辩证法。从书法中徐涛举一反三，明白了许多辩证的道理。

（参见周宏让主编：《跟毛泽东学文》，红旗出版社 2002 年版）

与日客人谈辩证法

"你们那里的资产阶级有多少是亲美的？有多少是少亲美的？有没有不亲美国的？要具体分析嘛！"

1959 年春天，日本共产党中央总书记宫本显治率日共代表团访华，十分想见毛泽东，他们如愿以偿地从北京到了杭州。

毛泽东会见宫本一行时，宫本说："毛泽东同志，听说您在学英语，进展如何呢？"

毛泽东说："还在一字一句死记硬背的阶段。"

毛泽东历来很谦虚。其实他学得很刻苦，清晨上山、夜晚在刘庄园内路灯下，卫士们常见他抱着本英语教科书，像大学生那样大声朗读。

"我想再学 5 年，大概就能看些政治、经济、哲学方面的原版文章了。"毛泽东一点儿也不想掩饰学外语对他这 60 多岁老人的困难。

"现在这程度，看书很困难，就好像走山路，到处是绊脚石。总之，现在只停留在必然王国，还不是在自由王国里翱翔。"毛泽东说。

"自由"与"必然"，本是一对哲学词汇，毛泽东用在这里，自然而又贴切。

"祝您很快在自由天地里飞翔。"宫本发出由衷的祝愿。

轻松的话题一过，转到了资本主义与资产阶级问题上。

"你们那里的资产阶级都是一样的吗？"毛泽东问。

日本客人有点儿茫然：怎么，难道资产阶级还有什么不同吗？他们于是纷纷列举出本国资产阶级剥削、压迫人民的事实。

毛泽东一边仔细倾听，一边频频点头：

"是吗？是吗？"这是他一种下意识的口头语。在专注地听别人讲什么事情时，他常常这样边听边自语"是吗？是吗？"这并非表示他怀疑，但也不能说是表示他的同意，这只是他的一种习惯，只能说明他对所述的事情感兴趣而已。当他不耐烦听某件事时，他绝不会说："是吗？"

"你们刚才所讲的资产阶级的剥削性和腐朽性等等，从本质上来说是如此的，是一点儿也不错的。"毛泽东听罢日本同志发表意见后说，"但是，你们那里的资产阶级有多少是亲美的？有多少是少亲美的？有没有不亲美国的？要具体分析嘛。否则，你就提不出正确的政策和策略。我们中国党在革命战争时期，就很注意区分官僚买办资产阶级和民族资产阶级的不同，才能尽可能多地团结更多的人跟我们走，才能取得最后的胜利。"

毛泽东把这种观点提高到认识论的高度："这就是辩证法在阶级斗争中

的运用。"

毛泽东对来自日本的同志讲解了，辩证法在阶级斗争的运用的道理。这是一个明显的实例。

（参见李均翰、镡德山、王春明：《和省委书记们》，中央文献出版社 1995 年版）

如何有效发动群众

"抓两头，抓先进和落后，就是抓住了两个对立面。"

毛泽东发现一条定律："任何有群众的地方，大致都有比较积极的、中间状态的和比较落后的三部分人。"①

根据这个定律，毛泽东找到了一个很有效的发动群众的方法，这就是"抓两头带中间"。他兴奋地说："这是一个很好的领导方法。任何一种情况都有两头，即是有先进和落后，中间的状态又总是占多数。抓两头，抓先进和落后，就是抓住了两个对立面。抓住两头就把中间带动起来了。"②

他说："领导者必须善于团结少数积极分子作为领导骨干，并凭借这批骨干去提高中间分子，争取落后分子。"在 20 世纪 50 年代农业合作化运动中，毛泽东也是采用了这套办法："我们先把热心的人搞进来，然后向第二部分人宣传，热心了又进来，再向第三部分人宣传。"他告诉各级领导："要分期分批。一切的人将来都要入社的。"

---

① 《毛泽东选集》第三卷，人民出版社 1991 年版，第 898 页。
② 《毛泽东文集》第七卷，人民出版社 1999 年版，第 349 页。

　　为什么两头一抓，整个群体就动了起来，向着我们所希望的方向运动呢？毛泽东看准了"两头小中间大"这条朴素真理。那就是说，任何事情，总有人赞成，总有人反对，总有积极的，总有消极的。而最积极最赞成的和最消极最反对的都是少数。少数对少数，本见不出高低。关键在中间的那个大头。他们随大流，看两头哪一头占优势、处于有利地位，他们就向哪一头运动。你把两头一抓，中间那动摇不定、不明方向的群众就知道该向哪边看齐了。于是中间部分发生分化，积极分子、拥护的人越来越多，而消极分子、反对的人则越来越少。这样整个三部分群众就都会按照我们的意志运动起来。

　　怎样抓两头呢？其实很简单：对积极先进的那一头加以表彰、奖励，对消极、落后的那一头加以批评、惩戒，号召人们向好的学习，而不要向坏的学习。这样一褒一贬，一学一批，就等于在混沌未分、是非不明的群众中树起了两个对立面：一边是红旗，是正面典型，舆论的光辉纷纷投向他们，广大群众自然会引以为榜样，向他们看齐；另一边是白旗，是反面教员，舆论的锋芒纷纷对准他们，广大群众必定会引以为戒，远远地离开他们。正面教员和反面教员同时起作用，何去何从一清二楚。如此两边合击，中间哪有不动？中间既动，整个群众哪有不动之理？

　　古今政治家都知道如何通过赏好惩坏来齐众。但是他们在赏好时，必须拿出诱人的物质利益，重赏之下才有勇夫。这样势必要牺牲许多黄金绢帛。同时很有局限，不可能遍赏天下。如果你有财力遍赏，那奖赏又失去了激励作用。毛泽东长期处于艰苦创业之中，不可能拿出那么多黄金美钞赏给那么多好样的官兵民群，因此必须把重点放在精神激励上面。这种精神刺激本来不一定会为人们带来多少实惠，但它却可以提供恒久的动力，比物质奖赏更有效。其奥秘在于"抓两头"，逐步策动中间，即通过表扬好的、谴责坏的，造成一种广泛的舆论压力。由于这种扬善贬恶的活动本身就是一种群众运动，不需要你投入多少实惠，就会使群众发生分化，渐渐形成一种政治压力，使运动中的每个人都面临着一种何去何从、非此即彼的选择。如果他不站到红旗底下，他就有可能被大多数所抛弃，最后发现站到了白旗下面。这样一种激励机制虽然不必动用金钱，却足以推动中间状态发生分化，推动整个人群向着插红旗的地方运动。

但是，由于精神奖励不会造成财政紧张，又会带来一个坏处，使得那些不太高明的领导者误以为精神刺激是万能的，频繁地树先进，插红旗，弄得先进典型遍地皆是，群众学不胜学。好样的太多了，势必庸俗化，失去感召力。要解决这个问题还得回到毛泽东的思路上来：除了学习好样的，还得批判坏样的，同时抓住两头，通过对立面的斗争的转化来激励广大群众的积极性。

（参见萧诗美等编著：《毛泽东谋略》，湖南出版社 1995 年版）

四面八方搞好经济

"四面"即公私、劳资、城乡、内外。其中每一面都包括两方，所以合起来就是"四面八方"。

建国初期，在平抑物价、统一财政初战胜利后，毛泽东又提出了恢复国民经济的"四面八方"政策，并召开了中共中央七届三中全会，为三年经济恢复时期党的工作规定了明确的战略目标和策略路线，为争取国家财政经济状况的基本好转打下了可靠的基础。

1949 年 4 月，获得和平解放已经两个多月的北平，春寒料峭，人民群众仍然沉浸在欢庆胜利的巨大喜悦之中，处处洋溢着热气腾腾、欣欣向荣的青春活力。冷楚、周壁和陶鲁笳参加华北局会议。

4 月 15 日，即华北局会议结束后的次日，三人带着薄一波同志的介绍信，驱车前往毛主席当时的住地——北平香山的"双清别墅"。那时，晴空万里，万物复苏。他们满怀激情，向着香山那峻拔雄巍的山峰奔驰。车到

"双清别墅"，工作人员热情地接待，他们在客厅里稍候。

不一会儿，毛主席和朱总司令面带笑容走进了客厅。他们三人站起来迎上前去同主席、总司令亲切握手。

……

谈话一开头，毛主席一一询问了他们的姓名、籍贯、年龄、学历、职务等等。本来他们期望毛主席能给讲讲当前的政治、军事形势，但出乎他们的期望，毛主席没有讲这方面的问题，却兴致勃勃地畅谈了"四面八方"的经济政策。

现在根据查找到的会议记录稿摘录如下：

我们的经济政策可以概括为一句话，叫做"四面八方"。什么叫"四面八方"？"四面"即公私、劳资、城乡、内外。其中每一面都包括两方，所以合起来就是"四面八方"。这里所说的内外，不仅包括中国与外国，在目前，解放区与上海也应包括在内。我们的经济政策就是要处理好"四面八方"的关系，实行公私兼顾、劳资两利、城乡互助、内外交流的政策。

关于劳资两利，许多同志只注意到其中的一方，而不注意另一方。你们看二中全会决议中讲到我们同自由资产阶级之间有限制和反限制的斗争。目前的侧重点，不在于限制而在于联合自由资产阶级。那种怕和资本家来往的思想是不对的。如果劳资双方不是两利而是一利，那就是不利。为什么呢？只有劳利而资不利，工厂就要关门；如果只有资利而劳不利，就不能发展生产。公私兼顾也是如此，只能兼顾，不能偏顾，偏顾的结果就是不顾，不顾的结果就要垮台。四个方面的关系中，公私关系、劳资关系是最基本的。二中全会决议中提出要利用城乡资本主义的积极性，不这样就不行。新富农是农村的资产阶级，要发挥他们的积极性，现在他们要求发展生产，是适合我们需要的。

"四面八方"缺一面，缺一方，就是路线错误、原则的错误。世界上除了"四面八方"之外再没有什么"五面十方"。照顾到"四面八方"，这就叫全面领导。在工厂开展生产运动，不单要召集工人开会，把工人群众发动起来；也要召集资本家开会，和他们说通，把他们也发动起来。合作社也要公私兼顾，只顾公的方面，不顾私的方面，就要垮台。

实行"四面八方"的经济政策，要注意到，我们现在是工人阶级、农民阶级、小资产阶级和自由资产阶级的联盟。这四个阶级联合起来反对封建主义、帝国主义、官僚资本主义。国民党就是这三个反动势力的代表。全国胜利以后，还要集中力量对付帝国主义。

当然，在实行"四面八方"的经济政策时，对投机商业不加限制是不对的。应当在政策上加以限制，但限制不是打击，而是要慢慢引导他们走上正当的途径。我们要团结资本家，许多同志都不敢讲这个话。要了解，现在没有资本家是不行的。

毛泽东的话，统一了全党的思想认识、使建国初期遇到的困难得以克服，毛泽东在经济建设领域，运用唯物辩证法，制定了"四面八方"的经济政策，充分考虑到"四面八方"的交叉矛盾，使对立统一规律发挥了作用。迅速恢复和发展了生产、巩固了新生的人民政权。

（参见陶鲁笳：《毛主席教我们当省委书记》，
中央文献出版社 1996 年版）

我看瞒产比虚报好

"做新闻工作，无论记者或编辑，都要头脑冷静，要实事求是。"

1958 年 11 月毛泽东和新闻工作者谈话。

毛泽东说，做新闻宣传工作的，记者和编辑，现在有一种不好的风气，就是不让讲缺点，不让讲怪话，不让讲坏话。任何事情都有两面性。好的事情不是一切都好，也还有坏的一面，反之，坏的事情不是一切都坏，也还有好的一面，只不过主次不同罢了。听到人家都说好，你就得问一问是否一点坏处也没有？听到人家都说坏，你就得问一问是否一点好处也没有？大跃进当然是好事，但浮夸成风就不好。

毛泽东问，你们看虚报好还是瞒产好？他自己回答：我看瞒产比虚报好。没有打那么多粮食，你硬是充胖子，虚报了产量，结果国家按报的产量征购，多购了过头粮，受害的是农民。瞒产少报，当然也不好，但我很同情。粮食丰收，干部要实报，农民想少报一点，无非想多留点，多吃点。多少年来，中国农民不得温饱，想多吃点不算犯罪。瞒产了粮食还在，虚报了没有粮食。虚夸危害很大。

谈到这里，毛泽东又讲起故事来。他说，天下事有真必有假。虚夸古已有之。赤壁之战，曹营号称83万人马，其实只有20万至30万，又不熟水性，败在孙权手下，不单是因为孔明借东风。安徽有个口号，说："端起巢湖当水瓢，哪里缺水哪里浇"，那是做诗，搞水利工程不能那样浪漫主义。

毛泽东还说，大跃进中有些虚报是上面压任务压出来的，问题的危险性在于我们竟然完全相信下面的报告。有位县委书记强迫农民浇麦，下令苦战三昼夜，结果农民夜里在地头挂起灯笼，让小孩子放哨，大人睡觉。那位县委书记看见点亮了灯笼，就以为已经浇麦了。鉴于虚夸作假成风，我们对下面送来的报表不能全信，要打折扣，恐怕要打它三分虚假，比较稳当。否则，按虚报的数字来订生产计划很危险，订供应计划更危险。

毛泽东强调，做新闻工作，无论记者或编辑，都要头脑冷静，要实事求是。下去采访，不要人家说什么你就报道什么。要自己动脑筋想想，是否真实，是否有理。

毛泽东强调看问题要全面，防止片面性，新闻工作者尤其要注意两点论，这样才能抓住事物的本质。记者编辑应注意正确引导舆论的导向。

（参见中共中央文献研究室、新华通讯社编：《毛泽东新闻工作文选》，新华出版社1983年版）

离凡离圣离因离果

"林彪集团的反革命行径完全背离了事物发展的因果规律，逆历史潮流而动，必然没有好下场。"

1971年9月的一天，周恩来向毛泽东书面汇报林彪一伙准备叛逃的异常情况，请示处置办法。毛泽东阅过材料之后，在他喜欢用的一把丝绸折扇上题联说："各求各志各行各路；离凡离圣离因离果。"并立即叫警卫人员直接送到周恩来手中。"各求各志"，意即各从其志，语出《史记·伯夷传》："道不同不相与谋，亦各从其志也。"既然各有各的目的和志向，必然会各走各的路。下句的"凡"、"圣"属于儒学范畴。儒学把人分为"圣人"和"凡人"，圣人指圣贤豪杰，凡人指人民大众。"因"、"果"乃佛家之语。作者借此表示辩证法的因果规律：林彪集团的反革命行径完全背离了广大人民群众和无产阶级的神圣事业，背离了事物发展的因果规律，逆历史潮流而动，必然没有好下场。意即既然没法挽救，随他去吧。

这也是毛泽东随感而发，引用的佛家禅语，说明"因"、"果"关系，且有中国传统文化的底蕴。这是将中国古代朴素的唯物辩证法运用到中国现代社会中的一个例子。

（参见孙宝义、刘春增、邹桂兰编著：《毛泽东的读书人生》，中央文献出版社2006年版）

《封神榜》无不破法宝

　　"看《封神榜》就知道，哪有一个'法宝'是不能破的呀。"

　　1955 年 3 月 31 日，毛泽东在中国共产党全国代表会议上讲话。在谈到目前形势时，他说："帝国主义拿来吓唬我们的原子弹和氢弹，也没有什么可怕。世界上的事情。总是一物降一物，有一个东西进攻，也有一个东西降它。看《封神榜》就知道，哪有一个'法宝'是不能破的呀？那样多的'法宝'都破了。我们相信，只要依靠人民，世界上就没有攻不破的'法宝'。"①

　　毛泽东面对原子弹、氢弹，对于凶恶的敌人，从战略上给以藐视，并以哲人的理性思维断言，总有一物可以降服它，只要依靠人民，世界上就没有攻不破的"法宝"。这段充满了辩证思维的比喻，给正在奋发图强的中国人民极大的鼓舞、信心和力量，中国人民终于研制出这个"法宝"。这成为遏止原子武器讹诈的中坚力量。

（参见《毛泽东文集》第六卷，人民出版社
1999 年版）

---

① 《毛泽东文集》第六卷，人民出版社 1999 年版，第 404 页。

科学家的事做不完

"世界是无限的。世界在时间上、空间上都是无穷无尽的。"

1964 年 8 月 18 日，毛泽东在北戴河疗养，恰逢来了几个搞哲学研究的人。毛泽东与他们谈话时讲到了《自然辩证法研究通讯》这本杂志，同时还讲到了这本杂志刊登的日本物理学家坂田昌一的文章《基本粒子的新概念》。毛泽东很喜欢这篇文章。毛泽东从这篇文章谈起，纵论科学的演进："列宁讲过，凡事都可以分。举原子为例，不但原子可分，电子也可分。可是从前认为原子不可分。原子核分裂，这门科学还很年轻。近几十年来，科学家把原子核分解了。有质子、反质子，中子、反中子，介子、反介子，这是重的，还有轻的。至于电子同原子核可以分开，那早就发现了。电线传电，利用了铜、铝的外层电子的分离。电离层，在地球上空几百公里，那里电子同原子核也分离了。电子本身到现在还没有分裂，总有一天能分离的。'一尺之棰，日取其半，万世不竭'。这是个真理。不信，就试试看。如果有竭，就没有科学了。世界是无限的。时间、空间是无限的。空间方面，宏观、微观，是无限的。物质是无限可分的。所以科学家有工作可做，一百万年以后也有工作可做。听了些说法，看了些文章，我很欣赏《自然辩证法研究通讯》上坂田昌一的文章，他是个辩证唯物主义者，值得我们学习呢。"

8 月 24 日毛泽东叫秘书打电话给周培源和于光远，请他们到中南海去一趟。

毛泽东一见二位科学家，就从坂田的那篇文章谈起，说："什么叫哲学，哲学就是认识论，别的没有。"

接着，毛泽东谈兴甚浓，话锋一转，开始纵论科学。他说："世界是无限的。世界在时间上、空间上都是无穷无尽的。在太阳系外有 4 千万万个恒星，它们组成了银河系。银河系外又有千万万个银河系。宇宙从大的方面来看是无限的。宇宙从小的方面来看也是无限的。"

接下来，毛泽东又谈到了冰川问题，细胞产生之前究竟是什么等问题。毛泽东说："承认外部世界的客观存在，一切从实际出发，这便是唯物主义认识论的基本前提。"

当毛泽东谈到望远镜和人造地球卫星时，于光远插话："我们能不能把望远镜、人造地球卫星等等概括成'认识工具'这个概念呢?"

毛泽东当即答道："你说的这个认识工具的概念有点道理，但还不完全，比如镢头、机器等等也应该包括在'认识工具'的里边。"

同时，毛泽东还强调了人应该把辩证法贯穿于整个认识过程之中。他说："世界上的一切都在变，物理学也在变，牛顿力学也在变。世界上从原来没有牛顿力学到牛顿力学，以后又从牛顿力学到相对论，这本身就是辩证法。如果我们的认识是有穷尽的，我们已经把一切都认识到了，还要我们这些人干什么?"

毛泽东才华横溢，口才滔滔，从太阳谈到地球，从水的合成谈到细胞的产生，举了许多事例来论述自然界的运动、变化和发展。谈到地动说时，毛泽东还背诵了宋朝辛弃疾一首词中的几行诗句："可怜今昔月，向何处，去悠悠? 是别有人间，那边才见，光影东头?"接着，他又念出晋朝张华一首诗中的两句："大仪斡运，天回地游。"然后，他笑着说："这些诗句不要小看它呢，它不仅是古人的借景抒情，以情壮怀，它还包含着地圆学说的意思呢。"

1973 年夏天，杨振宁来北京访问。毛泽东接见了他。

交谈中，当毛泽东问杨振宁在物理学方面正做什么时，杨振宁说："我们正在研究基本粒子的结构问题。"

毛泽东一下子就被这个话题吸引住了，他就像找到知音一般高兴，说："这个问题我很感兴趣啊! 我在 50 年代就和钱三强同志讨论这个问题，以后又在多种场合讲了我对这个问题的看法，总之，我认为物质是无限可分的，它不可能停留在一个阶段上，博士先生，你认为如何呢?"

杨振宁说："主席，想不到你对物理学这么有兴趣，关于基本粒子是否可分的问题。目前世界上正在进行激烈的辩论，但迄今为止还没有一个明确的结论。"

毛泽东答道："有争论就好嘛，真理是越辩越明。中国的古人了不起呢。春秋时期的《老子》、《墨子》、《淮南子·天文训》和《真训》等书就探讨了宇宙的起源问题。《庄子·天下篇》这篇古文，就记载了这样的话：'一尺之棰，日取其半，万世不竭'，说出了物质是无限可分的思想。东汉的那个张衡，是个大科学家呢，他不仅发明了浑天仪，而且他还有宇宙演化的学说，他把宇宙演化的第三个阶段称之为'太玄'。在他看来，宇宙不是一成不变的，它处于变化发展中，并说：'宇之表无极、宙之端无穷'。是个什么意思呢？就是说宇宙的时空是无限的，这是个天才的创见啊！那么，我们今天讲的基本粒子是不是终极呢？我看也如同中国古代的哲学见解一样，照样是可分的。"

杨振宁后来说："我认为毛泽东是 20 世纪的伟人之一，他给我最深刻的印象是，既是一位领导人，同时又是一位高级学者。"

毛泽东会见杨振宁后不到 1 年的时间，他又会见了来访的李政道博士。

毛泽东大为感叹地说："科学是我们认识世界的强大武器。看来神学是救不了世界的。只有科学和哲学才能帮助我们认识世界和改造世界。我很后悔自己一直没有多少时间来学习科学。记得我年轻时读过生物学家阿瑟·汤姆森的书，那是很受启发的，后来又读过关于火箭、人造卫星和宇宙飞行的书，我感到了科学奥秘的乐趣。"

毛泽东的思维自由跨越，他几次印证自己的学说，用物质无限可分的辩证唯物论去指导自然科学的研究发展，使杨振宁深感毛泽东既是一位领导人，同时又是一位高级学者，是具有多方面才能的领袖。

（参见《毛泽东文集》第八卷，人民出版社1999 年版；《缅怀毛泽东》，中央文献出版社1993 年版）

既有虎气也有猴气

"在我身上有些虎气，是为主，也有些猴气，是为次。"

1966 年 7 月 8 日，正是"文化大革命"刚刚开始的时候，毛泽东给江青写了一封至今仍为中外学者研究不透的信。

在这封信中，毛泽东淋漓尽致道出了自己心中矛盾交织的心情。其中说道："我是自信而又有些不自信。……但也不是折中主义，在我身上有些虎气，是为主，也有些猴气，是为次。"

"虎气"与"猴气"指的是什么？就其个性世界而言，他自己本身就是一个充满矛盾的对立统一体，在他身上时常同时融会了两个极端相反的气质，如现代与传统，现实与浪漫，意志强与意志弱等。"虎气"与"猴气"这种形象的比喻，充满了辩证法。

在毛泽东喜爱的古典名著中，《西游记》是突出的一部，他在少年时代便常常阅读这部小说。他最喜欢书中孙悟空这一形象，最喜欢的情节是大闹天宫。我们可以这样设想，他剖析自身"猴气"的时候，很有可能从孙悟空的性格中得到某种启发。如果把"猴气"理解为不满现状、崇尚创造，不拘成规、追求变动，不搬教条、注重灵活，不求刻板庄重、习惯洒脱机趣的话，应该说是有道理的。

早年毛泽东曾仰天长啸："我是极高之人，又是极卑之人。""极高"言之，他甚至喊出"盖我即宇宙"这样的话。"除去各我，即无宇宙，各我集合即成宇宙，而各我又以我而存，苟无我何有各我哉。"但另一方面，他又感叹个人的力量终究有限，要重视天下人民的智慧："天下之人民各为宇宙之一体，即宇宙之真理各具人人之心中，虽有偏全之不同，而总有几分之存在"。

177

这种两极截然不同的认识，正表现了他在奋斗不息的实践中，理想与现实合而为一，圣贤与凡人渐趋一致。或许可以说，"极高之人"，指精神的，就是理想主义、英雄主义；"极卑之人"，则指的是一种为实现精神的求实和勤苦的奋斗作风。

从毛泽东原信中上下文提到自己既自信又不自信，"总觉得山中无老虎，猴子称大王"，"阳春白雪，和者盖寡，盛名之下，其实难副，这后两句正是指我"的话来看，这里的"虎气"与"猴气"指的似乎是自信与不自信，又似乎是指自己虽有一点"虎气"，而且"是为主"，并不是"猴子称大王"，但还是觉得自己"盛名之下，其实难副"。

1965年12月，也就是毛泽东写这封信之前半年，他曾说过，我这个人就有二重性。更早一些，远在1944年春，毛泽东在对南下支队的干部讲话时讲到了柳树与松树的风格。他说：要学会两种本领，头一个是松树的本领；第二个是柳树的本领。松树发育生长，不怕刮风下雨，严寒之中也能巍然屹立。松树有"原则性"。柳树插到那儿都能活，一到春天，枝长叶茂，随风飘荡，十分可爱。柳树有"灵活性"。一个共产党员应该有松树的原则性和柳树的灵活性，缺一不行。这年10月25日，毛泽东在延安中央党校大礼堂对即将去前线的干部作报告说：共产党员要好像柳树一样，到处插下去就可以活，长起来。柳树也有缺点，容易顺风倒，所以还要学松树，挺而有劲。柳树有机动性，松树有原则性；柳树可亲，松树可靠。我们共产党人就是要可亲、要可靠。

联系他的这些话，我们或许对毛泽东所说的"虎气"、"猴气"会有更深刻的理解。这种对立统一的矛盾共处一体，充满了哲学深意，也是他一生中所具有的个性特点之一。

（参见胡哲峰、孙彦编著：《毛泽东谈毛泽东》，中共中央党校出版社2000年版）

老实是无用的别名

"就有一个小姐，他不去害，他能得到吗？看来，他是太爱这个小姐了，这叫爱之心切，恨之心狠噢，相反相成"。

毛泽东从不因循守旧，人云亦云。他读书，尊重古人的一些哲学观点，但也总愿从相反方面去思考。他喜欢离经叛道，喜欢创建自己的学说，提出自己的理论。他喜欢与众不同，他信仰马列主义，但他决不因袭，他要发展，要改造，要出其新。毛泽东性格的特点就是喜欢标新立异，直到晚年还没有改变。这种性格特点，同样表现在晚年的日常生活中，表现在他对普通事情、普通的人和事物的看法中。1975年8月的一天，晚饭后，毛泽东、张玉凤、孟锦云、李玲师在一起看电影。

香港凤凰电影制片厂制作的《云中落绣鞋》。这个电影讲的是：一个员外家的小姐不慎跌落入花园枯井中，生命危在旦夕，员外贴出告示，谁能搭救小姐，便将小姐许之为妻。两个青年同时要救小姐，商量好一个下去，一个在上面照应，把小姐救上来之后，听从小姐的意愿，她愿嫁给谁都可，一个青年就用筐拴着绳子把另一个青年送到了井下，下去的青年看到小姐已奄奄一息，井下又黑又潮，空气稀薄，那青年赶紧把小姐放入筐内，就喊着让往上拉，井上的青年用力往上一把一把地拉，小姐终于救上来了，小姐虽然气息奄奄，但依然美丽动人，井上青年一见小姐，哪里还顾得上井下的那个青年，赶紧用一大石盖上井口，抱着就往员外家送。这个青年心里想，井下的那个小子怎么喊叫，也不会有人听见，过不了多久，就会闷死在井里，自己不就娶了小姐，成全美事。果然，那青年作为小姐的救命恩人，成了员外家的女婿。

谁知，那井底下的青年，等着小姐上去之后，再把筐送下来拉他，但左等右等，不见放下筐来，而且不一会儿，自己头顶上的那一点点亮光也一下子被盖住了，一片漆黑，他又呼又喊，不见反应。他心想，坏了，肯定是井上那青年使坏，自己不仅娶不成小姐，而且非得憋死在井里了。他又看看自己手中的那双绣花鞋，一双白缎绣花鞋，虽然井下伸手不见五指，但这双鞋却闪着白光，他似乎又有了生的希望。原来，这双鞋是小姐被往上拉的时候，鞋从脚上脱落，正落在这青年的手中。他小心捧着这好看的绣花鞋，这可是他搭救小姐的见证啊，他看着，摸着，想着如何从这井里逃出去。

小姐与井上面的那个青年，已喜结良缘。一日，小姐忽做一梦，梦见她正在后花园里赏桂花之时，忽从高高的天空中飘落下一双绣花鞋，这双鞋正落在小姐的脚下，小姐低头一看，这不正是自己丢失的那双鞋吗？自己正要去捡，鞋忽然不见了，在她面前站着一英俊青年，那青年向她诉说了如何救她的经过，说完之后，就飘然而去。

小姐从梦中醒来，左思右想，心中感到蹊跷。自己的一双绣花鞋确实至今未能寻见，莫非，真如梦中那青年所言。

说来也巧，小姐正想着此事，那梦中青年却敲门而进了。

一切真相大白，小姐由父做主，赶走了那个狡猾的青年许身那个死里逃生的青年。

至于那个井下的青年如何死里逃生自是有神仙的保佑。

这是个中国传统的民间故事。告诉人们善有善报，恶有恶报的道理，这类故事，在中国民间老百姓那里千古流传。

看完这部片子，毛泽东问小张、小孟、小李这样一个看起来很发笑的问题。

"你们说说看，这两个救小姐的青年，哪个好些？"

"当然是在井下的那个青年好啦。"小李脱口而说。

"还用说吗，井上那个青年真够坏的，他不是贪天之功，据为己有，还陷害别人。"小孟也随着谈了自己的看法。

"你自己也和他们一样的看法了？"毛泽东笑着，把头转向了张玉凤。

"差不多，这是很明白的道理，您干么要问这么个问题？"小张也算表示了自己的看法。

"我和你们的看法不大一样，我觉得，还是那个井上面的青年更好些。"毛泽东说到这里停了下来，便不再往下说，却把眼光移向她们三个，意思是等待她们的反驳。

"那为什么，我们可不明白。"小孟直接反问。

"那个井下青年，对问题的考虑太简单，他缺乏周密的思考，他早就应该想到井上的青年会使出这一招，他太蠢了，还是那个井上青年聪明噢。"毛泽东兴趣很浓地与几个姑娘争辩。

"噢，他聪明，他太狡猾了，这种人太不老实。"小张首先表示反对的意见。

"老实，老实是无用别名，这是鲁迅先生的见解，我很同意。"毛泽东继续谈着自己的见解。

"那他也不应该为了自己的利益去害别人啊！"小孟又说。

"就有一个小姐，他不去害，他能得到吗？看来，他是太爱这个小姐了，这叫爱之心切，恨之心狠噢，相反相成"。

"反正咱们也说不过主席，行了，总是您有理，对吧？"小张倒是想着结束这场争论了。

的确，当人们会不约而同地，把同情给了那个忠厚老实的井下青年，而无不憎恨否定那个狡猾的井上青年时，毛泽东却并不苟同这种公正的看法，甚至连一点同情也不给予。

毛泽东的确有他自己独有的思考习惯，他常常从人们习惯的思维规律中摆脱出来，从事物的几个方面去分析问题。这些也许是他成为一个思想家所必要的。好与坏、大与小、快与慢、强与弱、真与假、美与丑、善与恶……之间，他会看到它们之间的转化。变化、运动、发展，是永恒的，因为事物都是一分为二的。

（参见郭金荣：《毛泽东的晚年生活》，教育科学出版社 1992 年版）

惩前毖后预防腐败

"正因为他们两个的地位高，功劳大，影响大，所以才要下决心处决他们。"

建国初期揭露出了震动全国的刘青山、张子善的特大贪污案。刘青山、张子善是 1931 年和 1933 年入党，经历过土地革命、抗日战争和解放战争严峻考验的老干部。刘青山参加过 1932 年高阳、蠡县的农民暴动，曾被国民党逮捕，在敌人严刑逼供下，坚贞不屈。张子善 1934 年被国民党逮捕入狱，曾参加狱中的绝食斗争，在敌人面前表现了共产党人的英雄气概。应该公正地说，他们的确曾经是党的干部队伍中的佼佼者，曾经在不同的领导岗位上出生入死地苦斗过，曾经为新中国的诞生作出过自己的贡献。但是正如毛泽东所说："敌人的武力是不能征服我们的，这点已经得到证明了。资产阶级的捧场则可能征服我们队伍中的意志薄弱者。可能有这样一些共产党人，他们是不曾被拿枪的敌人征服过的，他们在这些敌人面前不愧英勇的称号；但是经不起人们用糖衣裹着的炮弹的攻击，他们在糖弹面前要打败仗。我们必须预防这种情况。"

刘青山、张子善就是在糖弹面前打败仗的人。他们进城后，在资产阶级思想和生活方式的腐蚀下，贪污腐化，蜕化变质，成了人民的罪人。他们利用职权，盗用公款共计 171 亿元（旧币，下同）；勾结奸商张文义等，卖钢材，使国家蒙受 21 亿元的损失，又从东北盗购木材，倒买倒卖；破坏国家政策，盘剥民工，渔利达 22 亿元；腐化堕落，大肆挥霍，拒不改悔。

刘青山、张子善案件暴露之后，毛泽东对此十分重视，他同意河北省委的建议，由河北省人民法院宣判，经最高人民法院核准，对大贪污犯刘青山、张子善处以死刑，立即执行。在公审大会召开之前，当时担任天津市委书记的黄敬找到薄一波说，刘、张错误严重，罪有应得，当判重刑。但考虑到他们在战争年代出生入死，有过功劳，在干部中影响较大，是否可以向毛泽东说说，不要枪毙，给他们一个改造的机会。薄一波将黄敬的意见如实地转告了毛泽东。毛泽东回答说："正因为他们两个的地位高，功劳大，影响大，所以才要下决心处决他们。只有处决他们，才可能挽救20个，200个，2000个，20000个犯有各种不同程度错误的干部。黄敬同志应该懂得这个道理。"

毛泽东阐明了两个人与20个、200个、2000个、20000个人之间的辩证转化关系。

在杀还是不杀刘青山、张子善这两位贪污犯上，毛泽东讲出了一个深刻的哲理，那就是杀二与儆20个、200个、2000个犯有各种不同程度错误的干部的关系，也涉及如何巩固新建立的中华人民共和国政权的大问题，毛泽东权衡利弊，采取了惩前毖后的政策，在新中国成立初期党的生活中起到了教育预防腐化堕落的有效作用。

（参见黄允升主编：《开国领袖毛泽东逸事》，
中央文献出版社 1999 年版）

占代寓言愚公移山

"全国人民大众一齐起来和我们一道挖这两座山，有什么挖不平呢？"

1945 年 6 月 11 日毛泽东在中国共产党第七次全国代表大会上的闭幕词

中，结合当时国内外形势，讲了一个古代寓言，《愚公移山》："中国古代有个寓言，叫做'愚公移山'。说的是古代有一位老人，住在华北，名叫北山愚公。他的家门南面有两座大山挡住他家的出路，一座叫做太行山，一座叫做王屋山。愚公下决心率领他的儿子们要用锄头挖去这两座大山。有个老头子名叫智叟的看了发笑，说是你们这样干未免太愚蠢了，你们父子数人要挖掉这样两座大山是完全不可能的。愚公回答说：我死了以后有我的儿子，儿子死了，又有孙子，子子孙孙是没有穷尽的。这两座山虽然很高，却是不会再增高了，挖一点就会少一点，为什么挖不平呢？愚公批驳了智叟的错误思想，毫不动摇，每天挖山不止。这件事感动了上帝，他就派了两个神仙下凡，把两座山背走了。现在也有两座压在中国人民头上的大山，一座叫做帝国主义，一座叫做封建主义。中国共产党早就下了决心，要挖掉这两座山。我们一定要坚持下去，一定要不断地工作，我们也会感动上帝的。这个上帝不是别人，就是全中国的人民大众。全国人民大众一齐起来和我们一道挖这两座山，有什么挖不平呢？"①

"愚公移山"本来是个寓言，毛泽东却把它用来作为辩证唯物论的教材，讲了许多哲学道理。毛泽东讲了"人"和"山"这对矛盾，还讲了人与人之间的矛盾，先进思想和保守思想的斗争。山是大自然，是物。尽管山很高，可是，它是不会再增高了，挖一点就会少一点。人是活的，有思想，能够认识客观规律，充分发挥主观能动作用，多大的山也能挖平。智叟自以为聪明，实际上很笨，他见物不见人，思想保守，尽说泄气话。老愚公正确地认识了人与物的关系，批驳了智叟的错误思想，毫不动摇，每天挖山不止，终于把两座大山移走了。毛泽东用这个生动的寓言，告诉人们一个真理：正确的思想，一旦被群众掌握，就会变成巨大的物质力量。毛泽东联系到当时的国内外形势，分析了世界的几大矛盾，讲了主流和逆流的辩证法。毛泽东还分析了共产党同国民党当时正在开的两个对立的大会，两条不同的路线，两个相反的结果。毛泽东指出，一切中外反动派阻止中国人民胜利的企图，都是注定要失败的，反动的逆流终究不会变为主流。毛泽东号召："下定决心，不怕牺牲，排除万难，去争取胜利。"以后的历史完全证实了毛泽东

---

① 《毛泽东选集》第三卷，人民出版社1991年版，第1102页。

的英明论断。

（参见《毛泽东选集》第三卷，人民出版社
1991 年版）

活用图样领导艺术

"我们要建筑中国革命这个房屋，也须先有中国革命的图样。不但须
有一个图样，还须有一个大图样、总图样，还须有许多小图样、分图样。"

人类在很早的时候就开始用图。古代中国，大禹就有治水图。我国历史
上著名建筑家、宋代的李诚著有 36 卷营造法式，其中 6 卷都是图。今天各
行各业使用的图更是多种多样，周详精妙。1941 年毛泽东说："马克思说人
比蜜蜂不同的地方，就是人在建筑房屋之前早有了房屋的图样。我们要建筑
中国革命这个房屋，也须先有中国革命的图样。不但须有一个图样，还须有
一个大图样、总图样，还须有许多小图样、分图样。"毛泽东的图样领导艺
术，是特指关于中国革命和建设的理论、纲领、路线、方针、战略、战术、
计划和方案。这是一种独特的图样。毛泽东创造了领导中国革命的"总图样"
和"分图样"、"大图样"和"小图样"。这些都是形象的图样领导概念。他
把党所领导的实践，比作建筑施工活动。

毛泽东在他一生的大部时间里，能够集中全党智慧，绘制出众多极其成
功精美的图样。

新民主主义革命的总图样，是中国共产党集体智慧的结晶，而毛泽东在
绘制它的过程中起了最重要的作用。尤其是对图样的定型，他的卓越理论概
括起了决定作用。这个总图样是对中国民主革命的总体认识和设计。它规定

185

了革命的目标、任务、动力、手段、道路、步骤、前途等根本内容。毛泽东的《〈共产党人〉发刊词》、《中国革命和中国共产党》、《新民主主义论》等著作，是这个总图样的成熟或定型产品，中国革命的实践已证明，它是毛泽东图样领导成功的妙笔。

首先，毛泽东论述了中国的国情，包括中国的地理环境、人口、民族、文化传统、历史遗产等，周密地分析了中国的社会性质——殖民地、半殖民地和半封建社会，还逐一阐明了中国社会各阶级的特点及其相互关系。在对国情和阶级关系周密分析的基础上，毛泽东将中国革命的总图样作了描绘，规定了革命的对象、任务、动力、性质、前途、长期性、主要方法或主要形式及道路等。

其次，随着实践的发展和经验的积累，毛泽东又对中国革命的总图样作了极其重要的补充。突出的是，他分析了时代的特点，指出俄国十月革命改变了整个世界历史的方向，划分了整个世界历史的时代，使得中国革命成为世界无产阶级社会主义革命的一部分。同时，他提出了新民主主义的政治纲领、经济纲领和文化纲领。

至此，中国新民主主义革命的总图样以完备的、科学的面貌清晰地展现在全党和全国人民面前。以后，毛泽东又在《论联合政府》、《在晋绥干部会上的讲话》、《目前形势和我们的任务》以及在七届二中全会上的报告等著作中，依据形势的发展和新鲜的经验，对这个总图样又作了新的补充和重要的发展。

在中国革命的分图样中，最为精美的恐怕要算毛泽东在《论持久战》中为抗日战争绘制的图样了。在这篇著作中，毛泽东首先对中日双方的特点、形势及时代特征作了精辟的分析。指出日本的军力、经济力和政治组织力是强的，但其战争是退步的、野蛮的、人力、物力又不充足，国际形势又处于不利。中国则相反，军力、经济力和政治组织力是比较弱的，然而正处于进步的时代，其战争是进步的和正义的，又有大国这个条件足以支撑持久战，国际形势也是有利的。从这些根本特点出发，毛泽东对抗日战争的前途、流程和形态作了极为精彩的描绘：战争具有持久性，最后的胜利属于中国而不属于日本，速胜论和亡国论都是错误的；持久战将具体地展开为战略防御（中方）、战略相持和战略反攻三个阶段，犬牙交错的战争形态，即内线与外线，有后方和无后方，包围与反包围、大块与小块以及军事、政治、经济，文化各方面犬牙交错的战争，描述了抗日战争的本质、规律及其在时间和空间上的图景之后，毛泽东开始对抗日战争的战略战术诸问题作了科学的说明和设计。《论持久战》为中国人民提供了一幅绝妙的抗日战争图样，指导这个战争走向了胜利，把图样化作了成功的实践。

上述总图样、分图样都是涉及范围很广，方面很多，时间跨度很长或较长的大图样。毛泽东在领导中国革命和建设的长过程中，还每日每时地绘制着大量的小图样。这些小图样涉及到革命和建设中日常产生的政治、经济、军事、文化、党务、外交、生活等方面的具体问题，往往以电报、指示、谈话、报告等形式表现出来。在领导中国革命战争的过程中，毛泽东发出了很多的电报、指示。这些电报、指示是他为无数战役绘制的精彩的小图样。解放战争期间，毛泽东对瞬息万变、错综复杂的战争形势洞若观火，从容自若地运筹帷幄之中，决胜于千里之外。他为辽沈、平津、淮海三大战役绘制的图样（计划），是中外战争史上的奇观，赢得了极高的赞誉！

毛泽东的图样领导艺术，包括了马列主义哲学的全部内容，也可以说是毛泽东哲学思想的集大成者。不论是总图样还是分图样，里面的哲学思维都十分丰富，涉及到政治、经济、军事、文化、外交、生活等多方面问题，只要我们稍加注意，就会发现其中一些精辟的论断和独特的见解。是马克思主义哲学最形象化的释解。

（参见陈登才编:《毛泽东的领导艺术》，军事科学出版社 1989 年版）

四、实事求是

毛泽东哲学扎根于中国实践的土壤，是对马克思主义哲学的运用和发展，内容丰富，实践性强。

毛泽东在《改造我们的学习》一文中，结合革命实践的新鲜经验，对实事求是作了马克思主义的解释，他说："'实事'就是客观存在着的一切事物，'是'就是客观事物的内部联系，即规律性，'求'就是我们去研究。我们要从国内外、省内外、县内外、区内外的实际情况出发，从其中引出其固有的而不是臆造的规律性，即找出周围事变的内部联系，作为我们行动的向导。而要这样做，就须不凭主观想象，不凭一时的热情，不凭死的书本，而凭客观存在的事实。详细地占有材料，在马克思列宁主义一般原理的指导下，从这些材料中引出正确的结论。"①实事求是这一哲学范畴的提出，标志着马克思主义基本原理同中国实际相结合实现了历史性飞跃。

毛泽东通过缜密的思考，对中国古代《汉书》里提到的"修学好古，实事求是"里的"实事求是"一词作了改造，在把马克思主义具体化、民族化的过程中，赋予其科学的新意，使其史具有中国特色。毛泽东将"实事求是"这一精练并易于为群众所接受的民族语言，改造成马克思主义哲学的重要范畴。概括了马克思主义认识论的基本思想，并使之成为共产党人的思想路线，这是对马克思主义认识论的一大贡献。

毛泽东的"实事求是"认为，从"实事"中可以求出"是"，就是说，

---

① 《毛泽东选集》第三卷，人民出版社 1991 年版，第 801 页。

人可以透过纷繁复杂的现象（包括假象），而达到对事物的本质和规律的认识，这就确认世界是可以认识的，从而对思维与存在的同一性作出了肯定的回答。

毛泽东提出的"实事求是"，主张认识就是从"实事"中"求"到"是"，即规律性的东西，而"是"不是暴露在事物的表面的，不是一看就知的，它是事物的本质联系，隐藏在事物的内部，看不见、摸不着，必须着力去"求"才能得到，即只有在实践中，通过调查研究，把感性认识提高到理性认识，才能透过现象进入本质，掌握规律性。一个"求"字突出了认识的实践基础，认识的辩证发展过程，充分说明了"实事求是"所坚持的是能动的革命的反映论，从而与形而上学的消极的直观的反映论划清了界限。

"实事求是"不仅是一个狭义认识论范畴，它还是体现辩证法、认识论、逻辑三者是统一的范畴。"实事求是"就是体现辩证法、认识论、逻辑三者是同一个东西的"词"。

把"实事求是"作为认识论的基本范畴引进马克思主义哲学，马克思主义认识论的内容就会更加丰富，体系就会更加完备，就能更加充分发挥它的认识世界、改造世界的功能。

毛泽东不仅提出了"实事求是"这一哲学论断，而且指出调查研究是"实事求是"的基础，"实事求是"和调查研究是一对孪生姊妹，从哲学领域里解决了两者的辩证关系。

空谈只可能是误国

空谈不能治国，只能误国。走马观花，"浅尝辄止"，不能解决问题。

我们党除了人民的利益之外，没有自己的私利。但仅仅满足于好心，是很不够的。"大跃进"的实践证明，如果思想方法、工作方法不对头，不从实际出发，不掌握群众的脉搏，陷入"左"的空想，单凭主观愿望行事，好心也仍然会办错事。郑州会议开始的纠"左"，最大的收获是使党的政策重新回到了现实之中。这个转变，是跟毛泽东、党中央领导直接深入实际，调查研究，掌握第一手材料，倾听群众的呼声分不开的？毛泽东找到人民公社存在的问题，赞成陈云提出降低钢铁指标的意见，无一不是遵循实践——认识——再实践——再认识，从群众中来，到群众中去，这个马克思主义的认识论和领导方法的结果。毛泽东深有感触地说："我们的公社党委书记同志们，一定要每日每时关心群众利益。时刻想到自己的政策措施一定要适合当前群众的觉悟水平和当前群众的迫切要求。凡是违背这两条的。一定行不通，一定要失败。"又说"情况不明。下情不能上达，上情不能下达，危险之至"。因而在第二次郑州会议之后，当正确的政策已经制定，毛泽东便果断地采取"一竿子插到底"的办法，由各省、市、自治区召开五级、六级干部会议，直接跟群众见面，收到了显著的效果。

毛泽东倡导的这种工作方法和领导方法，这是关系我们的事业能否兴旺发达的大事。空谈不能治国，只能误国。走马观花，"浅尝辄止"，不能解决问题。"形式主义也是官僚主义"。邓小平同志讲得好："实事求是是马克思主义的精髓。要提倡这个，不要提倡本本。我们改革开放的成功，不是靠本本，而是靠实践，靠实事求是。农村搞家庭联产承包，这个发明权是农民的。农村改革中的好多东西，都是基层创造出来，我们把它拿来加工提高作为全国的指导。实践是检验真理的唯一标准。我读的书并不多，就是一条，相信毛主席讲的实事求是。过去我们打仗靠这个，现在搞建设、搞改革也靠这个。"① 只要我们党的各级领导干部，一切从人民的利益出发，又掌握了"实事求是"的基本功，我们的事业就一定能够无往不胜。

薄一波在《若干重大决策与事件回顾》中，总结了我们党的这种工作方法和领导方法，是经过实践检验的真理，只有唯实才能做到"实事求是"。

（参见薄一波:《若干重大决策与事件回顾》，
中共中央党校出版社 1993 年版）

无调查便无发言权

毛泽东听到这个消息后，非常高兴，他说，失散多年的"孩子"终于找回来了。

《反对本本主义》是毛泽东多年从事调查研究工作的实践经验和理论概括。毛泽东从思想理论上阐明了调查研究在领导工作中的重要意义和科学方法。他强调中国革命斗争的胜利要靠中国同志了解中国情况。不要迷信本本，一切结论产生于调查研究的末尾，而不是它的先头，只有蠢人，才是他一个人，或者邀集一堆人，不作调查，而只是冥思苦想地"想办法"，"打主意"。只有深入实际，深入群众，调查研究，才能取得正确的认识，找到解

---

① 《邓小平文集》第三卷，人民出版社 1993 年版，第 382 页。

决问题的正确办法，离开实际调查就要产生唯心的阶级估量和唯心的工作指导，其结果不是机会主义，便是盲动主义。

"实事求是"是毛泽东哲学思想的精髓，而要做到实事求是就要坚持调查研究。在调查研究工作上，毛泽东不愧为先哲大师。

1930年5月，毛泽东经江西会昌来到寻乌县城，他利用红四军一、二、四纵队分兵寻乌、安远和广东平远发动群众的时机，在寻乌开展了大规模的调查工作。因为，在1929年下半年至1930年上半年间，党内的"左"倾思想和"左"倾政策又有新的发展。在农村，主张烧杀政策，提出什么"杀杀杀，杀尽一切反动派的头颅，烧烧烧，烧尽一切反动派的房屋"。把土豪劣绅分子和他们的家属子女混为一谈，一律斗争，打倒。甚至还有人鼓吹什么把小资产阶级变成无产者，然后强迫他们革命。在这种极左思想影响下，有的地方乱烧乱杀，执行所谓"地主不分田"、"富农分坏田"的政策，使他们的生活处于极端困难的境地。这样，使得地主、富农看不到出路，拼命来反对共产党，反对革命。在城市，某些存在着"左"倾思想的人，也主张对中、小商人和工商业兼地主的工商业资产实行没收的错误政策。以往，在红军内部曾有过对待城市商店筹款的规定，但是，并不了解城市商业的真实情况，不知道什么是资产阶级，什么是自食其力的经营者和手工业劳动者。基于这种情况，毛泽东为了正确制定在农村对待富农的政策和在城市中对待小商业者的政策，亲自选定了地处闽、粤、赣三省的边陲之地——寻乌，进行实地调查。

毛泽东一来到寻乌，就住在县城西关苍天堂，深入实际，进行了20天的调查，弄清了当地的基本情况。但他经过反复思考，认为还有不少似是而非的问题，需要进一步研究。于是他和县委书记古柏商量，召开了有50多人参加的总结调查会，共同探讨这些问题。会上，毛泽东说："我来寻乌调查了近20天。承蒙诸位先生的指点，使我获得了很多闻所未闻的知识。今天请大家来核对材料，叫做集思广益。"毛泽东把没有把握或者不够清楚的问题，一一提了出来，让大家议论，广泛地征询大家的意见。这次调查会开了两天，集中大家的好意见，这样，寻乌调查基本结束。

毛泽东非常重视从实际调查中获得的第一手材料，并不断进行分析研究。1931年2月，他利用第一次反"围剿"胜利的间隙，在宁都小市整理了近 10 万字的《寻乌调查》，并一直珍藏着，经过长征，带到延安。

在寻乌调查中，毛泽东于 1930 年 5 月写下了《调查工作》。毛泽东说："你对某个问题没有调查，就停止你对某个问题的发言权。这不太野蛮了吗？一点也不野蛮，你对那个问题的现实情况和历史情况既然没有调查，不知底里，对于那个问题的发言便一定是瞎说一顿，瞎说一顿之不能解决问题是大家明了的。那么，停止你的发言权有什么不公道呢？"当时，这篇文章由闽西特委翻印，在红四军中和中央苏区革命根据地广为传播。革命队伍中，无论是干部还是战士，都知道毛泽东的一句名言："没有调查，就没有发言权。"后来，由于作战频繁，很多资料难以保存，这篇重要文章也在反"围剿"中失散了。毛泽东一直为它的遗失而惋惜。直到 1957 年 2 月，福建省上杭县荣山公社官山大队一位叫做赖茂基的农民，把自己珍藏了 27 年之久的一本油印的《调查工作》小册子，作为革命文物贡献出来，这篇重要的历史文献才失而复得。虽然年代久远，这本小册子的纸张已经变得发黄了，但是，它的重新出现，使毛泽东从调查研究中总结出来的科学思想结晶又显现在人们的面前。毛泽东听到这个消息后，非常高兴，他说，失散多年的"孩子"终于找回来了。1961 年 3 月，毛泽东在广州召开的中央工作会议上回忆这篇文章时说："这是 1930 年写的一篇老文章，是为了反对当时红军中的教条主义而写的。那时没有用'教条主义'这个名称，我们叫做'本本主义'。这篇文章是经过一番大斗争写出来的。我对自己的文章有些并不喜欢，这篇我是喜欢的，看来还有些用处，印若干份供同志们参考。"1964 年 6 月，《调查工作》收入《毛泽东著作选读》公开发表，毛泽东为它改了一个名字：《反对本本主义》。

毛泽东通过调查研究所得到的第一手资料，都是符合当时实际的珍贵材料。根据这些材料做出的判断和结论自然会科学、准确。这也说明了调查研究是"实事求是"的必然手段，两者之间存在着密不可分的关系。只有调查研究搞好了，才能真正做到"实事求是"。这不仅是个工作方法而且也是个思想方法是否正确的试金石。

大兴调查研究之风

"开调查会，是最简单易行又最忠实可靠的方法，我用这个方法得了很大的益处，这是比什么大学还要高明的学校。"

调查研究是毛泽东引导中国革命走向成功的起点。1930年毛泽东写了名作《反对本本主义》。文章劈头就提出一个重要的命题："没有调查，没有发言权。"在第二次国内革命战争时期的艰苦岁月里，毛泽东率领红军转战南北，他经常抓住机会动手作农村调查，积累了许多内容丰富、生动，又有深刻的马克思列宁主义分析的调查材料。这些调查材料，一部分在战争中遗失了，一部分保存了下来。在1941年，毛泽东亲自将他在苏区撰写的11篇调查报告整理成《农村调查》一书在延安正式出版，并特意写了序言和跋。他在序言中一再申明，出版此书的目的，"在于指出一个如何了解下层情况的方法，而不是要同志们去记那些具体材料及其结论"。[①] 这就是说，要在全党各级领导机关和广大党员干部中大兴调查研究之风，克服主观主义（包括教条主义和经验主义），树立马列主义的立场、观点、方法和工作作风。毛泽东从马列主义普遍真理与中国革命具体实践相结合的高度，阐述了调查研究的地位和作用，认为调查研究是理论联系实际的中心环节。毛泽东强调，阶级分析方法是了解中国社会的基本方法。毛泽东指出："对于担负指导工作的人来说，有计划地抓住几个城市、几个乡村，用马克思主义的基本观点，即阶级分析的方法，作几次周密的调查，乃是了解情况的最基本方法。只有这样，才能使我们具有对中国社会问题的最基础的知识。"为此，

---

① 《毛泽东选集》第三卷，人民出版社1991年版，第791页。

首先要端正态度。"没有眼睛向下的兴趣和决心，是一辈子也不会真正懂得中国的事情的。"毛泽东总结他多年来调查研究的经验说："开调查会，是最简单易行又最忠实可靠的方法，我用这个方法得了很大的益处，这是比什么大学还要高明的学校。"毛泽东指出，开好调查会要注意以下几个技术性问题：一是注意调查对象的代表性和广泛性。根据调查内容的不同，可找不同类型的调查对象，但一定要着眼于基本群众："到会的人，应是真正有经验的中级和下级的干部，或老百姓。"只要注意到调查对象的代表性和广泛性，每次到会的人不必很多，三五个、七八个即够。二是要有调查纲目。调查纲目一定要事前拟定好，做到心中有数。调查纲目的内容一定要注意抓事物的主要矛盾和矛盾的主要方面，否则，尽管收集一大堆材料，也不能反映事物的本质。三是开调查会时，一定要自己口问手写，并同到会的人展开讨论。①

从延安整风起，全党各级领导机关和广大党员干部懂得了"没有调查就没有发言权"这个普遍真理，造成了一个良好的风气：人人以调查研究为荣，以"闭塞眼睛捉麻雀"、"瞎子摸鱼"、粗枝大叶、夸夸其谈、"下车伊始"就哇啦哇啦发议论的那种主观主义作风为耻。调查研究作风的树立和发扬，对于推进中国革命的胜利，具有重大的意义。

《中共中央关于构建社会主义和谐社会若干重大问题的决定》提出，"社会和谐是中国特色社会主义的本质属性"，如何把握构建社会主义和谐社会的特点和规律，这就是在新的历史条件下我们党的"求是"要求，需要我们党做大量的调查研究，从实际存在的客观事物出发，这就是"实事"。"是"作为规律，它隐含在事物的内部，而且随着事物的发展而起变化；"求"的过程是十分艰难的，调查研究作为"求"的基础，就是要深入下去接触事物，只有在大量丰富的感性认识的基础上，按照去伪存真、去粗取精、由此及彼、由表及里的要求，才有可能上升到理性认识，寻找出事物的"是"来，即发现事物的规律性。即使找到了事物的规律性，也并非一劳永逸，因为事物在变化，我们的认识必须跟上，如果跟不上。同样还会犯主观主义错误；要跟上事物的发展，就必须不断地进行调查研究。总之，"今天需要我们调

---

① 参见《毛泽东选集》第三卷，人民出版社1991年版，第790页。

查，将来我们的儿子、孙子，也要作调查，然后，才能不断地认识新的事物，获得新的知识。"① 这就是说"调查研究"和"实事求是"是永恒的主题。

为何放弃出国深造

"对于自己的国家，我毛泽东了解得还太少，太少了！假若我把时间花费在国内的问题上，我认为我在国内更为有利。"

1918年6月，毛泽东和周世钊从第一师范毕业时，恰逢蔡元培、吴玉章倡导和发起留法勤工俭学运动。毛泽东对周世钊说：

"湖南赴法勤工俭学是由新民学会发起和领导的，我们新民学会的会员，不能一个不去，也不能全部都去。要有一部分人去，去学习新思想、新技术，以便学满回国后，改造我们的国家和社会。但是也要有一部分人留在国内，研究本国的问题，做好本国的工作。赴法勤工俭学和留在国内，目的都是为了改造我们的国家和社会。"

到了1919年1月，经过毛泽东和其他几位负责人的努力，留法的学生筹足了旅费，办好了出国护照。3月，毛泽东把第一批留法勤工俭学的学生送到了上海。当时大家认为毛泽东出了这么大的力气，一定也会同他们一起到法国去。但是当法国邮船将要起航离开上海港的时候，毛泽东突然告诉大家说，他决定不去法国了。毛泽东这一宣告，把大家惊呆了，大家对他不去法国勤工俭学感到不理解。因为半年来，毛泽东几乎全部时间和精力，都耗费在留法勤工俭学这一运动上了。今天万事俱备，只等起锚登程，他却作出这样的决定，令人难以相信。一个穷学生，有了出国深造的机会，他却不去

---

① 《毛泽东文集》第二卷，人民出版社1993年版，第378页。

了，这是为什么？后来，毛泽东在给周世钊的一封信中专门讲了这个问题，他说：

"我觉得暂时在国内研究，有下列几种好处：

1. 看译本较原本快讯得多，可于较短的时间求到较多的知识。

2. 世界文明分东西两流，东方文明在世界文明内，要占半壁的地位。然东方文明可以说就是中国文明。吾人似应先研究过吾国古今学说制度的大要，再到西洋留学才有可资比较的东西。

3. 吾人如果要在现今的世界稍微尽一点力，当然脱不开'中国'这个地盘。关于这地盘内的情形，似不可不加以实地的调查，及研究。这层工夫，如果留在出洋回来的时候做，因人事及生活的关系，恐怕有些困难。不如在现在做了，一来无方才所说的困难；二来又可携带些经验到西洋去，考察时可以借资比较。"

毛泽东后来的革命实践，证明了毛泽东在青年时代，就具有远见卓识，看问题总能跳出俗见，从更高的层次上去辨析未来。他觉得调查研究首先要从国内开始，弄清国情后才能有的放矢的进行革命活动。在这种思想指导下，他深入农村、厂矿……搞了农村调查报告，研究了工人阶级现状，掌握了中国革命的大动脉。因此，才做出了星星之火，可以燎原，走农村包围城市，用枪杆子打天下等实事求是的英明决策，最后终于取得了新民主主义革命的胜利。

（参见陈明新编著:《领袖情——毛泽东与周世钊》，中共中央党校出版社 1997 年版）

以三分法经略天下

　　"谁是我们的敌人？谁是我们的朋友？这个问题是革命的首要问题。"

　　1926年，毛泽东对中国革命做了一个诊断："中国革命亘三十年而成效甚微，并不是目的错，完全是策略错。所谓策略错，就是不能团结真正的朋友，以攻击真正的敌人。"

　　"谁是我们的敌人？谁是我们的朋友？"这两句话中包含着三部分人："我们"、"敌人"、"朋友"。简称"敌、我、友"。"友"是"我"要依靠、团结的对象，"敌"则是"我"要打击、消灭的对象。这一简单的三分法成为毛泽东纵横捭阖、经略天下的基本框架。

　　在毛泽东看来，"敌、我、友"不仅仅是一种人为的划分，"无论哪一个国内，天造地设，都有三等人，上等、中等、下等"。把天道和人道归并在一起，"下等人"就是"我们"，"中等人"是我们的"朋友"，"上等人"是我们的"敌人"。革命就是我们这些下等人去联合中等人，反对上等人。

　　"敌、我、友"除了配"上、中、下"，还可以配"左、中、右"。1957年，有人质问共产党："你们把人们划分为左、中、右，未免不合情况吧？"毛泽东答道："除了沙漠，凡有人群的地方，都有左、中、右，一万年以后还会这样。为什么不合情况？""我们从来就是把人群分为左、中、右或叫进步、中间、落后，不自今日始，一些人健忘罢了。"

　　在整个社会阶级中，采取发展进步势力、争取中间势力、孤立反动势力的谋略；

　　在民族资产阶级中，采取团结左翼，提防右翼的谋略；

在国民党中，采取扩大左派、争取中派、反对右派的谋略；

在反共顽固派中，采取利用矛盾、争取多数、反对少数、各个击破的谋略；

在农村各阶级中，采取依靠贫农、团结中农、限制或有条件地打击富农的谋略；

在工人阶级内部，采取鼓励先进、批评落后、鞭策中间的谋略。

毛泽东经略天下，以弱胜强的基本原则有两条，一是尽可能多地团结朋友，二是一个一个地消灭敌人。因为左、中、右是一个连续的系列，而且总是呈现两头小中间大的规律，所以，通过这两条原则，可以启动整个社会关系的链条。革命的力量开始时无论多么弱小，只要按照这两条原则行事，就会像滚雪球一样，力量越来越大，最终赢得天下。

毛泽东经过调查研究，将有人群的地方分为敌、我、友，以此三分法经略天下，从而以阶级分析为武器，制定了取胜的谋略。这一谋略就是在调查研究，掌握中国的具体国情后得出的新的科学论断。这是中国共产党在新民主主义革命阶段，所取得胜利的法宝。

（参见萧诗美等编者：《毛泽东谋略》，湖南出版社 1995 年版）

会打仗还得会打圈

"像做买卖一样，赚钱的就来，蚀本的不干。打得赢就打，打不赢就走。你来时我叫你打不着，我打你时一定要把你吃掉。"

1927 年秋，毛泽东率工农革命军在井冈山建立了革命根据地。要巩固和发展这个根据地，首先必须解决如何发展武装斗争问题。

刚上山时，毛泽东的部队不过千余人，朱毛会师后成立了红四军也才不过3000余人。而江西、湖南两省的敌人很强大，他们常常联合起来"会剿"红军。因此，不研究和制定红军的战略战术原则，红军就站不住脚，根据地也就不能存在和发展。

在井冈山开展"工农武装割据"的斗争，是无先例的。从中国的孙子到德国的克劳塞维茨，无论是马克思、恩格斯还是列宁、斯大林，都没有也不可能给红军准备一个现成的答案。毛泽东依据井冈山的革命斗争实践，通过不断调查研究，不断总结经验，创立了红军最初的战略战术原则，并且使它不断完善。

上山后，经过向群众调查，他了解到井冈山从前有一个山大王朱聋子的故事。朱聋子叫朱孔阳，他在井冈山当了几十年山大王，官府一直捉不住他。因为朱聋子对井冈山的地形、气候、敌我力量对比都作过详细的调查。井冈山地势险峻，到处是悬崖绝壁，只有几条狭窄的小路通进山里，有的地方甚至连羊肠小道也没有，要靠攀登才能上去，而且山里树密林深、气候多变，经常是云雾弥漫。朱聋子充分利用这一点，官府的兵一进山，他就跟官军满山转圈子。因此他总宣传说：在井冈山不要会打仗，只要会打圈。

毛泽东从这件事上受到很大启发。他想，打圈是为了避实就虚，摆脱敌人的追击，并迫使敌人暴露其弱点；而打仗是为了吃掉敌人，战胜敌人。总之，要把打圈和打仗结合起来，才能消灭敌人，保存自己。这样，他便从朱聋子的故事中引出了新思路。毛泽东对红军的干部和战士说：我们要把这位山大王的办法改一下，就是既要会打仗，又要会打圈。敌人是来者不善，善者不来，所以我们要退避三舍。你一退，敌人不知我们去向，就得重新侦察。我们先领他兜几个圈子，把他肥的拖瘦，瘦的拖垮。等他的弱点暴露出来，我们就来个雷公打豆腐，专拣软的欺，打他个干净利落。总之，像做买卖一样，赚钱的就来，蚀本的不干。打得赢就打，打不赢就走。你来时我叫你打不着，我打你时一定要把你吃掉。

毛泽东就是这样，善于把调查得来的、别人习以为常的材料给予科学分析，提出新的认识。他善于借鉴前人的经验，但又不拘泥于它，而在新的条件下加以发挥。所以常常是出手不凡稳操胜券。

（参见陈登才主编：《毛泽东的领导艺术》，军
事科学出版社 1989 年版）

大渡河夜询老秀才

　　"我们共产党人是顶天立地的英雄，天堑大渡河挡不住我们，蒋介石要红军成为石达开第二的美梦是不能变为现实的。"

　　1935 年 5 月 25 日，中国工农红军强渡大渡河的 17 勇士已取得成功，毛泽东、周恩来、朱德等中央首长也抵达大渡河畔的安顺场。当时只有 3 条木船，红军过河的速度缓慢，而四面围追堵截的敌军又一天天逼近红军。如果拖长了过河时间，红军就有被敌人各个击破于大渡河两岸的危险。

　　毛泽东心中十分清楚，太平天国得以在南京建都，深孚众望、文武全才的军事家、政治家石达开曾立下汗马功劳。这位当年在湖口、九江打败湘军水师，差一点生擒曾国藩，令清军闻风丧胆的杰出人物，1863 年 5 月 14 日率领将士 2 万余人到达大渡河南岸的紫打地（今石棉县安顺场），为何会全军覆没呢？毛泽东很想立即了解太平天国翼王石达开兵败铜河的详细情况。5 月 25 日夜，当他获知有个 83 岁的清朝末年秀才宋大顺熟悉这段史实时，虽已是夜半时分，毛泽东却睡意全消，立即派了两名警卫员提着灯笼前去邀请。

　　毛泽东当时住在安顺场一家中药铺隔壁。老秀才到来后，毛泽东连忙为宋大顺倒开水，待来客坐下休息片刻后，他才笑容可掬地问道："老人家，您知道石达开当年是怎样失阵落马的吗？"这位当年亲眼目睹翼王兵败将亡饮恨铜河的老秀才略思片刻后答道："朝西走松林河千户阻挡，往东退陡坎子百仞高山；向北进唐总兵虎踞铜河，欲南撤黑彝儿檑木蔽天。"

毛泽东听后若有所思地点点头，又问："安顺场的老百姓对中国工农红军有何看法？"宋大顺用四言八句答曰："红军起义，替天行道；百税厘金，一笔勾销；贪官污吏。望风而逃；打尽土豪，百姓欢笑。"嗣后，毛泽东仔细询问了与翼王石达开失败有关的许多细节，以及当地老百姓的生活状况后，才派警卫员把老秀才送回家去。

宋大顺走后，毛泽东反复思索和分析导致石达开悲剧结局的各种因素，将此作为前车之鉴，旋即召集中央军委领导人开会。会上，毛泽东坚定地说："72年前翼王没有走通的路，我们一定能够走通。我们共产党人是顶天立地的英雄，天堑大渡河挡不住我们，蒋介石要红军成为石达开第二的美梦是不能变为现实的。"接着，红军领导人全面分析敌情，立即改变全军由安顺场渡河的原计划，并拟定新的部署：由刘伯承、聂荣臻、陈赓、宋任穷率领红一师和干部团沿大渡河北岸上溯进攻泸定；红一方面军主力从大渡河南岸逆流而行，由红二师四团王开湘、杨成武、罗华生率领飞夺泸定桥。毛泽东在中国革命生死攸关的时刻，作出英明决策，使红军强渡大渡河成为举世惊叹的奇迹，并为此后解放全中国奠定了重要基础。

红军为什么没有重蹈石达开的覆辙，关键在于毛泽东重视调查研究，在紧急中夜询老秀才，从老秀才那里得到启示，突破天险绝地逢生，打破了敌人的围追堵截。

三打祝家庄的点评

"编写《三打祝家庄》剧本，第一要写好梁山主力军，第二要写好梁山地下军，第三要写好祝家庄的群众力量。"

毛泽东在光辉哲学著作《矛盾论》中指出:"《水浒传》上宋江三打祝家庄,两次都因情况不明,方法不对,打了败仗。后来改变方法,从调查情形入手,于是熟悉了盘陀路,拆散了李家庄、扈家庄和祝家庄的联盟,并且布置了藏在敌人营盘里的伏兵,用了和外国故事中所说木马计相像的方法,第三次就打了胜仗。"① 毛泽东说,这个故事是《水浒传》中讲辩证法最好的例子。

1944年5月,延安评剧院改归中央党校领导,由党校教务处负责人刘芝明兼任院长。当时党校校长毛泽东交给评剧院的第一件工作,就是创作《三打祝家庄》剧本,并借给大家一本120回的《水浒传》。

7月初,由刘芝明、齐燕铭、任桂林、魏晨旭、李纶组成了剧本创作小组开始工作。通过学习,他们认识到梁山起义军从战争失败中逐步摸索出依靠群众、调查研究、分化敌人、里应外合的经验,是一个战争中策略斗争的范例。这个范例,对于配合当时的政治形势,迎接抗日战争反攻阶段中夺取敌占城市这一伟大战略任务,具有很大的现实意义。

在对里应外合部分的处理上,创作小组的同志一直摆不好梁山主力军、梁山地下军和祝家庄群众力量的关系。在写过的三次剧稿中,或者夸大祝家庄群众的力量,想用群众暴动配合梁山主力军解放祝家庄;或者夸大梁山地下军的作用,想靠由地下军掌握祝家庄军事指挥权的办法解决战争的胜负问题。刘芝明及时向党校副校长彭真汇报了创作过程中的情况和问题。彭真又向毛泽东做了汇报。毛泽东当即指出:"编写《三打祝家庄》剧本,第一要写好梁山主力军,第二要写好梁山地下军,第三要写好祝家庄的群众力量",给创作小组的同志指明了解决问题的正确方向,大家放手地去安排人物和场子,撰写第四次剧稿,使之收到了较好的效果。

毛泽东在具体分析了三打祝家庄的各种矛盾后,提出三条修改剧本的意见,使剧本突出了重点,正确处理了主要矛盾和次要矛盾,使剧本不仅提高了层次,而且演出后,受到了观众的普遍欢迎。向观众宣传了调查研究的重要性。

(参见李树谦编著:《毛泽东的文艺世界》,辽宁教育出版社1993年版)

---

① 《毛泽东选集》第一卷,人民出版社1991年版,第313页。

认识过程的两飞跃

"从感性认识到理性认识，从理性认识再到实践，这就是认识过程的两大飞跃。"

1936年斯诺在延安采访毛泽东时，毛泽东就餐桌上吃西红柿，讲了它的来历：

据说，西红柿最早生长在南美洲秘鲁的森林里，被人称为"狼桃"。西红柿成熟时鲜红娇艳的色彩，引起人们的喜爱。但只是把它当作欣赏植物，生怕它有毒，谁也不敢吃一口。过了差不多两个世纪，一位法国画家，产生了一个念头，尝尝它究竟是什么味道，他勇敢地尝了一个，只觉得酸甜可口，也没有中毒。后来，有人分析了它的成分，断定了它是营养丰富的食品。于是，西红柿便逐渐传遍了全世界。

这当然只是一个很简单的事例；对于复杂的事物，认识过程也就要复杂得多了。在自然科学上，哥白尼太阳系学说的创立，达尔文进化论的形成，电子、镭的发现，等等；社会科学上，马克思对唯物史观和剩余价值的发现，社会基本矛盾运动规律和阶级斗争规律的认识，社会主义、共产主义学说的建立等等，一切事物规律的发现，任何理性认识的获得都有一个从感性到理性的过程，这是概莫能外的。

我们要做到实事求是，首先就要肯定人的正确思想是从实践中来的，人们要获得正确思想，必须到实践中去"求"。实事求是这个"求"字，在哲学上讲就是在实践中去认识事物的问题，也即关于认识的过程的理论。

毛泽东指出："认识的基本过程，是人们在实践中，从感性认识到理性认识，从理性认识再到实践，这就是认识过程的两大飞跃。这两大飞跃，是从精神到物质的飞跃。"

在《实践论》里，毛泽东详细解释了从感性认识到理性认识的过程。认识的过程是这样开始的：人们参加了实践，从事某项活动，和那个事物打交道，事物的现象就通过人的眼、耳、鼻、舌、身这五个官能，反映到自己的头脑中来，产生了感性的认识。感性认识是反映事物外表的现象，这是认识的初级阶段。

社会实践的继续，感觉和印象的东西反复了许多次，积累了大量的感性认识。理性认识，又经过加工制作，就会产生一个飞跃，上升到理性认识。理性认识抓住了事物的本质，这是认识的高级阶段。

两个飞跃总结了在认识上的从初级到高级认识的过程，也是从实事到求是的过程，任何认识都脱离不开这个规律。所谓从物质到精神，从精神到物质的飞跃，也是这个原理。

批评同志需要恳切

"批评同志要实事求是，讲点辩证法，人家有优点要肯定嘛。缺点，有几分说几分，要恳切，不要刻薄。"

在延安整风中，著名作家丁玲曾就如何批评才能使人愉快接受的问题请教毛泽东。毛泽东将自己的妙法告诉了这位杰出的女作家。

丁玲请教毛泽东说："为什么你在文章里批评人，人家服气，我写文章批评人，人家就不高兴呢？"毛泽东直截了当地告诉她使被批评者口服心服的奥秘："批评同志要实事求是，讲点辩证法，人家有优点要肯定嘛。缺点，有几分说几分，要恳切，不要刻薄。你不肯定人家的优点，缺点又说得过分，当然人家不高兴。"毛泽东这番话道出了批评的态度、原则和方法。即与人为善的态度，实事求是的原则和一分为二的方法，这充分体现了毛泽东对革命事业的无限忠诚，对同志的深情厚爱、热切的期望与莫大的信任。

所以丁玲听了毛泽东对自己一分为二的公正评价后，对毛泽东实事求是的批评和如何批评的经验之谈，"一辈子都记得清清楚楚"。她深有感触地写道，那时延安"连批评也是痛快的"。

毛泽东在《关于正确处理人民内部的矛盾问题》中说："思想斗争同其他的斗争不同，它不能采取粗暴的强制的方法，只能用细致的讲理的方法。"① 开展批评与自我批评，自我批评容易做到，可是批评别人就有顾虑了。女作家丁玲请教毛泽东的办法，毛泽东告诉她：一要实事求是；二要一分为二。尤其是对犯错误的同志，不能一棍子打死，或者无限拔高，需要做耐心的，恰如其分的批评，这样才能使被批评者心悦诚服，达到"痛快"的目的。

（参见钟辰、夏鹭、叶兰编：《毛泽东——领袖交往实录系列》，四川人民出版社 1992 年版）

不要乱给人戴帽子

"要从错误中总结经验……不要乱给别人戴帽子……"

1945 年年初，毛泽东在延安中央党校作报告，讲到审干运动中出现的错误时，严于律己，主动承担责任。

毛泽东说："我是党校的校长，这个党校犯了许多错误，谁人负责？我

① 《毛泽东文集》第七卷，人民出版社 1999 年版，第 231 页。

负责。整个延安犯了许多错误，谁负责？我负责。"毛泽东要求，"要从错误中总结经验……不要乱给别人戴帽子……"说着说着，毛泽东把手举到帽檐下："现在，我把戴错了的帽子给你们取下来，向你们行个礼，赔个不是……你该还我一个礼吧，你不还礼，我这手就放不下来了。"

会场上，同志们热泪盈眶，热烈鼓掌。

由于延安审干运动中出现了"左"的倾向，伤及了一些革命同志，毛泽东本着实事求是的态度，给这些同志平反。及时纠正了扩大化的错误，并且主动承担责任，使他们放下包袱，增强了革命队伍内部的团结。

（参见王伯福主编：《毛泽东轶事大观》，山东人民出版社1997年版）

梅兰芳为何唱女腔

"现在你们总该明白梅兰芳为什么是男的而不是女的，为什么他身为汉子而不唱男腔唱女腔了！"

1951年在社会主义建设高潮到来的时候，有一天毛泽东要到位于西长安街的长安大戏院看梅兰芳的表演。毛泽东的卫士争论梅兰芳是男的还是女的，据李银桥回忆，当时去请教毛泽东。毛泽东说："你们都犯了个错误，那就是缺乏对事物的深入研究调查，因此所答的结论或是错误或是片面的。""其实，梅兰芳是个男的，可为什么有人认为他是女的呢？那是因为听他的唱腔而得出的判断，这错就错在因果关系间没搞对头了。一般情况下，能唱出女声音的应该是女的，可偏偏在中国京剧的戏曲里，唱女腔的却都是些男演员，这又是什么原因？难道过去中国就没有女演员了？不是的，那是因为封建社会的缘故，旧社会男女在一起别说拉拉扯扯不行，就是多看几眼多说几句都被视为不道，所以，京剧初创时期，唱花旦的演员便由男演员来代替了，久而久之，这个传统传了下来。梅兰芳是中国一代名旦，他虽为五尺汉子，却唱得一腔女调，堪称中国一绝。""对任何事物，我们都不能只看表面的现象。看表面现象往往会被迷惑；而不经深入调查了解，仅从道听途说得来的材料也是不能作为判断事物的标准。所以，现在你们总该明白梅兰芳为什么是男的而不是女的，为什么他身为汉子而不唱男腔唱女腔了！"

毛泽东借梅兰芳男扮女装来说明调查研究的重要性，否则道听途说，就会被假象所蒙蔽。这是认识现象与本质，判断事物真假最好的办法。只有弄清真相，才能得出实事求是的结论。

（参见盛巽昌编著：《毛泽东与戏曲文化》，广西人民出版社 1998 年版）

农民的疾苦是什么

"完全懂得农民的疾苦是什么，而且完全懂得这些疾苦怎样能够转化为行动。"

毛泽东通过调查，了解到中国 70%的可耕种土地被只占人口总数 10%的地主、富农、官吏和高利贷者占有，另外 15%—20%的土地为农民占有。而占全部人口 65%以上的贫农、佃农和雇农，却仅占有 10%—15%的土地。这种极不合理的占有关系，造成了农村中的贫困落后和动荡不安，同时也为毛泽东发动一场革命准备好了充足的炸药。

　　毛泽东知道在这样的基础上如何组织农民，有人称毛泽东为"社会主义的工程师"，"完全懂得农民的疾苦是什么，而且完全懂得这些疾苦怎样能够转化为行动"。土地是农民的主要生产手段，农民称它为"命根子"。有了土地他们就可以不饿肚皮，没有土地他们就得离乡背井，四处流浪、乞讨，成为"兵匪游民"或者欠下高利贷，沦为债务奴隶，永世难得翻身。谁若能够满足他们的土地要求，他们就会不惜性命地跟着谁走。

　　为了尽快发动农民起来革命，毛泽东在秋收起义前就拟定了一个土地纲领：没收一切土地，包括小地主（实际富农）和自耕农的土地在内，然后分配给无地和少地的贫雇农耕种。为什么要没收一切土地呢？毛泽东说："如此方可安民"。因为仅仅没收大地主的土地，还不足以满足广大农民的土地要求。

　　但是这样做，又出现另外的问题：没收一切土地而不是只没收地主的土地，这就把中农的土地也划在没收之列，等于连中农的命也革了，中农很不满意。此外，土地所有权属于政府，农民只有使用权，并且不允许买卖，中农、贫农都不高兴，出现"不安耕种"现象。

　　于是毛泽东把"没收一切土地"改为"没收一切公共土地及地主阶级的土地"，以缩小打击面，团结争取中农。同时采取"抽多补少"和"抽肥补瘦"的办法限制富农。这些办法最大程度地调动了一切革命因素，减少了革命的阻力。毛泽东曾高兴地说："我看当时只有我这种办法是正确的。"

　　"打土豪、分田地"这六个字，是毛泽东领导中国革命的纲领。对这个纲领的解释就是他1937年在延安对斯诺说的那句话："谁赢得农民，谁就赢得中国，解决了土地问题也就赢得了农民。"

　　毛泽东的办法解决了中国革命的大问题。农民从共产党手中接过土地，"翻身不忘共产党；幸福感谢毛主席。"农民有了自己的土地以后，就必须投身保卫根据地的革命斗争，以免他们手中的土地得而复失。

　　毛泽东从中国的国情出发，抓住了土地这个主要矛盾，发动农民起来闹革命，终于建立起新政权。

（参见萧诗美等编著：《毛泽东的谋略》，湖南出版社1995年版）

调查中甘当小学生

"没有满腔的热情，没有眼睛向下的决心，没有求知的渴望，没有放下臭架子，当小学生的精神，是一定不能做，也一定做不好的。"

1930 年 5 月毛泽东在一个月的寻乌调查中作出了表率，他一点也没有架子，注意保持与调查对象的平等关系，和对方融洽相处。

当毛泽东知道某人掌握某种情况后，为了获得第一手资料，他便以三顾茅庐的诚心去拜访、询问。

有一次，他为了向当地农民了解真实情况，就帮助对方插秧，在共同劳动中和对方拉近关系，以了解真实情况。正如毛泽东所说："没有满腔的热忱，没有眼睛向下的决心，没有求知的渴望，没有放下臭架子、甘当小学生的精神是一定不能做，也一定做不好的。必须明白：群众是真正的英雄，而我们自己则往往是幼稚可笑的，不了解这一点，就不能得到起码的知识。"[1]毛泽东在寻乌调查中，注重与调查对象交朋友，比如他在 1941 年 9 月 13 日的《关于农村调查》一文中所说的："开始时，他们很疑惧，不知我究竟要把他们怎么样。所以，第一天只是谈点家常事，他们脸上没有一点笑容，也不多讲。后来，请他们吃了饭，晚上又给他们宽大温暖的被子睡觉，这样使他们开始了解我的真意，慢慢有点笑容，说得也较多。到后来，我们简直毫无拘束，大家热烈地讨论，无话不谈，亲切得像自家人一样。"[2]

调查研究是毛泽东领导艺术的一个重要方面。他坚持调查研究，事无巨

---

[1] 《毛泽东选集》第三卷，人民出版社 1991 年版，第 790 页。

[2] 《毛泽东文集》第二卷，人民出版社 1993 年版，第 384 页。

细，总是周详严密调查分析后，才作出科学判断，最后形成指导我党的方针、政策。毛泽东之所以比他同时代的人更有远见卓识，就是因为他在深入实际、调查研究方面下了很大的功夫。毛泽东倡导的调查研究在中国产生了极深远的影响。所以，制定的方针、政策总能符合实事求是的原则。

（参见《毛泽东选集》第三卷，人民出版社1991 年版）

挨骂之后反躬自省

　　"我们党的正确的口号，这就是'发展经济，保障供给'。在公私关系上，就是'公私兼顾'或叫'军民兼顾'。"

　　1941 年 6 月 3 日，陕甘宁边区政府召开县长联席会议，讨论征粮问题。天气本来好好的，没想到突然间天降大雨，电闪雷鸣，会议室遭到雷击，一根柱子被击断，延川县代县长李彩云被电击死。这事被一位来延安赶集的农民知道了，他借故发泄对负担过重的不满，逢人便骂："老天爷不睁眼，咋不打死毛泽东！"此话传开后，保卫部门要把这事当作反革命事件来追查，但被毛泽东制止了。

　　这事引起了毛泽东的深思：这个农民为何要骂自己？是什么事引起农民这么大的怨气？毛泽东决定对此作一番了解。于是，以赵毅敏任队长。胡乔木任指导员的秧歌队（调查组）成立了。可是，当秧歌队来到安塞时，那里的干部和群众却不理不睬，有的则干脆躲开，秧歌队坐了冷板凳。面对这种情况，秧歌队并不灰心，不管有几个人看，占块空地就表演起来。日复一日，看的群众越来越多，冷凳板逐渐热起来了。秧歌队边演出边同群众广泛接触，抓住机会同群众座谈，征求群众对政府工作的意见。群众纷纷反映："救国公粮任务太重，群众要饿死了。""共产党的经是好经，让歪嘴和尚给念歪了。""吃公饭的人那么多，我们怎么养得起"……当群众的意见反馈到毛泽东耳中，毛泽东才恍然大悟。后来，在党的"七大"预备会议上，毛泽东这样说："1941年边区要老百姓出20万石公粮，还要运输公盐，负担很重，他们哇哇地叫。那年边区政府开会时打雷，……把李县长给打死了。有人就说，唉呀。雷公为什么没有把毛泽东打死呢？我调查了一番，其原因只有一个，就是公粮太多，有些老百姓不高兴。那时确实公粮太多。要不要反省一下研究研究政策呢？要！"

毛泽东决心要将农民的负担减下来，他认为这项工作做得好不好，直接关系到中国共产党能否团结人民、坚持抗战的根本问题。不管什么地方，离开当地人民群众真心实意的支持，就什么也办不成。他在各种会议上反复强调减轻农民负担的重要性，在西北局高级干部会议上所作的《经济问题与财政问题》的报告中，毛泽东强调说："不顾人民困难。只顾政府和军队的需要，竭泽而渔，诛求无己"，是一种极端错误的观点。"我们一方面取之于民，一方面就要使人民经济有所增长，有所补充"，"使人民有所失同时又有所得，并且使所得大于所失，才能支持长期的抗日战争"。他指出："我们党的正确的口号，这就是'发展经济，保障供给'。在公私关系上，就是'公私兼顾'或叫'军民兼顾'"。

到1942年年底，陕甘宁边区人民经过艰苦奋斗，渡过了最困难的时期。农民负担减轻了，农民生活改善了，党群、干群关系及军队与地方的关系也更密切了。这时毛泽东想起自己挨骂之后派出了秧歌队。他风趣地说："这是赵匡胤下乡，同农民扭秧歌，从'雷公打死毛泽东'，到天下太平。"

一般情况下挨骂是不舒服的，也可能产生报复心理，而毛泽东却一反常态，他从挨骂中反思，经过调查研究，弄清了原因，结果为制定政策找到了依据，做到了实事求是，最终取得了渡过难关的圆满结局。

（参见刘良、睢建华：《毛泽东挨骂之后》，《党史文汇》1967—1969年合订本）

是两点而不是一点

必须兼顾，不能只顾一头；无论只顾哪一头，都不利于社会主义。

1956年毛泽东听取中央34个部门的汇报。那时，毛泽东已经60多岁了，身体并不好，可是几乎每天都是起了床就听汇报，听了汇报就上床休息，只有吃饭算是一点闲暇时间，他自己把这叫做"床上地下，地下床上"，就这样一连紧张地工作了两个来月。

毛泽东在充分调查研究的基础上提出的《论十大关系》，贯穿着勇于探索和实事求是的精神。他对于我们自己的和外国的经验，都采取分析的态度，主张对一切民族、一切国家的长处都要学。他反对对外国的东西不加分析地照搬或者一概排斥。这篇讲话，坚持辩证唯物论的观点，反对从一个极端走到另一个极端。在处理经济关系以及某些其他关系时，他主张：必须兼顾，不能只顾一头；无论只顾哪一头，都不利于社会主义。他强调"两点论"，"总之，是两点而不是一点。说只有一点，叫知其一不知其二。"当然，在兼顾中又是有所侧重的。比如，在重工业同农业、轻工业的关系方面，他从中国是一个大农业国这个情况出发，强调以农业为基础，充分重视农业和轻工业的发展；在沿海和内地的关系上，他强调更多地利用和发展沿海工业。在听汇报时，毛泽东对着主管轻工业的同志说：看，你们的劲头不大，就是不如重工业部门的劲头大！这实际上是提醒和批评搞重工业的人劲头太大了，有点压人；也是鼓励和支持更多地发展轻工业。后来，他又明确地提出把原来的重、轻、农，改变为按农、轻、重的次序安排国民经济计划。又比如，在处理中央和地方的关系上，他主张"我们要统一，也要特殊"，强调要扩大一点地方的权力，并且谈了中国和外国的历史情况，说明实行地方分权时，经济往往发展得比较快。他还主张给基层以应有的权力，要使"各个生产单位都要有一个与统一性相联系的独立性，才会发展得更加活泼"，等等。而兼顾、侧重，最后又集中到一个总的目标上，就是把一切积极因素，党内的，党外的，国内的，国际的，直接的，间接的，都调动起来，并且尽量把消极因素转化为积极因素，来为社会主义的伟大事业服务。

毛泽东为了实事求是弄清"十大关系"不顾 60 多岁高龄用了二个月时间听了 34 个部门汇报，"床上地下，地下床上"，通过调研搞清了十大关系，为探索中国特色社会主义道路。他巧妙地把一种事物分解为它的各个组成部分，然后再综合起来，描述它的全部细节和各种不同的发展形式，发现它内在的联系，并为此做出了极大的努力。使纷纭复杂的十大关系，理出了清晰的思路，为探索中国特色的社会主义道路，作出了艰辛的努力。

（参见郭思敏：《我眼中的毛泽东》，河北人民出版社 1990 年版）

请警卫帮助搞调查

充分发挥外脑的作用，从某种意义上说这些警卫战士也成了智囊团。

毛泽东重视调查研究工作，甚至把它看做是一个革命者为建设祖国和为人民服务的一种能治百病的灵丹妙药，多多益善。他不但自己经常亲自到群众中去进行广泛深入的调查研究，而且还要求并教导他身边的工作人员，帮助他到广大工农群众中去作更广泛具体的社会调查，尤其在全国解放之后，他进入北京工作了，对这个问题感到更迫切需要，这样做不但使他能够更多的"了解情况，解决问题"，及时为群众解决困难，同时也锻炼了身边的工作人员，使大家受到了教育和提高。在毛泽东身边担负警卫任务的解放军战士，在毛泽东的耐心教导下，就经常帮助他调查了解农村的社会情况，战士们也从中受到了深刻的教育。

毛泽东经常利用警卫战士回家探亲的机会，帮助他了解农村的社会情况。当时这些战士都来自农村，思想单纯，作风朴实，虽说一般都只有小学或初中文化程度，但他们对自己土生土长的那片土地上发生的事情，凡是自己的所见所闻。都有清楚的记忆，而且反映情况一是一，二是二，从不添枝加叶，不是亲身经历的事情不会编造。毛泽东从他们调查的情况中，了解到全国很多地区农民生活的真实情况和悲喜交集的民间故事，听到了人民群众的心里话。毛泽东很重视战士们的调查材料。

毛泽东为了使战士们更好的帮助他作社会调查，1955年5月14日下午，在他的住地——中南海丰泽园颐年堂前的院子里，接见了在他身边担负警卫任务的解放军战士，给大家讲了关于作调查研究的重要意义和怎样才能作好调查研究工作的问题。他耐心地讲了一个多小时。

毛泽东首先向战士们说明为什么要作调查研究工作。他说："作调查研究工作的目的，就是要多为人民服务。""我们各人的工作不同，有站哨，有做别的工作的，但都是为了这个目的。"他希望大家都能够帮助他作社会调查，他说："你们都做警卫工作，我现在想给你们加一样，不知同意不同意？就是调查工作，这个对我对中央都有帮助。"他风趣地说："光站哨，工作很单纯，和吃菜一样，不光吃青菜，还吃点辣椒。"战士们齐声响应毛主席的号召，表示一定要努力完成毛主席交给的光荣任务。

毛泽东看着战士们信心百倍，跃跃欲试的样子，高兴地说："就讲讲工作，讲讲工作方法吧。大家有三个任务：一个是保卫工作；一个是学习，学习文化；一个是调查工作，一方面可以看家，以看家为名作调查工作。"

怎样做调查工作呢？毛泽东教导大家，不要摆架子，对人要谦虚。他说："我们拟了个章程，对人要谦虚，对父母、对乡村老百姓，要尊重家里边的人，要尊重老百姓，要尊重乡村干部，别摆架子。团长向你们摆架子，你们不高兴。我向你们摆架子，你们也不高兴。谦虚就可以调查出东西。"

毛泽东又嘱咐大家要注意保密，他说："可不要说'我是给毛主席警卫的，是毛主席派来的'。我们国务院就有一个，回家以后召开干部会，说是总理派来的。"毛泽东说到这里不禁笑了起来。毛泽东讲了调查研究的重要性和方法，接着就给战士们布置任务：要调查什么呢？主席说，回去"调查生产的情况，生产的粮食、特产、花生、芝麻、烟叶、小米、大麦等等，生产的情况怎么样，吃的够不够，……"总之，毛泽东指出，农业生产的项目多得很，数也数不清，还有对工作人员的意见，这些都是调查的内容。

毛泽东看了战士们探亲回来写的农村情况调查报告，便把报告里的一些生动事例和遇到的问题，结合当前的政策，讲解给大家听，帮助战士们了解党的政策，解答在调查中遇到的问题，提高战士们对调查研究和分析问题的能力，要大家回到家乡，不但作调查，还要作宣传。

毛泽东这样做的结果，使他获得了在丰泽园内怎么也得不到的第一手材料，对了解下情又多了一条渠道。有些有针对性的政策，就是参阅了警卫战士们调查所得的材料。

（参见《缅怀毛泽东》下册，中央文献出版社
1993 年版）

视察一机部展览会

"你们看，两个轴之间有齿轮咬合在一起，而咬合的齿轮又是相反的方向，如果是同一方向就没法转了，这就是对立统一，相辅相成，谁也离不开谁"。

1956 年 6 月，一机部在中南海瀛台举办第一次汇报展览会。主要是汇

报第一个五年计划机械工业的成就和今后展望。分综合、通用机械、机床、重型机械、电机、汽车、拖拉机和仪器仪表等部分。毛泽东每次看两个小时，前后一共看了七八次。看得非常仔细，问得非常详尽。一台 IA62 车床，床头箱打开后，毛泽东说："你们看，两个轴之间有齿轮咬合在一起，而咬合的齿轮又是相反的方向，如果是同一方向就没法转了，这就是对立统一，相辅相成，谁也离不开谁。"当看到液压、电器等，毛泽东说："这里边也有联系，有辩证法问题。"毛泽东又说："宇宙是非常大的，但又能分得非常小，分到电子、原子、原子核。还可以再分。"当看到新试制的双轮双铧犁等农具的介绍后，高兴地说："不错，减轻了农民劳动强度，应该推广，以后再加以提高。"君毅汇报锅驼机受农民欢迎，就是水锈不好处理。毛泽东说："你们知道这个毛病，为什么不写出来？"君毅回答说："是，应该写出来。"毛泽东这样讲求务实的精神，使大家深受教益。

1958 年 7 月 2 日，一机部在中南海举办了机床与工具展览会，毛泽东仔细听了济南第一机床厂生产的 C616 仿型车床的结构、性能与特点的汇报。汇报到无级变速机床，他对工作人员刘传陆说："无级变速提法不科学，一个速度变为另一个速度，都是量的变化，怎么能说无级变速呢？"

1959 年 9 月 5 日，毛泽东在最高国务会议的讲话中说："机械里头有个工作母机，什么矿山，什么炼油，什么电力，什么化学，什么建筑，什么农业，什么交通运输，这些机器都要有个工作母机，无非是车、铣、磨、刨、钻之类，这些东西是根本的。"

有感于毛泽东对机械工业、"工作母机"之如此关注，第一机械工业部于 1960 年春在中南海举办了工作母机展览会，毛泽东到展览会进行了长时间的参观、了解。当时君毅和子健在瀛台桥迎接毛泽东，一见面毛泽东说："君毅你这么高，是不是少数民族？"君毅回答："不是少数民族，我是山东人。"毛泽东说："啊！山东大汉。"当看到沈阳第一机床厂生产的东风牌万能螺丝车床时，毛泽东问怎么叫万能？工作人员冯有禄说它能车外圆、内圆、端面，能挑螺纹等，有多种功能。当看到程序控制车床时，毛泽东问工作人员："怎么叫程序控制？"回答说是用一系列电器来控制动作，里面有时间继电器，毛泽东还进一步问明白了时间继电器的功能。

毛泽东还问及我国机床的产量、品种，在场的赵尔陆同志汇报了当时机械工业的发展程度和水平。

毛泽东看到发电机，说："现在出名的是上海电机厂，还有上海机床厂，他们做了些新东西，想去看看。"赵尔陆说是搞的双水内冷发电机，现在又在搞气体冷却。汪道涵说："发电机在发电过程中散热问题是个关键。双水内冷就是转子、定子都是用水冷却。现在又在研究用一种氟和氯液做冷却剂，在60℃以下是液体，60℃以上就变气体，可以吸热。"毛泽东听得非常专注。在看到机械工业搞技术革命、技术革新，君毅汇报自动化以后出现了许多新问题需要解决，毛泽东说："对，有材料问题、动力、人员、劳动组织、工资等问题都要在发展中有所创新。"毛泽东边看边谈，兴致很高，他说："生产力革命，归根到底是要解决衣、食、住、行、用的问题。"毛泽东还和在场同志款款谈心话家常，他问大家："你们现在忙不忙？你们看是忙好还是不忙好？"大家说忙，工作方法有关系。毛泽东幽默地说："我看你们一个个都面带红光，很健康，看来还是忙些好。"毛泽东这些话使在场的同志们感到非常亲切温暖，初见毛泽东时的拘谨都消失了。

大家亲见亲闻毛泽东几次参观机械工业展览时是那样的专心致志，求真究底，一定要弄个水落石出，才转到下一个问题。他与同志们平等探讨，还不时对一些问题予以辩证地解说，予以高度概括，这些参观视察，毛泽东用辩证唯物论的观点，发表了一些即席讲话使人深受启迪。毛泽东调查研究的态度是十分认真的。

（参见《缅怀毛泽东》下册，中央文献出版社1993年版）

与天斗其乐无穷嘛

"看看两年来这里的农民对棉花的种植管理，有了哪些进展，还要核查一下自己当年提的意见是否合理准确。"

1957 年金秋季节，又是毛主席视察秋收情况的时候了。毛主席于 9 月 3 日出发，进入了华北地区，在火车上眺望着一眼望不到边际的冀、鲁、豫大平原，只见遍地秋实累累，十分喜人。为了核实增产增收的情况，总结农民的生产经验，毛主席有时下车实地察看，有时分别请来沿途省、地、县的负责同志，到火车上座谈。一路视察，且行且看到了邯郸。当经过大棉区时，毛主席让停下车来，原来他对两年前曾到这里视察过棉田的情况记忆犹新。他要再看看两年来这里的农民对棉花的种植管理，有了哪些进展，还要核查一下自己当年提的意见是否合理准确，恐怕群众盲目执行他的意见。

邯郸农民已经争取到了两个丰收年，的确面貌大变。遍地棉花生长茂盛，棉桃累累，且长得像水蜜桃一样，已开始吐絮。绿叶、白棉，十分鲜艳。遍地不见野草。每棵棉花都好像盆栽的鲜花，较两年前的管理情况又更胜一筹了。正在棉田里劳动着的老农和棉花姑娘们，看见毛主席来了，都惊喜若狂，跑过来鼓掌欢迎主席，高兴地陪着毛主席察看棉田。几个老农民高兴地仰面看着毛主席鼓掌，只是张着嘴笑，不知说什么好。毛主席拉着一个老农民的手，低头问他的植棉经历，又让他说说这几年种植棉花有什么变化。老农告诉主席，现在种的棉花都是矮株多桃的优良品种，产量很高，如今也不怕干旱了，连年都是丰收，现在连棉花杆子都有人收购了，棉花全身都是宝。毛主席微笑着点头说好。时值天旱无雨，可是棉花的墒情很好。主席又查问了水利和施肥的情况。他们指着被棉丛遮住的机井，告诉主席，现在已经用机井抽水浇地了。主席微笑着点头。

有个小姑娘对毛主席说，种棉花可真好，年年都丰收，她爸爸妈妈都特别高兴，还给她做了新衣服。她问毛主席高兴吗？毛主席笑着说，你们种棉花的技术提高了，还能够战胜自然灾害，年年都能够争取到丰收，可见人能胜天，与天斗争其乐无穷嘛，谁能不高兴呢！说得人们喜笑颜开，主席接着说，你们还要总结经验，提高种棉技术。争取再提高产量，我看你们的爸爸妈妈还会给你们买新鞋子呢！大家一齐畅快地大笑起来。

毛泽东就是这样亲自深入基层调查了解情况，核查两年前提的意见是否正确，以便制定政策时做依据和有的放矢地指导农业生产。

（参见《缅怀毛泽东》下册，中央文献出版社1993 年版）

不能看我眼色行事

"昨天的会议使我失望，今日的会议使我高兴。你们不能看眼色行事，尤其不能看我的眼色行事。"

听汇报是一种间接的调查研究。日常工作中，上级领导经常要通过听汇报来了解基层情况。怎样听汇报，也是衡量领导干部领导方法和思想水平的一把尺子。

毛泽东不喜欢照本宣科式的汇报，甚至明确说"谁要念稿子，我就打瞌睡，以示反对"。与"念稿子"相比，口头汇报至少有两点好处：一是实话多，套话少。书面汇报常常经过多道修改、加工，容易穿靴戴帽讲套话，而口头汇报则可以保持原汁原味；二是可以防止虚与委蛇。要求口头汇报，汇报人不需要作形式主义的准备，根据平时的调查研究和实际工作体会，就能讲得具体、鲜活，讲出自己的见解和思考。

很多向毛泽东汇报过工作的领导干部，都觉得毛泽东提问题总是很细、很专、很深，且常常是宏观、微观兼具。毛泽东向汇报人所提的问题看似是随意而问，实际上，事先往往是有所考虑的，大都与工作中的需要有关，与他正在思考和研究的问题有关，故而是有针对性的，是为了进一步了解问题，寻找解决办法。也就是说，毛泽东听汇报的过程，实际上是让自己已有的思考、认识、经验同汇报人的汇报进行相互沟通、相互比较的过程，从而对原有的思考、认识、经验或确认、或修正、或更新、或深化，进而为研究和决策问题提供参考。

1957年9月5日，毛泽东在武汉召集湖北省委负责人王任重、王延春、赵辛初和几位地委书记座谈，中心议题是总结农业合作化的经验。从1955年到1957年，农业合作化搞了两年，取得了很大成绩，但也存在不少问题：要继续前进，就需要认真总结经验教训。毛泽东也想听听地方干部的意见。这天下午3时开会，按照安排，毛泽东坐在中间，一边是记录员，一边是王任重，其他人面向毛泽东。地委书记坐第一排，省委领导坐第二排。毛泽东一看说："这不是三堂会审吗？还是圆桌会议好，没有主席台，不要记录席。"工作人员很快作了调整，排成圆桌开会。毛泽东开场第一句话就说："同志们接到提纲没有？现在可不按提纲发言，畅所欲言、言无不尽。要讲真话，不要讲假话，否则就会浪费时间。"没想到会议竟冷场了一刻钟，后来大家虽然发了言，但讲的是一个调子，只讲农业合作化的优越性。而对存在的问题避而不谈或一掠而过。听着这样的发言，毛泽东有点不耐烦了，便打断大家的话说："休会，明天再开。"随后，他在纸上写下八个字："真可惜，时间浪费了！"并说："可惜呀，大家说一样的话，千篇一律，这个不是党的传统。开党的一大，会上就有争论。开党的二大、三大、四大、五大都是如此。"讲到这里，他转身对工作人员李银桥说："今日开的是重复发言的会，耽误时间的会。你把我的意思转告王任重同志，明日开会，中心议题是农业合作化的规划问题。要畅所欲言。"王任重连夜召开省委书记处会议。重新研究、讨论规划问题。第二天上午继续座谈，王任重等几个人详细汇报了湖北省农业发展未来几年的规划问题。临近中午，毛泽东宣布休会，并高兴地说:"昨天的会议使我失望,今日的会议使我高兴。你们不能看眼色行事,尤其不能看我的眼色行事。"

曾任山西省委第一书记的陶鲁笳有深刻感悟:"毛主席听汇报,最不喜欢汇报人念稿子。他最喜欢听那种开门见山,反映新情况,提出新问题,发表新见解,有虚有实,以虚带实的汇报。对于新问题、新观点,毛主席总是以高屋建瓴、势如破竹的风格,借题发挥,大发议论,谈笑风生,古今中外,无不涉猎,使人感到自己的思想境界,跟着毛主席的宏论而拓宽了、提高了,使人感到每次汇报的过程,就是一个提出问题、讨论问题、解决问题的生动活泼、高潮迭起的过程;使人感受到毛主席主持汇报会的精湛的领导艺术。"从中也可以看出毛泽东搞调查研究的高超艺术。

(参见《党的文献》2009 年 第 2 期)

帮警卫改调查报告

"写得很好,可在全班传阅,有些错字。"

1953 年 1 月 30 日晚,毛主席的贴身卫士李家骥接到父亲病重的来信,领导同意李家骥回家探亲,给了 15 天假。当时,农村正在搞统购统销。

临行前,毛主席把李家骥叫到床前。李家骥见床上床下一堆文件乱七八糟,李家骥赶忙帮他收拾归拢。毛泽东说:"你要走了,让在家的同志收拾吧。"接着毛泽东又亲切地说:"听说给你 15 天假,如果不够我告诉你们领导再续几天。"李家骥说:"够了,主席还有什么指示?"

毛泽东站起来说:"这次回家探亲别忘了搞调查研究。"接着毛泽东针对当时的农村情况,亲自给李家骥拟定了调查提纲。毛泽东掰着手指头说:

"一是了解群众生产生活情况，二是群众拥护什么，三是群众有哪些负担。"

稍停，毛泽东又说："这次回家乡探亲搞调查，你是第一人，要做出好样子，给以后的同志做个榜样，今后我准备让他们都搞点调查研究。""另外，回去不要对人家炫耀自己，说在毛主席身边工作，不要摆架子，这样就不好办了，回来以后向我汇报。"

李家骥带着毛主席的指示，回家后除了探亲，认真做了社会调查，找了村子和附近村子群众了解了各方面的情况。

从家回来后，李家骥急忙奔向毛主席办公室。一进屋李家骥看到毛泽东正在埋头工作，又犹豫起来，怕影响他的工作。毛泽东抬头看李家骥回来了，忙把手头的工作放下，高兴地说："家骥，你回来了，你父亲病好些了吗?"

于是，李家骥来到毛泽东身边，先汇报父亲病的情况，接着又汇报起调查研究情况。原打算简单说说就行了，谁知毛泽东听得很认真，特别对农村生产、生活、农民的意见、农村政策落实的情况、农民的痛苦，问得很细，不但听、问，还在一个小本子上记。当李家骥汇报到一个山区贫农生了病，这个人才21岁，为了给他治病，三次赶着马车进城请医生都没请来时，他"噢"了一声，放下笔，深思起来，又问了这个人的名字，当地干部知不知道，为什么医生都集中到城市呢? 毛泽东的脸已露出了忧虑的表情。当李家骥汇报到这人因抢救不及时死去时，他老人家眼圈红了。停顿片刻后说："我们的工作没有做好，对不起人民群众啊!"

当李家骥汇报到少数富农囤积粮食，又在人们面前叫困难，又反对统购统销时，毛泽东关切地问："贫农怎么样?"李家骥说："我们村的不少贫农都困难，但在政府帮助下，正在努力发展生产。"当毛泽东听到这里时很高兴，连连说："好，好。"

时间过了一个多小时，李家骥怕毛泽东累了，便说："主席，休息一会儿吧，明天再说。"毛泽东却摆了摆手说："不累，继续谈。"这样他们又谈了一个多小时。当时李家骥从内心感到，毛主席真是和群众心连心，不愧为人民的领袖。

听完汇报，毛泽东放下笔，客气地对李家骥说："你了解的情况很好，能否写个材料给我看?"

一提写材料，李家骥为难起来，当时哪会写材料啊。毛泽东见李家骥有畏难的表情，就热情地鼓励："你大胆地写，现在你进步很大，一定能写好。"

李家骥回到休息室，几乎一夜没合眼，心情很不平静，翻来覆去地想：我决不能辜负主席的期望。可调查报告怎么写呢？考虑了一宿，终于想出了一个思路。第二天李家骥就执笔写材料。说实在话，真是使了吃奶的劲，写出来的材料连李家骥自己看都不像样子，觉得很粗糙。这样的材料怎么能交给主席呢？李家骥掂量了好几天也不好意思交稿。

谁知毛泽东办事从来都认真，他主动跟李家骥要了好几次，没办法李家骥只好将材料小心谨慎地递了上去。

递上去以后，李家骥天天提心吊胆怕主席批评。几天后，毛泽东把这份报告材料交给了当时负责卫士组工作的王鹤滨秘书。李家骥见王秘书拿的是自己写的材料，很不好意思想跟他要回来，哪知抢都没抢回来。王秘书说："这个材料暂时还不能给你，主席有批语，等组织同志们学习完了再给你。"

李家骥万万没有想到，这份普通材料，毛泽东还这么认真对待，还专门写了批语。

后来王秘书组织警卫班和卫士组学习了毛主席的批语，传达了毛主席要求搞好调查研究的指示。李家骥亲眼看到毛主席亲笔给自己的调查报告修改了三十多处，改了错别字和不通顺的句子，加上了漏掉的标点符号，有些重要的话毛主席还画了曲线或双曲线。李家骥的材料原来没有标题，毛主席亲自加了"山西盂县情况调查"几个字的标题。报告后边没有落款，毛主席又替李家骥加上了"李家骥"三个字。从文体上就算调查报告了。在材料的最后一页上毛主席还写了如下批语："写得很好，可在全班传阅，有些错字。"并署名毛泽东，写上年月日。

李家骥双手捧着这份调查报告，心里说不出有多高兴。这真是莫大的鼓舞、莫大的奖赏、莫大的光荣啊！

（参见李家骥回忆、杨庆旺整理：《我做毛泽东卫士十三年》，中央文献出版社 1988 年版）

要普遍推广试验田

> "红安县领导干部种试验田与技术革命联系起来，就是政治和技术的统一，就是又红又专。"

1958 年 12 月 7 日傍晚，武汉三镇灯火辉煌。在洪山宾馆一间简洁的会议室内，毛泽东、邓小平、彭真等中央领导，亲切地接见了红安种试验田的代表。毛泽东拿起参加座谈的人员名单一一点念。"哪一个是程鹏呀？"王任重介绍说，"坐在您对面就是红安县带头种试验田的县委第一书记、黄冈地委委员程鹏。""哦！"毛泽东与他握着手。当他看到张景田的名字时，若有所思，王任重说："他就是红安县委副书记，是自己买锄头扛下乡，参加生产，领导生产的张景田。"毛泽东风趣地说："难怪红安县的干部会种试验田，你的名字有个田字嘛！"一句话说得大家笑了起来。代表们不再紧张和拘束，高举起自己试验田里的丰产标本花生、棉花献给毛泽东、邓小平、彭真，轻松地向他们汇报了红安种试验田的情况。

听完汇报，毛泽东高兴地说："为革命科学种田，这个办法好得很。"毛泽东站起来，加重语气重复地说："这个办法好极了！"

先前，当毛泽东看见红安县种试验田的报告时说："红安县领导干部种试验田与技术革命联系起来，就是政治和技术的统一，就是又红又专"。1 月 28 日，毛泽东又在最高国务会议上提议，要普遍推广试验田。"红安干部种试验田，以普通劳动者姿态在人民中出现，农民感到和他们平等，这样就好。"毛泽东反复强调"我们要认真学习红安经验，要普遍搞种试验田，农业要搞，工业要搞，要准备把注意力引向技术革命！""农业搞试验田就照红安的方向"。

种试验田是个好办法，这是正确处理"点"与"面"这对矛盾的好经验，因此，毛泽东加以充分的肯定，并且号召加以推广，使之与技术革命，政治与技术，红与专统一起来。这是毛泽东在调查中发现典型，以点代面，推动工作的一个事例。

（参见孟晓慧:《毛泽东首肯的"红安县干部试验田"》,《党史天地》1999 年第 4 期）

亩产顶多有五百斤

"要实事求是，要革命种田，要计划种田，科学种田。"

1959 年 6 月 25 日，毛泽东解放后第一次回到故乡韶山冲。

第二天天刚亮，毛泽东就踩着露水爬山，看望母亲的坟，视察了韶山冲所有的稻田。他发现对面山腰樟树丛里冒起一股青烟，一个短发妇女，正用耙子把草丛里的烂纸、陈叶搂出来，放进火里焚烧，便走了过去。短发妇女闻声猛回头，看见是毛泽东，便抱起 3 岁的儿子一面大声喊着"毛主席来了！"一面把一行人带进一栋干净宽敞的堂屋里。

毛泽东像到了自己的家一样，坐在竹凳子上，抽着烟，亲切地同大家拉起家常来。他先问："这栋房子住几家？若住不下就搬到我家去住。"又问他小时候的好朋友土地老倌和四道士有没有后代？

大队党支部书记指指短发妇女介绍说："她就是四道士的儿媳妇。"

毛泽东高兴地问她："我怎么没见过你？"

她回答："你老人家 1927 年就走了，我是 1931 年生的，所以没有见过我呀！"

227

毛泽东又问:"你是哪里人?姓什么?"

"我是如意亭的,姓汤。"

毛泽东摇摇头:"如意亭没有姓汤的。"

"我小时候从宁乡逃难来的。"

毛泽东点点头。发现她穿着解放鞋,知道她爱人当解放军、抗美援朝回国后不久,就说:"你是军属啊!他在外面打美国鬼子,你在家里打美国鬼子,你俩都打美国鬼子。"

"我一定听您老人家的话,搞好生产,多打粮食,支援国家建设。"

毛泽东问她的儿子叫什么,孩子乖乖地回答:"命军!"毛泽东说:"很好!长大了就当兵,当解放军!"命军拍着小手说:"我就是喜欢当解放军!"逗得大伙都笑了。

大队书记说:"她们3户军属,组成湘潭县第一个互助组,受到大家的拥护。湘潭县政府奖给她们一头大黄牛。"

"互助,合作,大有发展!"毛泽东大声赞扬。"今年每亩能收多少稻谷?"

这一问,可把大家难住了。你看看我,我看看你,一时不知怎么回答好。因为他们想:人家亩产千斤,双千斤,甚至上万斤,我们少说行吗?可多说了达不到啊!

正在为难时,毛霞生爽爽快快地回答:"亩产八百斤。"

毛泽东摇摇头:"能产八百斤?依我看平均亩产五百斤就谢天谢地了。要实事求是,要革命种田,要计划种田,科学种田。"说着看看大家,风趣地说:"我看见韶山的稻田绿化了。但山上没有绿化。韶山人多山多地少,要腾出田来种庄稼。"

大伙点点头:"感谢毛主席……"话没说完,就被毛泽东打断了:"不要感谢我,要感谢人民,人民团结起来力量大。"

毛泽东针对当时刮起的浮夸风,强调一定要讲真话,要实事求是,不要搞浮夸。

(参见贾思保编:《毛泽东人际交往录 1915—1976》,江苏文艺出版社 1989 年版)

全国的食堂一风吹

"看来可以搞几个调查组，到各农村去搞调查，搞他一个月，看看到底是怎么个样子。如果他说的对，全国的食堂一风吹！"

1960 年，毛泽东乘火车前往杭州。他把 6 个大区的书记及有关的省委书记叫到专列上，和他们研究有关农村工作的问题。

汇报中涉及"公共食堂"问题。在这趟专列上，拥护办公共食堂的是多数，大家先后发言，历数公共食堂的好处，发表了很多意见。

江渭清一直没有说话，不久前他到农村调查，发现了很多问题，是说还是不说？他一直在琢磨，公共食堂问题一直是个敏感问题，不是有人因为这个问题被打成右倾吗？

江渭清正在沉思，毛泽东点他的名了：

"渭清，他们都发表意见，唯独你不发表意见，这是什么道理？"

主席又点名要自己发表意见，当着这么多的人说不同意见，合适吗？

毛泽东见他面有难色，说："说！不抓辫子，不打棍子，不戴帽子，你说！"

江渭清说："不少同志认为办公共食堂怎么好，怎么好，我了解到的情况却是怎么不好，怎么不好。"

毛泽东点燃一支烟说："那你就讲怎么不好嘛！"

江渭清已经有充分的思想准备，把自己知道的情况实事求是地说了出来。

他说："公共食堂，半年吃了一年粮，我们的国家吃不起啊！您老人家说，忙时吃干，闲时吃稀；全劳力吃干，半劳力吃稀，是因为粮食不够。现在食堂半年吃了一年的粮。"

毛泽东认真听着，竖起一个食指，操着湖南普通话说："这是一，二呢?"

江渭清见毛泽东的态度如此，进一步放开讲："猪为什么少了? 鸡为什么没有了? 公共食堂不可能养那么多的猪，如果一家一户一口猪，就是3亿口猪。现在您老人家带头不吃猪肉，我们中华人民共和国没有猪肉，这成什么体统?"

毛泽东竖起他的中指，问："这是二，那么三呢?"

江渭清深感痛心地说："主席，办公共食堂的损失，是很难计算的。食堂里的碗，天天打，筷子天天丢，这还算小，您再到公路上看看，树都砍得差不多了，都用来烧饭，原来一家一户做饭，小孩去搂一搂，弄点树叶烂柴草，就可以了。现在都给你烧木柴，毁了多少木材啊!"

毛泽东竖起无名指，对周恩来总理说："总理，他说的有道理啊!"

周恩来点点头，表示赞同。

毛泽东又说："看来可以搞几个调查组，田家英一个，陈伯达一个，胡乔木一个，到各农村去搞调查，搞他一个月，看看到底是怎么个样子。如果他说的对，全国的食堂一风吹!"

说到这里，毛泽东挥动右手，作了个有力的手势，好像真的要一风吹。他接着说："如果不是呢，另当别论。"

毛泽东侧过身，对江渭清说："你江渭清说食堂不好，不能办，你就马上解散吧!"

江渭清说："主席，马上解散还不行，群众没有锅，碗筷也要准备。"

"你说要多久?"

"要3个月。"

这时，坐在一边的上海市委书记柯庆施发言了，他对江渭清说："你们江苏的苏州地区基础比较好，他们那里的食堂还可以照办下去。"

江渭清解释说："苏州的情况好一点，但也存在同样的问题，也不能办。"

柯庆施很不高兴，正要说话，毛泽东摆摆手，说："柯老你不要压他。"

事后，中共中央经过反复研究，详细调查，作出了顺应民意的决定，全国农村的公共食堂相继取消。真的应了毛泽东的话："全国的食堂一风吹。"

江渭清敢于在领袖面前讲真话，非常可贵。毛泽东重视省委书记的意见，敢于听诤言，在调查研究中获得了真实情况，不为假象所惑，为后来决策取消公共食堂打下了基础。

（参见董保存:《走进怀仁堂》，中共党史出版社 2005 年版）

遇事宜虚怀观一是

“我的经验历来如此，凡是忧愁没有办法的时候，就去调查研究。”

1961 年毛泽东在号召全党大兴调查研究之风时，曾在 3 月召开的广州会议上讲了一段他在第二次反“围剿”的时候，做调查研究的往事。他说：“我的经验历来如此，凡是忧愁没有办法的时候，就去调查研究。一经调查研究，办法就出来了，问题就解决了。打仗也是这样，凡是没有办法的时候，就去调查研究。在第二次反‘围剿’的时候，兵少觉得很不好办，开头不了解情况，每天忧愁。我跟彭德怀两个人到白云山上跑了一天，察看地形，看了很多地方。我对彭德怀说，把你的三军团全部打包抄，敌人一定会垮下去。一军团打正面，那时还有四军、三军，可以打正面、打两路。如果不去看呢？就每天忧愁，就不知如何打法。”①

20 世纪 50 年代中期，为了寻找一条适合中国情况的建设社会主义的道路，毛泽东曾用一个半月的时间，做了一次系统的经济问题调查，写出《论十大关系》这样有分量的理论著作。他还多次外出视察，了解各地的社会情

---

① 《毛泽东文集》第八卷，人民出版社 1999 年版，第 261 页。

况和工农业生产状况。足迹遍及大江南北。他曾这样评价外出视察：我在北京住久了，就觉得脑子空了，一出北京，就又有了东西。

毛泽东一直认为，一个人光有书本知识不行，一定要投身到社会生活中去学习实际的知识，这是最丰富最生动的知识。他说，刘邦为什么能打败项羽？因为刘邦同贵族出身的项羽不同，比较熟悉社会生活，了解人民心理。屈原如果继续当官，他的文章就没有了。因为丢了官，才有可能接近下层社会生活，才有可能产生像《离骚》这样好的文学作品。还说，孙中山是中国民族民主革命的领袖，他的三民主义，不是从学校的书本里学的，而是在学校外面的大学校里学的。马克思的学问也不是在学校的书本里学到的，是在英国、法国、德国看书看事而学的。所看的事，有资产阶级和无产阶级打仗，有法国资产阶级革命、巴黎公社革命和英国劳工运动，还了解了中国革命，后来写了许多书，成为马克思主义的创始人。这里，毛泽东将读无字书，向社会做调查作为丰富知识，提高能力的一个重要内容。

社会调查，毛泽东认为"这是比什么大学还要高明的学校"。在社会这个大学校里可以学到许多无法从书本上得到的知识。

在调查方法上，毛泽东非常赞赏明人杨继盛的诗中所说的："遇事虚怀观一是，与人和气察群言。"20世纪50年代，他在庐山对人说："我从年轻的时候，就喜欢这两句，并照着去做。这几十年的体会是：头一句'遇事虚怀观一是'，难就难在'虚怀'这两个字上，即有时是虚怀，有时并不怎么虚怀。第二句'与人和气察群言'难在'察'字上面。察，不是一般的察言观色，而是虚心体察，这样才能从群言中吸取智慧和力量。"

毛泽东把调查研究看成是实事求是，解决挫折和困难的科学方法。

（参见胡哲峰、孙彦编著：《毛泽东谈毛泽东》，
中共中央党校出版社2000年版）

敢讲真话的贺凤生

"中央领导下去，下面尽讲好听的，带着看好的，很难得到真实情况。他们怕说拐了场丢掉乌纱帽。"

19 世纪 20 年代，一同在韶山长大的表兄弟毛泽东、贺晓秋参加了韶山地区的农民运动。毛泽东后来回忆说，贺晓秋"是我的救命恩人呢，没有他们这些人舍身相救，毛泽东早就不在世了。"建国初期，毛泽东给贺晓秋寄过信，还两次寄过 300 元、100 元钱。贺晓秋 1960 年 10 月去世。他的儿子贺凤生是生产队长。贺晓秋临终前安排儿子：要把这几年下面发生的一切告诉毛主席，要让毛主席了解基层的真实情况。

1960 年年底，贺凤生凭着建国初期毛主席写给他父亲的信，进入了新华门，住进了中央办公厅招待所。不久，他被请到毛主席的客厅。……毛泽东问及他父亲的情况及通信汇款情况等之后，贺凤生直截了当地说："主席，你晓得乡里现在的情况吧？晓得下面刮'五风'吗？"毛主席兴奋地说："好哇，我正需要听这方面的情况。""你先回去好好回忆一下，下次专门找个时间听你谈一次，越具体越好，要真实情况，不要掺水，是一说一，是二说二，骂娘也告诉我，只有贺晓秋的儿子才有这么好的礼物给我。"毛主席还对身边的机要秘书罗光禄说："交给你一个任务，安排好贺凤生参观北京，调动他的积极性，好给我提意见。"第一次接见到此结束了。

不久，毛主席安排专门时间，与贺凤生长时间交谈。贺凤生的开头炮放响了："主席……吃食堂饿死人啦！食堂不散我不回去了。"毛主席说："讲下去，讲下去……"贺凤生讲解放后的发展和变化，毛主席笑着说："不要唱什么赞歌了。"贺凤生说："但是，总路线、大跃进、人民公社三面红旗提出后，情况就变了。'五风'刮得不像话呢。""大跃进来了，要搞公社化。好不容易一家一户有了房子，一夜之间，全部都要拆了去居民点，土砖墙要捣碎了熬肥料，弄得到处鸡飞狗跳墙，哭的哭爹，骂的骂娘，一百户两百户连在一起，越大越是集体化。""小铁锅砸了炼钢铁，小灶拆了积土肥，筷子碗碟全部归公，只允许一个大队开一个食堂，大锅饭、钵子饭、双蒸饭，还没得饱饭吃……吃得男人大肚子水肿……女人没崽生。""现在的干部都兴'放卫星'……仓里没得几粒谷，还硬说亩产达到几千斤……干部当老爷，严重脱离群众，老百姓饿得要死，只能在背后冲天骂娘。"贺凤生流泪了。第二次会见，持续了三个小时。

毛泽东第二次接见贺凤生后不久，贺凤生想家了，便对毛泽东提出："我过了年就回去。"毛主席笑着问："你不是说食堂不散不回去吗？"毛主席告诉他：你上次反映的情况，已经和刘少奇主席、周恩来总理交换了意见，党中央、国务院进行过研究，认为食堂要拆散，生产要恢复，浮夸风要制止。毛主席鼓励贺凤生说："感谢你为中央提供了最有价值的情况，那是少奇、恩来和我都捞不到的真实情况呀！""社会上像你贺凤生这样敢讲真话的人太少了。"毛主席说："中央领导下去，下面尽讲好听的，带着看好的，很难得到真实情况。他们怕说拐了场丢掉乌纱帽。农村有句俗话，叫'三十吃年饭，尽赶好的搬'……要提倡各级干部都讲真话。"贺凤生问："食堂散不散呢！"毛主席说："食堂是肯定要散的。我的意见是大锅改小锅，大碗改小碗。要让农民吃饱饭，不能风一阵，雨一阵，任何一级干部都不准搞假家伙。"毛主席痛心地说："你们华容县那个钱粮湖围垦，也有可能是个好工程，但下雪吃冰，落雨淋雨，使农民兄弟受苦就不太好了。对不起农民兄弟，请你代表我向他们道个歉。"

1966年国庆节刚过，贺凤生又乘火车北上，又准备找毛主席告状。10月7日，毛主席又接见了他。贺凤生这次是对着"文化大革命"及其带来的极"左"的东西来的。贺说："过去是土豪劣绅戴高帽子，如今我这个叫花子出身的贫雇农也搞了顶高帽子戴在脑壳上了。""如今硬是乱哒套，县委书记看芦苇，吊儿郎当的当司令，把您毛主席做菩萨敬，您晓得不？""从社教以后，好多人学会了整人，好多人总是挨整，搞坏了作风，人与人之间关系很紧张，怎么大小带个长字的都成了走资派呢……我不肯戴（高帽子），造反派……白白打了我一顿。"贺凤生说，隆庄大队有个老实巴交的农民，家里贴的毛主席像被大风刮破了，成了现行反革命分子，用麻绳捆着戴高帽子游街。"要家家户户做宝书台，换上毛主席像，供上毛泽东选集，五保户、瞎子家里也要供宝书，人人都要活学活用。""农民怕背语录，但是干什么都要先背语录……""我是程咬金明人不做暗事，一没做宝书台，二没有买石膏像，宝书倒发了一套，没看过几回，好多字认不出来。这个为人民服务的语录牌我倒很喜欢，一直戴在身上。"贺凤生还告诉毛主席，这几年破四旧，毁了好多值钱的东西，叫人心痛。谈了很久，毛泽东不断点头，表示同意。

最后，毛泽东告诉贺凤生："'文化大革命'，是中央会议通过的，原来只是想冲一下少数干部的官气，想不到影响这么大，中央是要采取措施的。任何政党、任何个人，都可能在工作中犯错误，中央也一样，也可能犯错误，党犯了错误也应该改正。你们那里动不动戴高帽子肯定是不妥的。"毛泽东感慨地说："这些情况是十分重要的，哪怕是我和周总理下去，不碰上你贺凤生，怕也没人敢提供这么真实的情况了。"

贺凤生三进中南海向毛泽东反映了下面的真实情况，毛泽东表扬了贺凤生实事求是敢讲真话的做法。从贺凤生那里毛泽东了解到基层许多难以知道的真情。

（参见王伯福主编：《毛泽东轶事大观》，山东
人民出版社 1997 年版）

去群众中了解情况

"要真正了解老百姓在想什么、说什么，要了解群众的意愿，就要
到群众中，到农村基层中去了解情况。"

重视抓调查研究是毛泽东一贯坚持的优良传统。新中国成立后，毛泽

东仍很强调要第一手材料。他常说："一般报纸和文件，都是筛选过的材料，是剩下的骨头，肉很少。要真正了解老百姓在想什么、说什么，要了解群众的意愿，就要到群众中，到农村基层中去了解情况。老百姓见官，往往不说实话，绝对不能有官架子。"

1961年年初，毛泽东在北京召开中央工作会议，着重提出了调查研究问题。他说，我们做工作要有三条：一是情况明，二是决心大，二是方法对。他强调，调查研究极为重要，希望1961年成为一个调查年，实事求是年。他说：我们党是有实事求是的传统的，就是把马克思列宁主义的普遍真理同中国的实际相结合。但是解放以来，特别是最近几年，我们调查做得少了，不大摸底了，大概是官做大了。他自我批评说："我这个人就是官做大了，从前在江西那样的调查研究，现在就做得少了。现在请同志们回去大兴调查研究之风，一切从实际出发。"

毛泽东常对身边工作人员说："无论办什么事情，都要取得第一手材料。你们要轮流回去了解家乡群众的情况，回来都要写出一份实事求是的材料！"

1962年，毛泽东派罗光禄和孙勇为正副组长带一个小组（组员有卫士张仙鹏、干部队小陈、理发员小钱）去湖南常德专区石门县调查。那是湘北的贫困小县，生活比较艰苦。临走那天，他对大家说："我们处处要想到群众，要了解大多数群众想什么、要求什么，根据这些实际情况来研究决定政策。因此，一定要得到群众的实话。我希望同志们下去多作调查，首先要和群众一起参加劳动，为什么要劳动？第一，劳动能锻炼人；第二，通过劳动才能和群众打成一片，和群众搞好关系。他们才会同你讲实话，真正了解他到底在想什么，要求什么。"

到了石门，他们和农民们一块种地，上半年搞了半年劳动，下半年了解农村情况，进行调查研究：回来向毛泽东作了汇报，毛泽东听了了解到的真实情况很满意。

（参见李敏、高凤、叶利亚主编：《真实的毛泽东》，中央文献出版社2006年版）

向实践与群众学习

"努力向实践学习，向群众学习，坚持实践是检验真理的唯一标准的正确原则。"

吴黎平说，毛泽东同志多次教导我们：必须不断地作调查研究，坚持向实践学习，向群众学习。有一次，有位同志问他："主席，你指挥打仗这么好，你是从哪里学习军事的?"毛泽东笑着说："我在师范上学，当教员出身，哪里学过什么军事?"他说："固然有些人经过军事学校学习后再去打仗，但我们红军中更多的人是从战争中学习战争，边打边学习。开始，我们从事革命，组织工人，农民进行斗争，在斗争的紧要关头常常遭到反动派的镇压，以致陷于失败。我想，反动派也是人，工人农民也是人，反动派人少，工人农民人多，为什么少数人能压迫多数人? 无非是他们手中有武器。那么为什么工人农民不能有武器，为什么不能从反动派手里夺取武器? 这样就产生了武装民众的思想。后来我们就想方设法使工人农民武装起来。可是武装起来怎么办，对反动派武装应该怎么对付? 开始我们缺乏正确的认识，没有实际经验，犯了些错误，打了些败仗，损失了些人，这时才深深感到有了武装还要懂得如何同反动派进行武装斗争的方法。""左"倾教条主义者诬蔑毛泽东不懂战争，胡说他是从《三国演义》上学来的战法。毛泽东说："是的，我不懂他们那种蠢猪式的打仗方法；我确实读了许多中国古时打仗的书，研究过孙子兵法之类的著作，也看过不少关于外国战争的书，但我的军事知识主要是从战争实践中得来的。"毛泽东并不反对在军事学校中学习战争，但他认为要真正学好打仗，最重要的还是从战争中，从实践中学习。

毛泽东经常注意向有实际工作经验的同志和劳动人民学习。他在中央苏区所作的有名的长冈乡调查和才溪乡调查，经过多次向群众向实际工作者的调查研究写出来的。他不但在战争问题上坚持实践第一、实践出真理、真理要受实践检验的观点，而且在其他一切问题上都是坚持这种观点的。他在1962年讲的下述一段话就概括了这一思想："如果有人说，有哪一位同志，比如说中央的任何同志，比如说我自己，对于中国革命的规律，在一开始的时候就完全认识了，那是吹牛，你们切记不要信，没有那回事。过去，特别是开始时期，我们只是一股劲儿要革命，至于怎么革法，革些什么，哪些先革，哪些后革，哪些要到下一阶段才革，在一个相当长的时间内，都没有弄清楚，或者说没有完全弄清楚。我讲我们中国共产党人在民主革命时期艰难地但是成功地认识中国革命规律这一段历史、情况的目的，是想引导同志们理解这样一件事：对于建设社会主义的规律的认识，必须有一个过程。必须从实践出发，从没有经验到有经验，从有较少的经验，到有较多的经验，从建设社会主义这个未被认识的必然王国，到逐步地克服盲目性、认识客观规律、从而获得自由，在认识上出现一个飞跃，到达自由王国。"① 这是毛泽东以彻底的唯物主义精神所作出的科学总结。

毛泽东说："我们是信奉科学的，不相信神学。所以，我们的调查工作要面向下层，而不是幻想。同时，我们又相信事物是运动的，变化着的，进步着的。因此，我们的调查，也是长期的。"② 努力向实践学习，向群众学习，坚持实践是检验真理的唯一标准的正确原则。要敢于独立思考，善于分析和解决在新的历史时期所出现的新情况和新问题。我们就要破除迷信，解放思想。

（参见吴黎平：《永远铭记毛主席关于战斗的唯物主义的教导》，《红旗》1978 年第 11 期）

---

① 《毛泽东文集》第八卷，人民出版社 1999 年版，第 300 页。
② 《毛泽东文集》第二卷，人民出版社 1993 年版，第 378 页。

要靠总结经验吃饭

调查不够不决策，条件不备不行动。

1965 年，前国民党政府代总统李宗仁先生越洋归来，回到祖国怀抱。同年 7 月 26 日上午，毛泽东接见了李宗仁夫妇和李的机要秘书程思远。谈话中，毛泽东问到程思远的学历和工作经历，后来谈到美国。程思远说，美国总统肯尼迪生前，在他的办公桌上就摆着一部《毛泽东选集》，看来他是要部下研究中国。程思远还说道，近来一个国民党人对我说过，他也用毛泽东思想办事，他把毛泽东思想概括成两句话：调查不够不决策，条件不备不行动。听到这里，毛泽东笑了，似乎对这句话颇为欣赏。突然，毛泽东问程思远："你知道我靠什么吃饭吗？"程茫然莫明所以，回答道："不知道"。

"我是靠总结经验吃饭的。"毛泽东说。停了一下，他又说："以前我们人民解放军打仗，在每个战役后，总来一次总结，发扬优点，克服缺点，然后轻装上阵，乘胜前进，从胜利走向胜利，终于建立了中华人民共和国。"

从一个国民党人说的"调查不够不决策"一句话中，引发出毛泽东一番"靠总结经验吃饭"的议论。调查研究，总结经验，是一件工作的两个阶段，有着密切的联系，调查研究于前，总结经验于后。在调查研究的基础上分析、综合、判断，总结出经验，这就是毛泽东重要的辩证思维工作方法。

毛泽东的许多重要著作，都是在总结中国革命正反两方面经验教训的基础上写出来的，毛泽东自己也是这样认为的。1956 年 9 月 10 日，他在中共八大预备会议第二次全体会议上说："我的那些文章，不经过北伐战争、土地革命战争和抗日战争，是不可能写出来的，因为没有经验。所以，那些失败，那些挫折，给了我们很大的教育；没有那些挫折，我们党是不会被教育过来的。"①1962 年 1 月，他在扩大的中央工作会议上再次谈到这一点："在民主革命时期，经过胜利、失败，再胜利、再失败，两次比较，我们才认识了中国这个客观世界。在抗日战争前夜和抗日战争时期，我写了一些论文，例如《中国革命战争的战略问题》、《论持久战》、《新民主主义论》、《〈共产党人〉发刊词》，替中央起草过一些关于政策、策略的文件，都是革命经验的总结。那些论文和文件，只有在那个时候才能产生，在以前不可能，因为没有经过大风大浪，没有两次胜利和两次失败的比较，还没有充分的经验，还不能充分认识中国革命的规律。"②

靠调查研究，"靠总结经验吃饭"，毛泽东一语中的，揭示了自己率领千军万马打江山、搞建设，所以能取得成功的最基本的领导方法。在调查研究的基础上，再总结经验，就会找出客观事物的规律性。

（参见薛建华：《毛泽东和他的"右派朋友"》，四川人民日报出版社 1992 年版）

坚持读人民的来信

"李庆霖同志，寄上 300 元，聊补无米之炊。全国此类事甚多，容当统筹解决。"

"文化大革命"以后，虽然毛泽东的身体衰老了，但他仍然坚持读人民来信，这是他坚持调查研究的一根挣不断的红线。

---

① 《毛泽东文集》第七卷，人民出版社 1999 年版，第 100 页。
② 《毛泽东文集》第八卷，人民出版社 1999 年版，第 299 页。

一位小学教员的信从福建省莆田县寄出，写信的人叫李庆霖。他用朴实的语言平缓的口气向毛泽东倾诉了他的困难、苦恼和不平。他的儿子李良模初中毕业，因为响应上山下乡的号召到山村插队去了。他认为知识青年到农村去接受再教育能锻炼他们热爱劳动、热爱贫下中农的思想觉悟，但是劳动一天连最简单的生活都维持不下去，粮食吃不饱买黑市，每月要到家里来拿钱拿油，住房也解决不了。原先下乡一个，现在又一个孩子初中毕业，他真害怕再增加负担，他实在生活艰难。他希望孩子下乡后的口粮问题，生活中的吃油问题、吃菜问题、穿衣问题、疾病问题、住房问题、学习问题以及一切日常生活问题，党和国家应当给予一定的照顾。他反映有的人有权力有地位可以不叫孩子下乡，他们可以走后门，拉关系招工、招生、招干。我一个小学教师，呼天不应，叫地不灵，只好大胆地冒昧地写信来北京告御状了。

毛泽东尊敬教师。他读过师范学校，要是没有那本《新青年》的诱惑，他很可能当了教书先生。所以，当翻天覆地的"文化大革命"吹捧他"四个伟大"的时候，他对美国记者斯诺说"四个伟大，讨嫌！只要一个，导师。我过去就是教员。"

教了二十多年书的农村小学教员遇到了无米之炊的艰难窘境，他不能不管。

毛泽东是在中南海的游泳池中读到这封信的。关于知识青年上山下乡后遇到的许多实际困难，毛泽东有一个大概的了解，他听说过这一类问题的简报和汇报，但李庆霖的这封信从一个家长的角度哀婉地诉说了一个父亲的苦楚，将心比心，毛泽东理解李庆霖的心境。虽然信中有一些"大胆"和"冒昧"的话，从当时的政治气氛来说，是"污蔑大好形势"的，但毛泽东看出这封信说的是真话，是许多人不敢说的话。

边看边想，特别是读到悲哀处的文字，毛泽东控制不住感情了，他双眼慢慢红起来，泪水在眼眶中含着。"有朝一日，当我见阎王去，孩子失去家庭支持后，那他将如何活下去？我真担心！"可怜天下父母心，毛泽东看得老泪纵横。

这一年，毛泽东八十高龄。八十岁的毛泽东为这封从福建莆田飞进中南海的人民来信，亲笔写了回信："李庆霖同志，寄上300元，聊补无米之炊。

全国此类事甚多，容当统筹解决。"

李庆霖做梦都没有想到，他在莆田街上的邮筒中投寄出去的这封寄给"尊敬的毛主席"的信毛主席真的收到了，毛主席还亲自给他回信，"聊补无米之炊"六个字包含着海一样的深情。他收到了一张绿色的从北京飞来的汇款单，三百元钱的汇单是无法用价值衡量的领袖对人民的无限关怀！

李庆霖哭了。他甚至有点后悔了，悔不该将自己的困难去打扰年事已高的毛泽东，十亿人口的大国有多少事情需要他老人家操劳！他感到内疚的是毛主席寄给他的三百元钱，他怎么好意思接受毛主席的钱呢？

这是一个盛大的节日。毛泽东给李庆霖写信寄钱的消息传向四面八方！四面八方的人们奔走相告，李庆霖家门庭若市，从各地寄来的信件数不胜数！

不久，中共中央以（1973）21 号文件的形式将毛泽东的复信和李庆霖给毛泽东的信印发全国，传达到广大群众和知识青年。

显然，李庆霖的信反映了全国上山下乡工作普遍存在的一个老大难问题。这份中央文件后面，还附上《中共福建省委关于认真学习毛主席给李庆霖同志的信的通知》。中央要求全国党、政、军机关党委召开扩大会议认真学习，对知青工作要严格检查，加强领导，总结经验。

可见，通过阅读人民来信，这是毛泽东解决现实中存在的问题的一条重要渠道。

（参见徐文钦编著：《毛泽东读书治国》，中央文献出版社 2008 年版）

五、群众史观

历史唯物论是毛泽东哲学思想的重要组成部分，它是马克思主义的普遍原理同中国革命和建设的具体实际相结合过程中，形成的关于中国社会一般发展规律的科学理论。它是以毛泽东为代表的中国共产党人集体智慧的结晶。

1926—1930年间，毛泽东先后发表了一系列著作，这些著作虽然不是论述历史观的专著，但却足以表明他的历史唯物主义理论有了迅速发展。他在《中国社会各阶级的分析》、《湖南农民运动考察报告》中，以马克思主义生产力与生产关系、经济基础与上层建筑的原理为指导，对中国社会各个阶级的状况进行了精辟的分析，创造性地解决了中国革命的对象、动力、任务和革命性质等问题。同时，毛泽东又在《中国的红色政权为什么能够存在？》、《星星之火，可以燎原》等著作，进一步分析了旧中国半殖民地、半封建社会的政治经济状况，深刻地揭示了中国政治经济发展不平衡的规律，提出了农村包围城市，实行工农武装割据，最后夺取全国胜利的理论，解决了中国革命所走的独特道路问题。这是对马克思主义社会革命论的杰出贡献。建国以后，毛泽东研究了我国社会主义革命和社会主义建设的特点和规律，吸取了国际共产主义运动的经验教训，写作了《论十大关系》、《关于正确处理人民内部矛盾的问题》等著作，明确提出了关于社会基本矛盾的原理，创立了两类社会矛盾的学说，对马克思主义历史唯物论作出了新贡献。毛泽东的历史唯物论思想的内容十分丰富，主要包括四个方面的基本理论：一是关于社会基本矛盾的原理，这是毛泽东历史唯物论的基石和构架。二是关于两类社会矛盾的学说，即社会主义社会存在敌我之间和人民内部两类不同性质矛盾的学说。三是关于阶级和阶级斗争的理论。毛泽东的阶级斗争理论表现为两个层次，即阶级、阶级斗争的观点和阶级分析的方法。毛泽东的阶级斗争的理论直接渊源于马克思主义的历史唯物论。毛泽东说：自 1920 年第一次看了《共产党宣言》等著作后，"我才知道人类自有史以来就有阶级斗争，阶级斗争是社会发展的原动力，初步地得到认识问题的方法论"。① 从此便认真研究中国的阶级和阶级斗争，并得出了和马克思相似的结论，他说："阶级斗争，一些阶级胜利了，一些阶级消灭了。这就是历史，这就是几千年的文明史。拿这个观点解释历史的就叫做历史的唯物主义，站在这个观点的反面的是历史的唯心主义。"② 毛泽东运用马克思主义的阶级和阶级斗争的观点分析了中国社会革命中所遇到的每一个重大问题。毛泽东运用阶级分析的方法考察了中国自古代封建社会至现代半殖民地半封建社会的性质，以及各大社会阶级的兴衰、对抗和历史作用。四是关于党的群众路线。群众路线是毛泽东历史唯物论中发挥得最充分最有特色的方面，它贯穿于唯物史观的各个部分之中，成为区分唯物史观和唯心史观的一个根本观点。群众路线包含有两个方面的内容：其一是群众观点，其二是群众路线的领导方法和工作方法，毛泽东对群众观点理论的贡献主要表现在四个方面：从理论上系统地论述了群众观点的基本内容，这就是一切为了人民群众的观点，一切向人民群众负责的观点，相信群众自己解放自己的观点，向人民群众学习的观点；把相信群众和依靠群众的观点运用于党的全部工作，提出了一系列正确的战略战术和方针政策；正确地论述了无产阶级政党同人民群众的关系；正确地论述了无产阶级领袖人物同人民群众的关系。毛泽东对群众路线的领导方法和工作方法的贡献表现在两个方面：一方面，把党的群众路线和马克思主义的认识论结合起来，阐述了群众路线和马克思主义认识论的一致性。另一方面，阐述了坚持群众路线的基本形式，即坚持一般和个别相结合、领导和群众相结合、集体领导和个人负责相结合的原则。群众路线是中国共产党的政治路线、组织路线和工作路线，它是马克思主义认识论和历史唯物论的基本原理在实践中的具体运用和发展。它在毛泽东的历史唯物论思想中占有重要地位。毛泽东的历史唯物论思想，丰富和发展了马克思主义哲学，是全党和全国人民的宝贵精神财富。我们应当继承这份精神财富，用以指导社会主义改革开放的现代化建设，在实践中进一步把历史唯物主义科学理论推向前进。

---

① 《毛泽东文集》第二卷，人民出版社 1993 年版，第 379 页。

② 《毛泽东选集》第四卷，人民出版社 1991 年版，第 1487 页。

历史是人民创造的

> "社会财富包括物质财富和精神财富，劳动人民是物质财富的创造者，劳动人民对精神财富也有创造作用。"

1944 年 1 月 9 日，毛泽东在写给延安评剧院的信中指出："历史是人民创造的，但在旧戏舞台上……人民却成了渣滓，由老爷太太少爷小姐们统治着舞台，这种历史的颠倒，现在由你们再颠倒过来，恢复了历史的面目，从此旧剧开了新生面。"① 毛泽东在这里虽然讲的是戏剧，但实际上道明了人民群众是历史的创造者这条唯物史观最基本的原理。在长期的革命斗争实践中，毛泽东结合中国的历史发展和中国革命实际，对这一原理作了系统的阐述和发挥。他明确指出："只有农民和手工业工人是创造财富和创造文化的基本的阶级。"社会财富包括物质财富和精神财富，劳动人民是物质财富的创造者这是毫无疑义的，因此，毛泽东着重分析了劳动人民对精神财富的创造作用。首先，他指出人民群众的劳动为一切文化的创造提供了前提。"中国历来只是地主有文化，农民没有文化。可是地主的文化是由农民造成的，因为造成地主文化的东西，不是别的，正是从农民身上掠取的血汗。"其次，他指出一切文化的源泉在人民群众的劳动和斗争生活之中。作为观念形态的文艺作品，都是一定的社会生活在人们头脑中的反映，人民的生活是"一切文学艺术的取之不尽、用之不竭的唯一的源泉"，人民群众有伟大的创造力，他们处于生产斗争和阶级斗争的第一线，"真正亲知的是天下实践着的人"。他们不仅是生产斗争的主体，而且是阶级斗争和社会革命的主体，是社会变

---

① 《毛泽东文集》第三卷，人民出版社 1996 年版，第 88 页。

革的决定力量。毛泽东在评价中国农民起义的历史作用时指出:"中国历史上的农民起义和农民战争的规模之大,是世界历史上所仅见的。在中国封建社会里,只有这种农民的阶级斗争、农民的起义和农民的战争,才是历史发展的真正动力。"① 所以,真正有力量的,决定社会发展的是人民群众,"人民,只有人民,才是创造世界历史的动力。"在接受唯物史观之前,青年毛泽东持的是一种英雄史观,在著名的《伦理学原理批注》批注中,他曾认为改造中国的希望就在于出现"圣人"。后来,由于十月革命成功的经验和马克思主义的影响,毛泽东的历史观发生了根本的转变。1919 年年初,他在《湘江评论》上发表的《民众的大联合》一文,便初步表述了唯物史观关于人民群众是历史创造者这一基本观点,认为"民众联合的力量最强"。此后,以毛泽东为代表的中国共产党人,在革命实践中不断发挥人民群众是历史的创造者的原理,并把这一原理独到性地运用于实际斗争,形成了我们党的群众观点和群众路线。对此,中共中央《关于建国以来党的若干历史问题的决议》指出:"这是我们党长期在敌我力量悬殊的艰难环境里进行革命活动的无比宝贵的历史经验的总结"。

(参见蒋建家主编:《毛泽东全书》第六卷,河北人民出版社 1998 年版)

创造历史的真动力

"我们把唯物史观概括为一句话,叫做'只有人民,才是创造世界历史的动力'。"

---

① 《毛泽东选集》第二卷,人民出版社 1991 年版,第 625 页。

1960 年 5 月 7 日在郑州，毛泽东会见非洲朋友后要发表消息，请熊向晖到他的办公室去。熊向晖走进毛泽东的办公室，毛泽东正靠在大躺椅上吸烟。

熊向晖在办公桌后的长背木椅上坐下，杨尚昆和刘宁一坐在单人沙发上。

毛泽东说："人家要开大国、强国首脑会议，我就开小国、弱国人民会议。3 号在济南开了一次，今天又开了一次。这些小国、弱国的人民不简单，破除了对帝国主义的迷信，比赫鲁晓夫高明。赫鲁晓夫迷信帝国主义，不支持殖民地人民反对帝国主义的斗争，不支持被压迫人民反对帝国主义的斗争，还帮助帝国主义进行恐吓，说只要燃起一星火花，就会引起世界大战，必须马上扑灭。他美化帝国主义，散布和平幻想，麻痹世界人民，实际上助长帝国主义的侵略、战争政策。对这样的事情，我们不能再保持沉默。所以在四大国首脑会议之前，我们先开小国、弱国的人民会议。3 号在济南，我同拉丁美洲和非洲 14 个国家工会和妇女代表谈话。我说，要发表简短消息。我有些'官僚'，没有看稿子。第二天报上登出来，虽然简短，内容有些不妥，写了人家唱《东方红》。写这干什么？大国沙文主义！今天再发表一次消息，写上非洲朋友讲话的要点，写上我讲话的要点，要表明我们的反帝立场。"

熊向晖按照毛泽东的指示精神，稍微考虑了一下，很快就写出来了草稿。稿子经刘宁一、杨尚昆传看后，再请毛泽东过目。

几个人仔细研究。认真推敲，再经毛泽东字斟句酌地亲笔修改后，又从头到尾念了一遍，最后定稿了。毛泽东高兴地说："三个臭皮匠，凑合一个诸葛亮。早点发出去，再迟，新华社就难办了。"

5 月 8 日下午 2 点半，毛泽东又会见拉丁美洲客人。

熊向晖写完毛泽东会见拉丁美洲朋友的新闻稿后，毛泽东亲笔改了 3 处。

对毛泽东把"称赞中国人民在毛泽东主席领导下取得的伟大成就"改成"称赞中国人民在自己的工作中所取得的成就"，表示不理解。

毛泽东问他："有什么不理解的？"

熊向晖说："昨天写了非洲朋友表达了他们'对中国人民伟大领袖毛泽东主席的敬爱'，这是他们的原话，主席把'中国人民伟大领袖'这几个字删掉了，说是'要不得'。今天写了拉丁美洲朋友'称赞中国人民在毛泽东主席领导下取得的伟大成就'，这也是他们的原话，也完全符合事实，我不理解主席为什么那样改。"毛泽东说："人家那样讲，我们不能那样写。我们搞了这些年的建设，不能说没有成就，说'伟大成就'就不符合事实。'一穷二白'的面貌还没有改变，有什么'伟大'呀!"

熊向晖说："成就是'中国人民在毛泽东主席领导下所取得的'这符合事实吧?"

毛泽东说："为什么一定要说毛泽东的领导呀，没有毛泽东，中国人民就取不得成就了? 这是唯心史观，不是唯物史观。我们把唯物史观概括成一句话，叫做'只有人民，才是创造世界历史的动力'。实践证明，过去打仗，靠的是人民; 现在建设，靠的还是人民; 一切成就都来自人民自己的努力，你不赞成?"

熊向晖说："唯物史观并不否定杰出领导人的作用。"

毛泽东说："这是半截子唯物史观。领导人和人民不能分开，也不能等量齐观。我讲了，今天你也写了，'人民是决定的因素'，领导人不应站在人民之上，不应站在人民之外，必须站在人民之中，是人民的一部分。所以，'中国人民在自己的工作中所取得的成就'，其中包括了你们，也包括了我。如果脱离人民，当官做老爷，那就不能包括。总而言之，必须突出'决定的因素'，突出人民，决不要突出个人。"毛泽东几次阐述了自己的唯物史观。目的是让熊向晖在宣传报道中不要突出个人，要突出人民，这是他历来所坚持的历史唯物论的观点。

（参见熊向晖:《历史的注脚》，中共中央党校出版社1995年版）

"锄头"即是唯物史观

"中国的历史甚多，而小说史如《三国》、《说唐》、《水浒》、《说岳》

等，都是看过的。昔人的思想，多偏袒统治者及地主阶级。我们要造一个锄头，这个锄头，马克思已经造出来了，即唯物史观。"

1926年5月至9月，毛泽东在广州第六届农民运动讲习所讲授中国农民问题，他指出："中国的历史甚多，而小说史如《三国》、《说唐》、《水浒》、《说岳》等，都是看过的。昔人的思想，多偏袒统治者及地主阶级。我们是革命者，这种思想，是不可要的。……我们要造一个锄头，这个锄头，马克思已经造出来了，即唯物史观。"

这样明确提出把唯物史观作为阅读《三国演义》等传奇小说的指导思想，作为其评判是非曲直的价值标准，这在中国共产党内，毛泽东大概是第一人。毛泽东曾说过他早年于马克思主义，取其"阶级斗争"四个字。阶级和阶级斗争，是毛泽东历史观的一个核心，他把数千年的文明史，看成阶级斗争的历史。

1964年毛泽东用唯物史观写下了《贺新郎·读史》：

人猿相揖别。
只几个石头磨过，
小儿时节。
铜铁炉中翻火焰，
为问何时猜得？
不过几千寒热。
人世难逢开口笑，
上疆场彼此弯弓月。
流遍了，
郊原血。

一篇读罢头飞雪，
但记得斑斑点点，
几行陈迹。
五帝三皇神圣事，

骗了无涯过客。

有多少风流人物？

盗跖庄屩流誉后，

更陈王奋起挥黄钺。

歌未竟，

东方白。

　　用唯物史观这把"锄头"铲除《三国演义》等古典小说的封建思想杂草，毛泽东从中发现了蕴含在"昔人的思想"中，实质上"多偏袒统治者及地主阶级"的糟粕。对于无产阶级说来，这种思想显然是"不可要的"。这就在阶级属性上，给予《三国演义》等古典小说以明确清晰的透视。这种见解是前无古人的。

　　毛泽东一旦掌握了唯物史观的是非价值和评判标准，使他对小说人物产生了全新的认识。例如20世纪50年代，他多次主张为曹操平反，去掉其"奸雄"的外貌，恢复其一代人杰的本来面目，正是基于历史唯物主义和实事求是的态度，肯定了曹操在当时历史上的进步作用，开了一代研究历史的新风。

　　这首词最早发表在《红旗》1978年第9期。1973年冬某日，毛泽东叫吴旭君将卷宗里全部诗词抄写一遍，然后一起核对。核对这首词时手稿为"为问何时猜得"。吴旭君特意问他：是"为"还是"如"，毛泽东说是"如"不是"为"。吴旭君请毛泽东在手稿上改一改，毛泽东说："不要改了，随它去。"在词的下阕，毛泽东让吴旭君在"盗"字上加引号，吴请毛泽东在手稿上也改一下，毛泽东却说："不要麻烦了，就这样。"千年历史，百年风云，在毛泽东看来都是斑斑点点，几行陈迹。

　　《读史》是毛泽东一生嗜书如命，苦读不倦，对历史对人生所有认识的大成和总结。他在这首词里体现出的雄视万古，体察入微，诗味与哲理不是一般人能够做到的。当一代伟人、开国领袖写下"人世难逢开口笑，上疆场彼此弯弓月"，"一篇读罢头飞雪"，"但记得斑斑点点，几行陈迹"，"歌未竟，东方白"这样从容豁达的，充满命运感的，犹如绝代大儒写出的句子的时候，涵盖了整个人类进化和发展的历史进程。

　　人类的历史是无限的，前面短短的几千年，我们何必去反复追求？而正因为时代的不断前行，社会的种种问题循环出现，你争我夺，只是苦得黎明涂炭，血流成河。

谁是英雄谁是贼寇，这不是能够说清楚的。人说"盖棺定论"，其实，就算是盖了棺也未必能够定论，盗跖、庄蹻、陈胜、吴广他们有生之年怎么能够想到自己能够流誉千载呢？

作为咏史诗，还没有哪个作品有这样飞鸿踏雪一般的概括力。短短的一百五十多个字，毛泽东把人类从前的历史全部概括，并且明确地提出了自己的观点，而且由于毛泽东阅读的深度和广度以及思索的精到和理解的深刻，使得《贺新郎·读史》句句蕴涵着历史唯物主义的火花和深刻的哲理。

这首词在毛泽东诗词中是一道特殊的景观，很好地证明了毛泽东深厚的哲理素养和超凡的智慧。

（参见董志新：《毛泽东读〈三国演义〉》，上海人民出版社 2001 年版；陈晋：《毛泽东与文艺传统》，中央文献出版社 1992 年版）

人民是真正的"上帝"

"上帝"是人民，谁惹怒了"上帝"，"上帝"是不留情面的，他必定要垮台。

舒世俊是中央新闻纪录电影制片厂摄影师，他回忆说毛泽东在外地视察中，经常在沿途召集干部上车开会，都是临时通知，他老人家是为了看到真实情况，不愿地方干部把事先布置好的场面和人物给他看。毛泽东召集县以下干部代表在列车上开会，其中一次就是毛主席向他们了解深耕密植情况。

因为是临时通知的，有的干部心情很紧张，毛泽东问大家一亩地播多少种子？深耕土地的情况，当时在现场的人其说不一，有的干部满头大汗回答不出来。毛泽东看到这种情况就非常严肃地对大家说了下边一段话，使舒世俊至今记在心中。毛泽东说："县太爷要为民办事，不能当官做老爷，不深入下层，只坐在家里听汇报，象牙塔里的干部是不了解民情的。"然后他突然问大家，你们信不信上帝？人们只是鸦雀无声地呆坐着，这时舒世俊的摄影机响声显得更加刺耳，舒世俊心里也很紧张，因为毛泽东说过摄影机声音太大，影响开会，舒世俊担心被赶出去，因此更加紧抢拍镜头。只听毛泽东对大家说，"你们不信，我信"，干部们惊呆了，还是没人吱声。毛泽东看着大家深情地说，"这个'上帝'是谁？他就是人民，谁惹怒了'上帝'，'上帝'是不留情面的，他必定要垮台。"这时警卫手势提示舒世俊拍摄时间已到，舒世俊只好悄悄地离开了会场。但是毛泽东教导大家永远不要脱离群众，要依靠群众，相信群众的坚强信念，使舒世俊永远不会忘。毛泽东把人民视为"上帝"，足见人民在他心目中的地位是崇高的。

（参见李敏、高凤、叶利亚主编：《真实的毛泽东》，中央文献出版社 2006 年版）

战争的伟力之根源

"战争的伟力之最深厚的根源，存在于民众之中。"

是英雄创造历史，还是群众创造历史，这是区别历史唯心论和历史唯物论的根本问题。毛泽东把人民群众是历史的创造者这一唯物史观的基本原理，创造性地运用于研究，领导和指挥革命战争，从而奠定了一切依靠人民群众，实行人民战争，形成了人民战争的完整理论。

人民战争思想是毛泽东军事思想的核心，是我们克敌制胜的传家宝。毛泽东的这一思想不仅在军事著作中，而且在其他许多著作中都有充分的体现。例如，在《关心群众生活，注意工作方法》、《反对日本进攻的方针、办法和前途》、《抗日游击战争的战略问题》、《论持久战》、《论联合政府》等一系列著作中。都深入地阐明了相信群众，依靠群众，实行人民战争的思想。

毛泽东总结中国革命战争的实践，深刻地指出："革命战争是群众的战争，只有动员群众才能进行战争，只有依靠群众才能进行战争。"①"兵民是胜利之本"。"战争的伟力之最深厚的根源，存在于民众之中。"② 当然，要取得战争的胜利，正确的领导是一个重要因素，没有正确的领导，要取得战争的胜利是不可能的。但是，战争胜利的取得，最根本的是靠广大士兵，靠人民群众。战争的实践表明："真正的铜墙铁壁是什么？是群众，是千百万真心实意地拥护革命的群众。这是真正的铜墙铁壁，什么力量也打不破的，完全打不破的。反革命打不破我们，我们却要打破反革命。"③ 中国革命战争的实践完全证明了这是科学真理。

为了扫除实行人民战争的思想障碍，毛泽东还深刻地批判了片面夸大武器在战争中作用的"唯武器论"。

在战争中，承认人的因素起决定作用，就是承认人民群众是伟大的物质力量，就是承认人民群众是推动社会前进的根本动力，就是承认历史发展的客观规律。"只有人民，才是创造世界历史的动力。"④ 这是毛泽东从革命战争的实践中得出的科学结论。它是人民战争理论的核心，丰富和发展了历史唯物论的基本原理。

（参见《毛泽东选集》第一至三卷，人民出版社 1991 年版）

---

① 《毛泽东选集》第一卷，人民出版社 1991 年版，第 136 页。
② 《毛泽东选集》第二卷，人民出版社 1991 年版，第 511 页。
③ 《毛泽东选集》第一卷，人民出版社 1991 年版，第 139 页。
④ 《毛泽东选集》第三卷，人民出版社 1991 年版，第 1031 页。

人民群众的创造力

> "吴满有等十几位特等劳动英雄的画像，居然同毛泽东、朱德等领袖的画像一样挂在了主席台上。"

毛泽东从来不是一个坐而论道的人，他十分注重实践。为了广交朋友，在延安他总结了一套经验："应该使每一个同志懂得，只要我们依靠人民，坚决地相信人民群众的创造力是无穷无尽的，因而信任人民，和人民打成一片，那就任何困难也能克服，任何敌人也不能压倒我们，而只会被我们所压倒。"①

著名的陕甘宁边区特等劳动英雄吴满有，就是毛泽东结交的农民朋友中的一个。

他带头缴公粮，出负担，自己是抗属，不但不要优待，而且担任优抗主任，优待别的抗属，不久，《解放日报》记者发现了他，报道了他的模范事迹。1942 年 4 月 30 日，报纸又发了题为《边区农民向吴满有看齐》的社论。

1942 年，毛泽东在《经济问题与财政问题》的报告中，提出了"发展经济，保障供给"的财政工作总方针和公私关系上的"公私兼顾"的原则，规定了"第一是发展生产"、"第二是教育"的建设方针。同时号召全边区在 1943 年达到"丰衣足食"的目标。

于是，一个更大规模的大生产运动在陕甘宁边区蓬蓬勃勃地开展起来。

---

① 《毛泽东选集》第三卷，人民出版社 1991 年版，第 1096 页。

围绕"丰衣足食"这个目的，1943年2月24日，安塞县劳动英雄，模范退伍军人杨朝臣给吴满有写信，倡议开展生产竞赛。吴满有积极赞同，当即于2月28日复杨朝臣，运动在全边区开展起来了，有力地推动了全边区劳动互助和生产运动的发展。

为了检阅1943年大生产运动的丰硕成果，表彰大生产运动中涌现出来的劳动英雄，边区政府于1943年11月26日至12月26日，在延安同时举行了两大盛会：陕甘宁边区第三届生产展览厅和第一届劳动英雄大会。

这样的劳动英雄大会在边区的历史上还是第一次。在旧社会被认为是"下等人""泥腿子"的劳动人民，现在成了新社会的"状元"，受人尊敬。吴满有等十几位特等劳动英雄的画像，居然同毛泽东、朱德等领袖的画像一样挂在了主席台上。

吴满有等四位劳动英雄，代表延属分区出席这次大会的45位同志，满怀对人民领袖的敬爱之情，给毛泽东写了一封热情洋溢的信。

毛泽东在延安这片贫瘠而神秘的黄土地上，在高天厚土中，演绎着与人民群众同甘苦，共创惊天动地的伟业，创造了世所罕见的奇迹。同时也证明了毛泽东坚信人民群众是创造历史的英雄，是一条颠扑不破的真理。

（参见《军民大生产运动》，《丹东社会科学》2006年第2期）

保护群众这个后台

"群众是我们的后台，后台一拆，什么戏也演不成。我们不信上帝，但是要信群众，要保护好群众这个后台。"

　　1928年3月间，毛泽东率领红一团去湘南迎接朱德、陈毅的部队。途经酃县中村时，受"左"倾错误思想影响，点火烧了群众的房子。到了桂东沙田，又烧起了一把大火。许多群众本来是欢迎红军的，但当见到放火烧房时，便惊慌逃走。这时候，毛泽东不是双眉紧皱，便是痛苦地搔首，像大火烧在了他的心上。在沙田集合部队后，他十分痛心地说："烧房子把老百姓都烧跑了，这类事情行不通。群众是我们的后台，后台一拆，什么戏也唱不成了。我这个人是不信上帝的，但是我信群众，你们终究会看到，谁不相信群众谁就会垮台。一定要保护群众，保护好我们的后台！部队从桂东回到中村，由于房子被烧掉，一片秃垣断壁，连自己的住房都找不到了。毛泽东气愤地说：群众的房，我们的窝，我们比兔子还蠢，兔子还不吃窝边草哩，我们却把自己的窝给烧掉了！毛泽东一再重申：必须严格执行三项纪律、六项注意。

　　他还反复强调：群众的东西，不要说房子不能烧，连一个红枣都不能拿。"

　　毛泽东的一生从平民百姓和普通士兵，到军队的战将和元帅，毛泽东无不关怀备至，体贴入微。他把群众的疾苦始终挂在心上。毛泽东的一片深情，深深地感动了人民群众这个最伟大最有力量的"上帝"。他的事业所以能取得胜利，是以他视群众为"上帝"，视为后台，维护群众的根本利益分不开的。

　　（参见陈士榘著，刘恩营整理：《从井冈山走进中南海：陈士榘老将军回忆毛泽东》，中共中央党校出版社1993年版）

群众就是铜墙铁壁

"一有坏人，老百姓马上就会发觉的，用不着我们动手，老乡就会把他抓起来。"

1947 年农历八月十五以后，毛泽东和中央机关在王家湾一住就是 50 多天。为了适应行军生活，毛泽东经常利用休息时间练习骑马，有时翻山，有时走石头路，一出去就是十几里地。

王家湾离敌人盘踞的瓦窑堡只有七十多里路，经常有敌探出来活动。毛泽东每次出去一走远，警卫班总不放心，常暗地里派几个同志跟着他。有一次，偏偏叫毛主席看见了，就问身旁的一个警卫员："那边山上是不是你们的人哪？"

警卫员不好撒谎，半晌才吞吞吐吐地说："我们怕……"

"怕什么呢？"毛泽东严肃地说："敌人目前不会到这里来的，武装来不了，便衣也不好来，我们有老百姓嘛！现在农活多忙，你们不多派几个人去生产，都跟着我干什么？"

毛泽东见警卫员不说话，又温和地说："要相信群众。敌人头上虽没有写着'反革命'几个字，可是，一有坏人，老百姓马上就会发觉的，用不着我们动手，老乡就会把他抓起来！你们应该多做群众工作。"

说到这里，毛泽东突然问："你们听说过我们机关的'六多'么？"

警卫员望了望毛泽东，清了清嗓子回答："老百姓说我们背盒子枪的多，骑马的多，电线多，妇女（指报务员）多，手电筒多，驮骡多。"

"这是我们这支队伍的特点啊！"毛泽东笑着说，"可见老百姓是很有分析能力的，恐怕我们的同志，还不一定知道这个特点呢！不过，你们要告诉群众，注意保密。如果敌人得到这里的消息，我们就住不长了。"

毛泽东说着把目光投向远处的山峦，深情地对警卫员说："要相信群众，依靠群众，只要我们认真做到这一点，群众就会永远和我们站在一起，做我们的铜墙铁壁，任凭刀山火海摆在眼前，也绝不会离开我们。"

毛泽东语重心长的教诲，使警卫员的心再也无法平静。从此，他们就改变了做法，每天抽出更多的人上山打柴，帮助老乡种地，既保卫了毛主席，又做了群众工作。后来，每当警卫员一个个背着柴禾，跟在毛主席身边往回走时，毛泽东就逗笑着问："又去放哨了吗？"大家听了都忍不住笑起来。

毛泽东不让过多的警卫人员保卫自己，而让他们多和群众接触，多为群众办好事，充分说明了他尊重群众，走以群众为"上帝"的群众路线。

（参见雷云峰、肖东波编著：《毛泽东修身处世风范》，国际炎黄文化出版社 2003 年版）

群众就是鱼儿的水

"不要怕群众，要跟群众在一起。有些同志怕群众跟怕水一样。你们游不游水呀？我就到处提倡游水。水是个好东西。"

1957 年 7 月 9 日，烈日炎炎，天气很热。在人头攒动的上海干部会议上，穿着衬衣的毛泽东，讲到领导和群众的关系时，先说了上面的一段话。按照他的思路，很快由"怕群众"联系到"怕水"。因为他经常把群众比喻为鱼儿的水。

在讲到了一大段怎样学游泳之后，他又把话题归结到群众与水这个话题上，他说："打个比喻，人民就像水一样，各级领导者，就像游水的一样，你不要离开水，你要顺那个水，不要逆那个水……不能跟群众对立，总要跟群众一道……不要脱离他，等于我们游水一样不配脱离水。"

早在井冈山年代，毛泽东就讲过："刘备得了孔明，说是'如鱼得水'，确有其事，不仅小说上那么写，历史上也那么写，也像鱼跟水的关系一样。群众就是孔明，领导者就是刘备。一个领导，一个被领导。"（《打退资产阶级右派的进攻》）

毛泽东两次引用刘备得孔明如鱼得水的故事。井冈山时期引用这个故事意在说明，刘备须臾离不开诸葛亮，主要强调群众就是孔明。

1957年再次引用这个故事，针对性已大不同了：1949年已成立了中华人民共和国，共产党已掌握了全国政权，成为执政党。这以后，党内一些干部，还有一些领导干部，滋长了官僚主义作风，"当官做老爷了"。这样的干部开始害怕群众，像不会游泳的人怕水一样。所以毛泽东提倡学会游水，不要脱离水；提倡群众路线，不要脱离群众。

毛泽东在这段讲话中，对水做了淋漓尽致的发挥：水是个好东西；提倡游水；要顺水不要逆水，不要脱离水。其实，这里充满了生活中的哲理，都是在以水比人，正如他所说的："人民就像水一样。"

人民是历史的真正创造者。改造客观世界、改造主观世界的伟力存在于民众之中。这已经被以往的历史、以往的实践所证明。领导者只有密切联系群众，才能拒腐防变、永葆革命青春；知识分子只有与工农群众相结合，才能有所作为；人民军队只有得到群众的广泛支持，才能战无不胜，攻无不克。

（参见董志新：《毛泽东读〈三国演义〉》，上海人民出版社2001年版）

要向群众寻求真理

"我没有什么意见，北京就是不产生意见的，开工厂没材料，等候你们的材料加工。"

毛泽东非常重视调查研究，也一再教导要注重调查研究，向群众寻求真理。20世纪50年代末，他就对河北省委的同志讲过："第一书记要自己下去钻一钻，真正的知识不在机关里，而在下边，在工厂、农村、学校里。没有原料制造不出政策来。"毛泽东就是作调查研究的典范。他1958年到徐水、安国视察时，正值中伏，是一年中天气最热的时候，农民已经"挂锄"，一般不下地干活了。毛泽东到徐水县大青各庄，先看了俱乐部、缝纫部、卫生所、食堂、米面加工厂、敬老院、幼儿园、商店、猪场等生产、生活设施，又到田间看了庄稼，足足看了两个多小时。到安国县流村视察时，下车后没有进村，而是顶着灼人的烈日，一头钻进闷热的庄稼地里，边看边问，走了个把小时，上衣已经被汗水湿透了，才在干部、群众的劝说下，走进地头一个用苇席搭起来的小窝铺里稍事休息。他坐在一条窄板凳上，同当地干部和群众拉家常，作调查。1958年8月毛泽东到天津，在林铁陪同下，视察了南开大学和天津大学。在南开大学看了化学系的四个生产车间。毛泽东对他们试制的"敌百虫"农药很感兴趣，问了农药的用途、用法，多少钱一斤，农民是否买得起。对他们实行勤工俭学给予了鼓励。随后又到天津大学看了学生的实习工厂，几乎在每台车床前都停留一下，详细地向学生们询问了吃得好不好，住得怎么样，觉够不够睡，还问了学生们的学习情况，对他们把学习与劳动生产结合起来表示赞许，并告诉他们注意劳逸结合。毛泽东在作调查时，主要是看、问、听，问得很细，自己却讲得不多。他常常这样说："我就是听听你们的，我没有什么意见，北京就是不产生意见的，开工厂没材料，等候你们的材料加工。"

毛泽东就是这样通过到基层调查研究，向群众寻求真理，为头脑这个加工厂取得可靠的加工材料。

（参见《缅怀毛泽东》上册，中央文献出版社1993年版）

哪有怕群众的道理

"你们要让老百姓迁走，我就不搬去。哪有共产党怕群众的道理。"

1943年，中央书记处决定由杨家岭迁至枣园。当时枣园有十几户人家，其中一户是富农。保卫部门考虑到中央首长的安全，建议当地老百姓迁移。毛泽东听后很不以为然，他厉色道："你们要让老百姓迁走，我就不搬去。哪有共产党怕群众的道理。"在那段艰苦的岁月里，党中央机关和当地群众水乳相融，鱼水情深。当地农户牧羊时就从毛泽东的窑洞顶上穿过，毛泽东在饭后茶余也时常找陕北老汉聊天。逢年过节时，毛泽东等中央首长经常请当地群众来作客，当地群众也经常来中央机关拜年、扭秧歌，这些感人的场面在许多文艺作品中都得到了反映。这决不是艺术的加工，而是历史的写照。在转战陕北的艰苦岁月里，人们深切地感受到其中孕育的力量。中国人民的革命事业所以能取得最后的胜利，关键就在于毛泽东所坚持的与广大人民群众的鱼水情和人民战争的威力。陕北人民高唱《东方红》是有道理的。

（参见袁永松主编：《伟人毛泽东》上卷，红旗
出版社1997年版）

真正的朋友有多少

> "中国的弱者占社会总人口的绝大多数。毛泽东站在他们一边，为他们说话办事，他们自然就站到毛泽东一边，团结在他的周围。"

洛厄尔·迪特默说："毛泽东一生大多数时间都在造权威们的反。他总是站在被剥削的人们一边，做受压迫群众的旗手。"

权威是强者的象征。受剥削受压迫的群众都是社会生活的弱者。一般人总是希望自己站在强者一边，而不愿站在弱者一边。因为站在弱者一边，自己会受到拖累，不但强不起来，反而自己也会沦为弱者。毛泽东则反其道而行之。他一贯站在弱者一边，反而成为最有力量的强者。这是什么原因？

原因在于中国的弱者占社会总人口的绝大多数。毛泽东站在他们一边，为他们说话办事，他们自然就站到毛泽东一边，团结在他的周围。这样，毛泽东就成了大多数人的代表，一下子变成了举世无双的强者。相反，原来的强者，因为是少数，加在一起也敌不过毛泽东。

大多数受剥削受压迫的弱者生活贫困，但只要给他们些许关怀，他们就会把你看作大恩人；他们没有地位，受人欺负，谁要是为他们说几句话，他们就会感激不尽；他们没有文化，被人看不起，但只要平等相待，说他们能够听得懂的话，他们就会把你引为知心人。

毛泽东之所以敢于蔑视一切权威，敢于向一切强者挑战，并不是因为他本人特别强大，而是因为他身后有千百万真心实意拥护他的群众。他不是一个人，而是一个占总人口绝大多数的庞大群体。这就是毛泽东打遍天下无敌手的根本原因。

毛泽东自己十分明白这一点。所以他在寻找自己的角色位置时，总是把自己放在大多数一边，绝不让自己站到大多数的对立面去。他认为这是革命的首要问题。1926 年，毛泽东算了一笔账，发觉中国 4 亿人口，其中工农群众有 2.45 亿，占 61.25%。这当然是他要依靠的力量，但他觉得还不够，还不是绝大多数。他发觉还有 1.5 亿小资产阶级。他对小资阶级的情调从来不抱好感，但是他始终把小资产阶级划在革命动力一边，作为可靠的朋友来对待。其原因就是他一再强调的，这是一亿之众，不能让他们跑到敌人那边去。这样他们力量就更强大了，占到总人口的 98.75%，即 3.95 亿，一个绝对的大多数。于是他信心十足地说："我们真正的朋友有多少？有三万万九千五百万。我们真正的敌人（指大资产阶级）有多少？有 100 万。那可敌可友的中间派（指中等资产阶级）有多少？有 400 万。让这 400 万算做敌人，也不枉他们有一个 500 万人的团体，依然抵不住三万万九千五百万人的一铺唾沫。"

占人口 90% 以上的大多数，除了数量大，还有三个特点：一是受剥削，极其贫穷；二是受压迫，没有权利；三是无文化，被人看不起。毛泽东既然站在这样一个大多数的立场上，就必然要与另外的三种人作对：一是代表财富的剥削者，二是代表权力的统治者，三是垄断文化的知识分子。这三种人的财富、权力和知识都是力量的体现。所谓毛泽东造权威们的反，就是造这些人的反。因此，凡是拥有财富、拥有权力、拥有知识的人，如果不是他必然的敌人，就是他可能的敌人。

毛泽东这种阶级分析法，使他坚定地站在大多数人民群众一边，奠定了他要维护人民群众利益的思想基础。

（参见萧诗美等编著：《毛泽东谋略》，湖南出版社 1995 年版）

军民团结无人能敌

"开天辟地以来，只军管民，老百姓见了军队就跑，现在老百姓敢批评军队，这是大好事。"

搞好军政、军民关系，是加强革命团结的重要方面。红军长征到达陕北后，发扬拥军爱民的光荣传统，执行三大纪律八项注意，牢记红军的三大任务，广泛而又深入地做群众工作，特别是纠正了"左"倾机会主义路线的代表在陕北搞的肃反扩大化的错误，解救了刘志丹等一大批受迫害、被拘捕的同志，挽救了革命根据地，受到陕北的党组织、红色政权、红军及广大人民群众的热烈拥护。军政、军民团结是比较密切的，但陕甘宁边区本来就是个穷地方，土地贫瘠，生产发展很慢，大量的军队、机关学校住在这里。当时在延安的机关学校就有 3 万多人，群众负担很重，军队生活也很艰苦、困难。特别是 1939 年秋，国民党突然停止供应八路军薪饷，紧接着发动了第一次反共高潮，胡宗南 30 万大军加紧对边区的围困封锁。边区生活更加困苦，缺吃少穿，医药及日用必需品都极端匮乏。在这种困难情况下，军政军民之间难免产生一些小的矛盾，有少数人不能正确处理，互相埋怨。军队发生的不尊重政府和违反群众纪律的事件也增多了。单纯军事观点和军阀残余思想有所抬头，有的领导只强调自己的困难和需要，袒护部队，使部队的一些不良倾向得不到及时有力的纠正。党中央很重视这些问题，毛泽东亲自抓这方面的问题。1939 年冬天，当时莫文华在留守兵团任政治部主任，到驻在永坪的警备四团检查工作，发现军民关系存在一些问题，有个战士借老乡的锅，老乡不借，有个炊事班到老乡家做饭，老乡把烟囱堵住等等。莫文华为此给边区高自力副主席打电报反映情况，电报中强调了部队困难和群众支持不够，请求帮助部队一下。莫文华回来后不久，突然毛泽东叫他过去。进门一看，毛主席、朱总司令、任弼时、李富春、肖劲光和边区政府主席林伯渠、副主席高自力等都在，西北局中央书记高岗也在，看样子是正在开会当中临时找莫文华去的。毛泽东见莫文华进去就批评说："你们军民关系不好，不检讨自己，还向中央告状，埋怨政府！"莫文华赶忙做检讨并说明没有告状。边区一位领导又讲了一些部队不遵守纪律的事。毛泽东说："莫文华检讨了，你们也要检讨检讨嘛！"又说："你们军队要拥护政府，要爱护人民，你们做地方工作的也要拥护军队，照顾子弟兵。"从这件事莫文华领悟到，军政、军民关系发生矛盾时，军队应该严格要求自己，检讨自己，多做自我批评，决不能只强调自己的困难，埋怨政府和群众。还有一次是1940年下半年，毛泽东在杨家岭接见留守部队的一些领导，到会的有肖劲光、耿飚、闫红彦、甘谓汉、贺晋年、文年生、钟汉华、余飞、周仁杰、刘随春、李宗贵和莫文华等10多人。毛主席说："今天请各路诸侯来谈谈军民关系问题。"有的同志发言时有气，埋怨群众态度不够好，说有的老百姓动不动就要拉着部队同志找毛主席评理。毛泽东听了以后，耐心地开导说："开天辟地以来，只军管民，老百姓见了军队就跑，现在老百姓敢批评军队，这是大好事。从古到今，哪有老百姓敢批评军队的？你们懂历史，你们说说看，是不是这样？如今变成了民管军这该多好啊！这说明我们边区的民主运动深入到群众中去了，这多好呀！"毛泽东又说："人民群众敢批评军队，这说明我们边区政府民主建政工作有很大成绩。军队有广大人民群众当老师，你们做军队工作的才不会犯大错误，边区才有希望。"一席话，说得大家豁然开朗，心悦诚服，深深教育了大家，使大家对人民军队的宗旨和本质有了更加明确的认识，一些人来时的怨气也一扫而光了。回到部队都加强了拥政爱民工作，进一步加强了军政军民团结。以后到1942年，毛泽东又亲自写信给总政治部副主任谭政和莫文华，指示留守兵团学习古田会议决议，结合整风运动，整顿留守兵团的工作。克服军阀主义残余影响，加强军政军民团结是这次学习和整顿的一个重要方面，获得了显著的效果。1943年春节前后，根据党中央和西北局的指示，掀起了空前热烈的"拥军优属、拥政爱民"运动，使加强军政军民团结的工作更进一步深化，更加制度化。

这一具有深远意义的活动，已成为优良传统，一直延续到现在。

（参见《缅怀毛泽东》，中央文献出版社 1993
年版）

农民女英雄《唐赛儿》

"中国历史上有很多这样的农民女英雄，她们过去都被歪曲了。现在应该还她们本来面貌，把被颠倒的历史再颠倒过来。"

1960 年春天的一个晚上，上海京剧院一团演员李玉茹应邀去上海文化俱乐部为毛泽东清唱。毛泽东坐在沙发上，李玉茹就站在离他只有几米远的地方，清唱了新编历史剧《唐赛儿》中"赚青州"的一场娃娃调。一唱完，毛泽东就把李玉茹叫到他旁边的一只沙发上坐下，亲切地对她说："你的娃娃调唱得不错，比有些小生唱得还要好。"李玉茹连忙说："唱得不好，唱得不好，请主席原谅。"

毛泽东哈哈一笑，接着又问："你看得懂文言文吗？看得懂古史书吗？"李玉茹说："能看一点。"毛泽东说："你应该读一点《资治通鉴》，懂一点历史。《资治通鉴》这本书虽然是封建士大夫写的，但是里面有些材料是很好的。要了解历史，就得读一读这部书。"

接着毛泽东又讲到了唐赛儿："《资治通鉴》没有明朝的东西。现有的明朝史料也比较少。唐赛儿是明朝一个了不起的农民女英雄。她懂医道，能帮人看病，又能够打仗。打起仗来非常机智，善于声东击西。她的群众基础也很好，手下的宾鸿、董彦皋都很佩服她。"

为了说明唐赛儿的群众基础，毛泽东又很风趣地讲了唐赛儿的故事：

"永乐皇帝恨唐赛儿恨得要命，把这支农民起义队伍镇压下去后，还千方百计想把她本人抓到，就是总也抓不着。后来听说唐赛儿当了尼姑，就下令把山东所有的尼姑统统押到北京。一审问，有不少尼姑挺身而出，自称是唐赛儿。可是再认真一查，没有一个'唐赛儿'是真的。"讲完，毛泽东哈哈大笑。李玉茹越听越入神，原先的紧张、拘束统统丢掉了。

毛泽东继续说："当时人们传说，唐赛儿能呼风唤雨，撒豆成兵。其实这是因为她群众基础好，到处有群众掩护，又善于声东击西，四处都能看到她的人，就以为她分身有术，能撒豆成兵了。"

最后，毛泽东又对李玉茹说："你们应该多演这种戏。中国历史上有很多这样的农民女英雄，她们过去都被歪曲了。现在应该还她们本来面貌，把被颠倒的历史再颠倒过来。"

通过新编历史剧《唐赛儿》，毛泽东对明代农民女英雄唐赛儿加以肯定赞扬，充分表达了自己的历史唯物论的观点。

（参见盛巽昌编著:《毛泽东与戏曲文化》，广西人民出版社 1998 年版）

阿斗很有自知之明

"坏人们应该苏醒，不要再执迷于'一人独吞'、'人莫予毒'的幻梦，不要再把老百姓看成'阿斗'了。"

1939 年 3 月 8 日毛泽东出席在延安北门外广场举行的"三八"妇女节纪念大会，他在讲话中特别指出："我们边区，全国的老百姓都说是个好地方，这里有自由，有平等。是不是没有缺点呢？缺点自然会有的，但是比起全国来，那要好得多了，比起外国来，除了苏联以外，也是没有任何一个国家可以比拟的。然而，我们并不以此自满，我们还更要求进步，要做一个样子出来，给全世界看，给全国看，给华北华中看，给西安看。在西安，那里是不准老百姓开会的，老百姓没有自由，也没有平等。这件事，我们共产党人是完全不赞成的。今天我们开会，拍电报到全国去，给那里的老百姓看：我们这里的老百姓是怎样在管事，妇女们是怎样在办事，老百姓是怎样在过生活。并且还要给那里的坏人看：老百姓结了团体，妇女们结了团体，就有怎样大的力量。坏人们应该苏醒，不要再执迷于'一人独吞'、'人莫予毒'的幻梦，不要再把老百姓看成'阿斗'了。人民是有能力的，他们的力量是最伟大的，他们结成了团体，就是所向披靡、天下无敌的常胜军。"[①]

在抗日战争中，国民党的投降派视人民群众为"阿斗"，认识不到人民群众的历史地位，他们执迷于"一人独吞"、"人莫予毒"，陷于独裁者和历史唯心论的幻梦中。毛泽东在讲演中指出把老百姓看成"阿斗"的"坏人们"是没有出路的，终将被历史所抛弃。

毛泽东借用"阿斗"，说明决不能忽视人民群众的巨大力量。但是，他对"阿斗"也做了具体分析，用一分为二的观点，肯定了他的"自知之明"。

1949年3月，党中央从河北西柏坡移驻北平，途经河北涿州县城，这里是刘备的老家。毛泽东与周围警卫人员谈起刘备、刘禅父子，卫士李银桥说："主席，那刘备的儿子阿斗也太窝囊了，被司马昭俘虏了还'乐不思蜀'呢！"

"你还有些知识么！"毛泽东笑了。

卫士张天义接着说："刘备就是不死也没用，光他那个不争气的儿子，也得把他老子打下来的江山给断送掉！"

毛泽东摇摇头对大家说："书中讲了，话说天下大事，合久必分、分久必合，三国统一是大势所趋呢！再说刘备的儿子阿斗，都说他是扶不上墙的，但看问题不要太片面了，我看阿斗很有自知之明哩！"

李银桥不解地问："阿斗有什么'自知之明'啊？"

毛泽东认真解释说："阿斗的自知之明，就在于他身处帝位，明知自己

[①] 《毛泽东文集》第二卷，人民出版社1993年版，第170页。

的知识浅薄，事事俯首听命于诸葛亮，依从诸葛亮，才使得诸葛亮能够在四川大展才华，励精图治，六出祁山；如果阿斗不听诸葛亮的，像孙权的后代孙亮那样，自己当了皇帝就谁的话也听不进去了，不是垮台得更快么!"

毛泽东的一席话，说得人们心服口服。

毛泽东又对大家讲："我们就要进城了，将来全国解放了，我们也要认真教育后代人，要认真吸取历史和前辈人的教训；做人要有自知之明，做事情要留有充分余地，莫感情用事，才可永远立于不败之地啊!"

平心而论，刘禅在信任和依靠诸葛亮上，确实有他的特点：内政外事，全权托付给诸葛亮丞相，言听计从，毫不掣肘，为诸葛亮施展才华实现抱负创造了有利的条件。如果与吴主孙亮比，孙亮信谗任奸，拒谏饰非来比较，确实算作有自知之明。在三国的国君中，刘禅在位41年，是在位时间最长的。在激烈动荡的年代里能安稳做皇帝，客观的条件是因为有三国对峙，有诸葛亮、蒋琬、费祎三位贤相的辅佐，主观上则是刘禅具有自知之明和用人之长（当然也有用过小人佞臣之误）。

如果不是这样，他就不会当那么长时间的皇帝。不能因他是亡国之君便否定了一切。

毛泽东善于独立思考，见人所未见，言人所未言，指出了刘禅被人忽视的长处，自己不行，能用能臣，也算是他的优点。毛泽东用这件事教育部属要有自知之明，看问题不能片面，要有全面的观点，用唯物史观去看待人和事。他读《三国演义》真正读出了真谛。

（参见《毛泽东文集》第二卷，人民出版社1999年版；邸延生：《历史的真言》，新华出版社2000年版；董志新：《毛泽东读〈三国演义〉》，上海人民出版社2001年版）

彭莹玉不应有逃避

"先生似尚未完全接受历史唯物主义作为观察历史的方法论。"

　　1948年11月，历史学家吴晗来到石家庄解放区。不久，毛泽东在中共中央所在地河北省平山县西柏坡接见了他，同他亲切地交谈。毛泽东在百忙中，还很关心吴晗的《朱元璋传》。他认真阅读了原稿，还约吴晗特别谈了一个晚上，对书稿中关于元末农民大起义领袖、西系红巾军领导人彭和尚的一段描写提出了疑问。

　　吴晗在1948年《朱元璋传》修改稿中，对彭和尚的为人是这样写的：彭莹玉可以说是典型的职业革命家，革命是一生志气，勤勤恳恳播种、施肥、浇水、拔草。失败了，研究失败的教训，从头做起，决不居功。决不肯占有新播种的果实。第一次起义称王的是周又旺，第二次作皇帝的是徐寿辉，虽然谁都知道西系红巾军是彭和尚搞的，彭祖师的名字会吓破元朝官吏的胆，但是起义成功以后，就烟一样消失了，回到人民中间去了。任何场所以至记载上，再找不到这个人的名字了。

　　吴晗还称赞彭和尚"功成不居，不是为了作大官而革命，真是了不起的人物"。

　　毛泽东对此不以为然，特别对吴晗说："这样一个坚强有毅力的革命者，不应该有逃避行为，不是他自己犯错误，就是史料有问题。"

　　11月24日，毛泽东又写信给吴晗，信中再次谈了读《朱元璋传》后的感受："两次晤谈，甚快。大著阅毕，兹奉还。此书用力甚勤，掘发甚广，给我启发不少，深为感谢。有些不成熟的意见，仅供参考，业已面告。此外尚有一点，即在方法问题上，先生似尚未完全接受历史唯物主义作为观察历史的方法论。倘若先生于这方面加力用一番功夫，将来成就不可限量。"

吴晗回到北京后，当即细翻《明实录》和其他文献，果然查出又过了多少年，彭和尚被元朝军队在杭州所擒杀的史料。他感叹道："这样看来，他并没有逃避，一直革命到底，斗争到底，是为革命而牺牲的英雄人物。"

后来，吴晗在《我克服了超阶级观点》一文中感慨地说："这不仅是史料征引问题，而是毛主席具体地帮助我克服了'超阶级'观点的错误。"毛泽东的指点，让吴晗克服了史料征引上的问题，使吴晗运用历史唯物主义，恢复了彭和尚本来的面目。

（参见李树谦编著:《毛泽东的文艺世界》，辽宁教育出版社 1993 年版）

建军节为何定"八一"

"他们不晓得历史。南昌起义是全国性的，秋收起义是地区性的。"

1967 年 7 月下旬的一天，毛泽东在上海对跟随巡视的杨成武代总参谋长说："建军节要到了，你回去参加建军节招待会。"

杨成武向毛泽东报告说："现在有人不赞成'八一'作为建军节。"毛泽东问："为什么?"杨成武说："他们提出要 9 月 9 日，也就是秋收起义那一天作建军节。"毛泽东果断地说："这是错误的，'八一'南昌起义嘛。秋收起义是 9 月 9 日，一个在先，一个在后嘛!"毛泽东情绪激动地对杨成武说："你记，我说"，"'八一'南昌起义是中国人民在中国共产党的领导下向国民党反动派打响的第一枪。""我们是历史唯物主义者，1933 年，中央苏维埃作过决议。他们不晓得历史。南昌起义是全国性的，秋收起义是地区性的。"

杨成武向毛泽东汇报："北京现在比较乱，老帅也受到了冲击。"毛泽东点燃一支烟，对几位老战友进行了评价。他说："朱毛朱毛，没有朱哪有毛，有人说朱德是黑司令，我说朱德是红司令；剑英在关键时刻是立了大功的。诸葛一生唯谨慎，吕端大事不糊涂；陈毅是个好同志；荣臻可是个厚道人；徐老总四方面军的事情不能搞，那是张国焘的事情；贺龙是二方面军的旗帜。……"杨成武记完，给毛泽东复诵一遍。毛泽东说："就这样。"

毛泽东坚持将"八一"作为建军节，这是他坚持实事求是，以历史唯物论定是非的一个实例。

（参见王伯福主编：《毛泽东轶事大观》，山东人民出版社 1997 年版）

乾隆喜欢到处乱写

"我们要发动群众，上山栽树，一定要改变徐州荒山的面貌！"

1952 年 10 月 28 日夜，毛泽东的专列停在徐州郊外的专用线上，毛泽东在列车上过夜休息。29 日早饭后，毛泽东在许世友、向明、高克亭及徐州市委书记华诚一等陪同下游云龙山。

当毛泽东来到云龙山放鹤亭前时，指着西南的一块石碑问："这是什么碑？"华诚一回答："是乾隆写的石刻。"毛泽东批评说："这个人到处乱写。"毛泽东来到北坡半山腰，走进六角亭内，看到眼前那座光秃秃的九里山，问："那些山上怎么没有种树？"华诚一回答："徐州这些地方的山都是光秃秃的。清朝乾隆说徐州是穷山恶水，泼妇刁民。"听了这句话，毛泽东十分严肃地批评乾隆："那是对劳动人民的污辱！"接着，毛泽东指示："群众是英雄！发动群众，依靠群众，穷山可以变成富山，恶水可以变成好水。我们要发动群众，上山栽树，一定要改变徐州荒山的面貌！"

在毛泽东指示指引下，徐州市人民艰苦奋斗，已把光秃秃的九里山变成了绿树郁郁的青山。

封建帝王历来瞧不起人民群众，乾隆皇帝诬蔑徐州是穷山恶水，泼妇刁民，把他自己放到人民群众的对立面上。毛泽东批评他"那是对劳动人民的污辱！"毛泽东充分肯定了人民群众是英雄！相信只要发动群众，依靠群众，穷山可以变成富山，恶水可以变成好水。

（参见王伯福主编：《毛泽东轶事大观》，山东人民出版社 1997 年版）

要当先生先当学生

"我已经说过，我没有什么伟大。就是从老百姓那里学了一点知识而已。"

毛泽东 1964 年 8 月 29 日接见尼泊尔教育代表团时，代表团团长潘迪说："能够同您这样一位伟大人物会见，我们教育代表团的全体团员都感到非常高兴和十分幸福。我们无法用语言来表达这种快乐。"毛泽东说："谢谢。我没有什么伟大，跟你们差不多，在某些方面可能比你们差一些。"在会见过程中，团员马拉问："您能不能告诉我们，您所以这样伟大的秘密是什么？您怎么能够这样伟大？您力量的源泉是什么？以便我们多少学得一点。"

　　毛泽东坦率地说:"我已经说过,我没有什么伟大。就是从老百姓那里学了一点知识而已。当然我们也学了一点马克思主义。但是单学马克思主义还不行,要从中国的特点和事实出发来研究中国问题。力量的源泉是人民群众。不反映人民群众的要求,哪一个也不行。要在人民群众那里学得知识,制定政策,然后再去教育人民群众。所以要当先生,就得先当学生。"

　　毛泽东是一位杰出的马克思主义者。但这决不是有什么神的因素所致。他曾经针对那种把个人神化的观点特别强调地说:"哪里有什么生而知之的圣人呀? 我也是逐步认识社会、走上革命道路的"。"我是从农村生长出来的孩子,小时也上过私塾,读过孔孟的书,也信过神,母亲生病也去求过神佛保佑哩! 旧社会的东西对我都产生过影响,有段时间受到梁启超办的《新民丛报》的影响,觉得改良派也不错,想向资本主义找出路,走西方富国强兵的路子。十月革命一声炮响,马列主义传入中国,我才逐步接受了马列主义"。毛泽东接受马列主义,是那样入心,那样坚信不疑,那样准确地加以运用,是因为他接下来的着重指出的:"最重要的是向社会学习、向群众学习哩!"

　　1936年,他在《中国革命战争的战略问题》一文里说:"说学习和使用不容易,是说学得彻底,用得纯熟不容易。说老百姓很快可以变成军人,是说此二门并不难入。把二者结合起来,用得着中国一句老话:'世上无难事,只怕有心人',入门既不难,深造也是办得到的,只要有心,只要善于学习罢了。"

(参见王伯福主编:《毛泽东轶事大观》,山东人民出版社 1997 年版)

人民是真正的英雄

人民群众是真正的英雄。在人民群众中蕴藏着许多解决问题的办法，到群众中去，就可以找到解决问题的办法。

1962年3月4日，毛泽东看到了中共中央办公厅秘书室2月23日编印的《群众反映》第13期登载的上海工人金祥根给毛泽东的信，信中说：最近物价不断提高，真使人坐卧不安。我们工人响应党的号召，节衣缩食，十多年来积蓄了一些钱，眼看着一天天地贬值，心里比刀割还难受，现在有很多人看到这种情况，不想储蓄了。为此建议：一是政府尽最大努力稳定物价，使人民对币值有充分的信心；二是每日公布物价总指数，存款采取保本保值的办法。毛泽东看后非常重视，立即将这封信批转给当时任中共中央书记处书记、中央财经小组副组长、国务院副总理李先念，请他"找几个内行同志在一起，研究一下，看这个文内所提两项办法是否能做到，怎样做到，何时做到"。后来，这位工人的意见在党和政府关于财经问题的决策中得到体现。

1963年12月12日，中共中央办公厅秘书室在《群众反映》中编印了《上海有很多人迫切要求给予生活出路》的材料。材料中反映，近年来上海地区要求解决工作问题的群众来信有显著增加。来信的人，以被精简的职工为最多，其次是未能升学就业的社会青年，再次是其他各类无业人员。精简职工中，大致有两种情况：一种是老弱病残职工；另一类是家在上海市区，被精简后断了生计，坐吃山空。一些未能升学的社会青年，或者是家里人口多，收入少，或者是父母双亡，本人无依靠，都要求就业。从来信看，有一部分人思想极不满，也有些人要求去香港谋职，或者写信给苏联大使馆，要求接受他们去苏工作或学习，还有些搞投机倒把，少数人甚至参加或组织反动团体。

看了这些材料，毛泽东紧锁眉头，提笔把材料批转给上海市委第一书记兼上海市市长柯庆施、上海市委书记陈丕显。毛泽东写道："此事必须解决。一定要使他们设法就业，即使暂时不能就业，也要支出一笔救济费把他们养起来，以待逐渐设法就业。"同时将这个批件送给中共中央副主席刘少奇、总书记邓小平、中共中央书记处书记彭真阅看，征求他们对批示的意见，如以为不妥，请退回修改，如以为可用，请交杨尚昆（中共中央书记处候补书记、中共中央办公厅主任）加封寄去。毛泽东在给他们的指示中强调："此是一件大事，值得注意。"

毛泽东始终认为，人民群众是真正的英雄。在人民群众中蕴藏着许多解决问题的办法，到群众中去，就可以找到解决问题的办法，作出符合民意、国情的决策。但是。毛泽东认为，仅有这一点还不够。在作出政策的决策后，又必须回到人民群众中间去，把党的方针政策变为人民群众的行动。他认为，善于把党的政策变为群众的行动，善于使我们的每一个运动，每一个斗争。不但领导干部懂得，而且广大群众都能懂得，都能掌握，这是一项充满了历史唯物论的领导艺术。

（参见雷国珍、吴珏编著：《毛泽东大成智慧》，
当代中国出版社 2001 年版）

读古代历史要多思

"我的观点是既有精华，又有糟粕，既是继承，又要批判分析。"

有一天，毛泽东吃过午饭，坐在大厅里的沙发上，神态悠闲。大概他今

天不准备读书了吧。他微笑着看着孟锦云，然后指着他桌子上放着的那部《资治通鉴》问道："孟夫子，你知道这部书我读了多少遍？"

小孟看着这部不少用透明胶贴住页码的《资治通鉴》，不等说话，毛泽东便又接着说："一十七遍，每读一遍都获益匪浅，一部难得的好书噢。恐怕现在是最后一遍了，不是不想读，而是没那个时间啰。"语调里充满了惋惜和遗憾，但却没有丝毫的消沉与感伤。他接着问小孟："孟夫子，关于这部书你知道多少啊？"

小孟有些不好意思地说："我就知道这是一部写历史的书，听老师说是司马光写的。"

毛泽东认真地追问了一句："还有呢？"

小孟羞怯地摇摇头。

毛泽东看出了小孟不好意思，又接着说："当然，这不能怪你，这部书要是从头到尾，认真读上一遍，得好几年的时间呐。不过，我还是劝你读一读，不能全读，读读某些部分也好。读与不读可大不一样噢。你还年轻，有没有这个决心啊？"

小孟回答："试试看吧，我怕没那个毅力。"

毛泽东像老师辅导学生一样，十分认真地说："孟夫子，你有个词可用错了，还是个挺关键的词呢，不改不行。不是毅力，而是兴趣。因为有了兴趣，人就不会感到累了。咬着牙看书，你那个毅力再大，也还是看不下去的。有了兴趣，越看越有味道，还会越看越轻松，像休息一样。"

小孟说："我看您就是对看书有兴趣，一天老看书也不嫌腻，还老看历史书，对历史书我就是读不进去。"

毛泽东听了小孟的话，并无责怪，接着说："中国古代的历史，学问大得很呐，有人觉得中国古代的历史全是糟粕，不值一看。还有一种人，觉得历史上的东西全是精华，包医百病。我看这两种人都有片面性。我的观点是既有精华，又有糟粕，既是继承，又要批判分析，对不对？"

小孟连连点头。毛泽东又问了一句："为什么对呀？"

"主席说的还能不对？"小孟不假思索的回答。

毛泽东笑了笑说："我说的就都对呀？那可不见得。金口玉言，那我不成了圣人啦。历史上没有什么圣人，现在没有，以后也不会有，什么都对的圣人永远也不会有。我说的有一半对，我就心满意足啰。是书上说的，也有不少屁话，不能相信。"

小孟说："我看书时，总觉得书上写的还能不对吗？所以特别信，百分之百地相信。"

毛泽东听了小孟的话，不紧不慢地向她解释："用这种态度读书，还不如不读。读书，一要读，二要怀疑，三要提出反对的意见。不读不行，不读你不知道呀。凡人都是学而知之，谁也不是生而知之啊。但光读不行，读了书而不敢怀疑，不能提出不同看法，这本书算你白读了。"

"我读书可从来没有提出过不同看法。"小孟天真地向毛泽东谈自己的情况。

毛泽东接着说："孟夫子，不要认为书上篇篇是事实，句句是真理。我们现代人写书，对事实都有自己的选择，古人就那么客观？代代相传就不会走样？比如，写一个人，他的臣下往往说好话，甚至吹捧，他的敌人往往攻击。这一代人这样写，那一代人又往往那样写，言过其实的东西不少。都是白纸黑字，你信哪一个？所以需要怀疑。你怀疑，你就去找别的史料，对照一下，这是一种常用的方法。"

"您读书能怀疑，我可是连读都不一定能读得懂呢，还谈得上什么怀疑？书上写的能胡编？这我可想都没想过。"

"你这个孟夫子，就是头脑简单得很哩，要多思嘛。比如，有些史书里把个武则天写得一塌糊涂，荒淫得很，不理朝政，这样她能统治得下去？我就不信。"

毛泽东说得不紧不慢，真是慢慢道来。但却是那样肯定与自信。说到这里，他从书架上抽出一本很薄的书递给小孟："这是一本写《资治通鉴》的书，写得不错，好读得很，有时间的时候看看，我还想同你探讨一番呢。"

十几天之后，小孟把那本小册子送还给毛泽东。通过读这本书，小孟觉得对《资治通鉴》多少有了一些了解。所以，当她把这本书送还给毛泽东的时候。心里有一种说不出的感觉。既有对毛泽东的敬佩，真没想到那样一部大书，他竟然能读17遍，真是了不起。同时，她也感到这十几天很有收获。她觉得，不管怎么说，如果毛泽东再向她问起《资治通鉴》，自己总不至于一无所知了。

当小孟把书还给毛泽东时，他微笑着对小孟说："书看完了，可不能白看噢，要发表点见解，不吝赐教才对啊！"

毛泽东的玩笑话中透出一股子认真劲儿。小孟有点不好意思地说："对《资治通鉴》，只能说有了一点点了解。我还有许多地方不知道呢，让我说，也只能提问题。"

毛泽东笑着说："了解一点点也好嘛。看来是略知一二了，光提问题也可以嘛，能提问题就是一种提高。"

于是，在毛泽东那宽敞的大厅里，一场像是朋友间的交谈，或者说是像师生间的讨论开始了。

通过这场讨论，使孟锦云获得了不少历史知识，对中国历史发生了兴趣，同时对用历史唯物论的观点去观察了解历史，有了一个很大的进步。

（参见郭金荣:《毛泽东的晚年生活》，教育科学出版社 1992 年版）

趣谈人也需要进化

"人也是一样啊，也要选优良品种，我们选人种，就要选像高智这样。"

1959 年 6 月，列车风驰电掣般地向湘潭开去。离毛主席的家乡很近了，毛主席也许有些激动吧，他睡不着，又想和大家拉拉话，就把身边工作人员和专列上的一些服务员找来聊天，大家便在他周围坐下来。

毛主席一边抽烟，一边慢吞吞地说笑话。他说："种地要合理密植，一亩稻子种多少才算合理密植呢？什么都要选优良品种，水稻、玉米、猪、马、牛，都要选优良品种。"他停了一下，突然，来了意料不到的妙语，"人也是一样啊，也要选优良品种，我们选人种，就要选像高智这样。"

大家先是一愣，紧接着，发出一片哄堂大笑。高智一点思想准备也没有，又有女服务员在场，弄得高智脸烧得不行，有的女同志也被说得面红耳赤的。

当然，毛主席讲这话不过是个玩笑，不必当真，天天在他身边，要是把他的话句句当成"最高指示"，那还了得！

毛主席见大家笑得开心，又慢条斯理地对那几个女服务员说："你们说，为什么女同志晚上睡觉要锁门，有的还要用棍子把门顶住，男同志就不这样呢？"

大家一致回答："女同志胆小。"

"哄"——又是一阵大笑。

大家一笑再笑，毛主席兴致更高了。他又说："将来到了一定时候，人的觉悟高了，婚姻也要改变，那时就不是一夫一妻啰，"他又稍稍停一停，很肯定地说，"但现在不行！"

人类社会总是不断进步的，将来肯定和现在不一样。也许后人的后人看了这话，真会感到毛主席是个先知呢！

无独有偶，想不到，几十年过去了，在一份杂志上又登载了毛主席对"人种问题"的议论。

那是1945年，毛主席在重庆谈判期间。当时，王炳南任毛主席的秘书，协助处理谈判期间的各项工作。王炳南有一位漂亮的德国夫人叫王安娜，在重庆时与毛主席熟了，常常共话家常，相处甚好。有一次，当话题转到王安娜的儿子黎明是黑眼睛、黑头发，肤色也接近中国人时，毛主席幽默地说："这真有趣，你的同胞李德的太太是中国人，他们的孩子也是黑头发、黑眼睛、肤色也和中国人一样。一般说来，你们德国人总是以德国的强大而自豪。可是，似乎怎么也敌不过我们中国人，我们的人种好像比你们强呢！"

如此看来，毛主席对"人种问题"还真放在心上呢，虽是玩笑话，也反映了他的民族自尊心呢。再联想成都会议期间，毛主席把邹容的《革命军》印发会议，《革命军》第四章的标题就是："革命必剖清人种"。邹容在文中大声疾呼道：我"皇汉人种"、"炎黄子孙"理应是20世纪的主人翁，岂可"优游于满洲人之胯下"，应当站起来！用"大海洋之水"洗清我们几百年来做奴隶的历史！不论邹容此种观点是否偏激，在当时无疑起着唤醒中国人民的作用。这种观点，一定曾经影响过青年时代的毛泽东吧？以至于毛主席后来竟玩笑式地几次谈起"人种问题"。毛泽东所说的"人种问题"恐怕与人类的优胜劣汰有关吧。人类总不能停留在一个水平上，也要不断发展变化吧，进入到更高一级阶段，以适应跨越星球的需要吧。这也许是历史唯物主义的内涵和外延吧。

（参见刘学琦主编：《毛泽东佳话三百篇》，书目文献出版社1993年版）

读史人不一定守旧

"正确的态度是用马克思主义的立场、观点和方法，分析它，批判它。把被颠倒的历史颠倒过来。"

毛泽东酷爱历史，具有博大精深的学问，但他并不迷信史籍，而是以马克思主义的慧眼研读二十四史，并加以分析和批判。

1975年5月29日，毛泽东与芦荻就对如何研读这部巨著提出了一个惊人的告诫。他说："一部二十四史大半是假的，所谓实录之类也大半是假的。但是，如果因为大半是假的就不读了，那就是形而上学。不读，靠什么来了解历史呢？反过来，一切信以为真，书上的每句话，都被当作证实历史的信条，那就是历史唯心论了。正确的态度是用马克思主义的立场、观点和方法，分析它，批判它。把被颠倒的历史颠倒过来。"

就二十四史大半是假的问题，毛泽东举出了如下的理由和例证，加以说明。他说："一部二十四史，写符瑞、迷信的文字，就占了不少，各朝各代的史书里都有。像《史记·高祖本纪》和《汉书·高帝纪》里，都写了刘邦斩白蛇的故事，又写了刘邦藏身的地方，上面常有云气，这一切都是骗人的鬼话。而每一部史书。都是由封建的新王朝的臣子奉命修撰的，凡关系到本朝统治者不光彩的地方，自然不能写，也不敢写。如宋太祖赵匡胤本是后周的臣子，奉命北征，走到陈桥驿，竟发动兵变，篡夺了周的政权。《旧五代史》（宋臣薛居正等撰）里却说，他黄袍加身，是受将士们'擐甲将刃'、'拥迫南行'被迫的结果，并把这次政变解释成是'知其数而顺乎人'的正义行为。同时，封建社会有一条'为尊者讳'的伦理道德标准，凡皇帝或父亲的恶行，或是隐而不书，或是把责任推给臣下或他人。譬如，宋高宗和秦桧主和投降，实际上，主和的责任不全在秦桧，起决定作用的是幕后的高宗赵构。这在《宋史·奸臣传》的《秦桧传》里，是多少有所反映的。"特别是，毛泽东说："洋洋4000万言的二十四史，写的差不多都是帝王将相，人民群众的生活情形、生产情形，大多是只字不提，有的写了些，也是笼统地一笔带过，目的是谈如何加强统治的问题，有的更被歪曲地写了进去，如农民反压迫、剥削的斗争，一律被骂成十恶不赦的'匪'、'贼'、'逆'。"他说："这是最不符合历史真实的假话。"

毛泽东说过："读历史的人不一定是守旧的人。"因此，他读历史一直以历史唯物论的观点读古籍，并从中总结历史上成功的经验和失败的教训。探索历史发展规律，结合现实用马列主义的观点、立场、方法去解决中国革命和建设中的具体问题。

（参见张贻玖:《毛泽东读史》，中国友谊出版公司1991年版）

凡权威都是相对的

> "我的话怎么可能有那么大力量，那不是神了吗？这不是唯物主义，也不是辩证法。"

1969 年 5 月下旬，在武汉期间，毛泽东一再谈到要减少对他个人的过分颂扬。到了梅岭一号，他看到从走廊到会客厅、书房和卧室里到处都张贴着他的画像和语录，立刻要工作人员将这些统统摘下。有一次，他针对林彪称毛泽东的话"一句顶一万句"的说法，向工作人员说："人的一句话怎么能顶一万句呢？一句就是一句，不能是一万句，不能顶，更不能顶那么多。我的话怎么可能有那么大力量，那不是神了吗？这不是唯物主义，也不是辩证法。"

还有一次，毛泽东在观看中共九大纪录片时，银幕上多次出现他本人的镜头和代表们长时间欢呼的场面，他生气地站起来中途退场，并且说："哪有一个人老看演自己的电影？我的镜头太多了，没什么意思！"

他还告诉工作人员："'四个伟大'，太讨厌！"他只喜欢"导师"这个称号。

毛泽东还针对大树特树毛泽东的绝对权威，1967 年 12 月 17 日在《对〈湖南省革筹小组关于庆祝毛主席塑像落成、韶山铁路通车向中央的请示报告〉的批示》中说："绝对权威的提法不妥。从来没有单独的绝对权威，凡权威都是相对的，凡绝对的东西都只存在相对的东西之中，犹如绝对真理是无数相对真理的总和，绝对真理只存在于各个相对真理之中一样。大树特树的说法也不妥。权威和威信只能从斗争实践中自然地建立，不能由人工去建立，这样建立的威信必然会垮下来。"

毛泽东是位彻底的唯物主义者，他反对过多地宣扬自己，他认为，人民，只有人民，才是创造人类历史的真正动力。1969 年 6 月 12 日，根据毛泽东的指示，中共中央发出《关于宣传毛主席形象应注意的几个问题》的文件，指出今后，不经中央批准，不能再制作毛主席像章；各报纸不得用毛主席像作刊头像；不要搞"忠字化"运动；不要修封建式的建筑；不要搞"早请示、晚汇报"，饭前读语录、向毛主席行礼等形式主义的活动。

（参见李景田主编：《中国共产党历史大辞典（1921—2011）》，中共中央党校出版社 2011 年版）

《长征》总写我怎么行

"写几个方面军的同志，没有他们，我毛泽东独龙能下雨吗？总写我怎么行哩！"

20 世纪 50 年代初期，李伯钊创作了歌剧《长征》。上演后，立即引起了强烈反响。特别是在剧中出现毛泽东的场面时，剧场一片欢腾。中央许多领导同志看了这出戏，纷纷给予好评。

李伯钊是杨尚昆的夫人。杨尚昆当时任中共中央办公厅主任。杨尚昆从延安时期就担任这个职务，因而与毛泽东接触特别多。

有一次，毛泽东应邀前去观看了歌剧《长征》这出戏。当场，他未发表评论。

事后，毛泽东让女儿向李伯钊转达了他的意见。

毛泽东说："写革命、写长征，我都赞成，但不能拿我毛泽东当菩萨拜哟！党内有那么多好同志，许多人还牺牲了生命。就拿长征来说，有几个方面军哩，有那么多领导同志哩，应当写朱德同志、周恩来同志、任弼时同志，写几个方面军的同志，没有他们，我毛泽东独龙能下雨吗？总写我怎么行哩！"

毛泽东用历史唯物论去总结长征胜利的原因，反对总写自己的功绩，他用独龙能下雨吗？阐述了集体领导这一历史事实，实事求是的对待所走过的征程。

（参见许祖范、姚佩莲、胡东编著：《毛泽东幽默趣谈》，山东人民出版社 1995 年版）

人死亡是自然规律

"我主张 50 岁以上的人死了开庆功会，因人是非死不可的，这是自然规律。粮食是一年生植物，年年生一次死一次，而且死得越多生得越多。""我们说，人类死亡，是产生比人类更进步的东西。现在人类很幼稚。"

毛泽东生前一贯倡导辩证唯物论，反对唯心论，尤其是在如何对待生与死，这个极易陷入唯心论的大课题上，表现出极大的乐观主义和辩证的思维。

1958 年 5 月 20 日，在"八大"二次会议上，在讲到红白喜事时，毛泽东说："其实我们中国人把结婚叫喜事，叫红喜事，死人也叫喜事，叫白喜事。合起来叫红白喜事，很有道理。中国人会讲辩证法，结婚可能生小孩子，是突变，一个母亲分裂出一个小儿出来。多子女的分裂出六七个、七八个，变成航空母舰。我不是不赞成节育，是讲辩证法，是说新事物的发生，人的发生、生产，这是喜事，是变化，一个变两个，两个变四个。至于死亡，老百姓也叫喜事，但一方面总要开一个追悼会，哭一下鼻子，要送葬，人之常情。一方面是喜事也确实是喜事。如孔子还在，会场上有他：问他多大年纪？2900岁，这就很不好，大家有饿死的危险。讲辩证法不赞成灭亡不好，是形而上学。"

1959年3月13日，毛泽东在武汉东湖的石屋别墅设午宴款待美国友人杜波依斯和安娜·路易斯·斯特朗等人。午宴快结束时，毛泽东的思路突然跳到了生与死的问题上："我已66岁了，我可能会病死，也可能乘飞机遇难，或是被蒋的某些特务分子暗杀。然而，怕死是没有用的。怕死不能制止死亡，只能导致死亡。我并不希望死，我希望能亲眼看到帝国主义的末日，但是，如果我不得不死，我也不害怕。"说话间并没有一点伤感。

1959年8月的庐山会议上，当林彪说："只有毛主席能当大英雄，理论知识、精力、威望，只有毛主席有，"毛泽东插话说："66岁了，随时准备打交道，准备后事。"

1960年9月，67岁的毛泽东与英国蒙哥马利元帅谈话时，联系到蒙哥马利参观医院时对医生说的一段话："你们中医中药很神奇，应该发明一种药，让你们的毛主席长生不老。"毛泽东不禁大发感慨。

"什么长生不老药，秦始皇没有找到。我要见马克思了，中国照样转，地球照样转……"蒙哥马利说："主席先生，你们共和国成立了12年，从战争的废墟上建立起了新的国家，你显然还有许多事情要做。你的人民需要你，你必须有健康的身体和充沛的精力来领导这个国家。"

毛泽东点燃一支烟，边吸边说："中国有句俗话，'73，84，阎王不叫自己去'"。他接着又说："我们说的阎王，就是你们说的上帝。我只有一个五年计划，到时候我就去见我的上帝，我的上帝是马克思。"

蒙哥马利说："你至少应该活到84岁。"

"不！有很多事情要同马克思讨论，在这里再呆4年已经足够了。"

这次谈话，毛泽东兴致勃勃，谈论死亡就像谈论去旅行一样，没有丝毫畏惧感，而且充满了幽默。他还以乐观的态度对一些军队干部讲："如果原子弹投下来。只有去见马克思一条路了。不过年纪大了。终究要死的。"1964年他在接见阿尔巴尼亚客人时说："帝国主义分子前不久还叫嚣中国政府要垮台：现在不做声了，因为还没有垮。……不过，我就要垮了，要去见马克思了，医生也不能保证我还能活多少年。谁都难免一死，最起码在中国历史上没有先例。"

毛泽东的思维极具特殊性，他在"八大"二次会议上说："我曾经问过身边一些同志几个问题，我们住在哪里？天上还是地上？同志们说是在地上，我说是在天上。我们看到的星球是在天上，别的星球说我们是在天上。我说我们既在天上又在地上。又问：中国人信神仙，我们能不能算神仙？回答说不算，我说不对。我们既住在天上可以叫神仙，也可能是唯一的神仙。我还问过同志们，中国人算不算洋人？大家说不算，外国鬼子才算洋人，我说不对。我们看外国人是洋人，我看外国人看我们也叫洋人。"毛泽东说过，人死后，要像古代的庄子那样鼓盆而歌，庆祝辩证法的胜利。在成都会议上他说："我主张 50 岁以上的人死了开庆祝会，因人是非死不可的，这是自然规律。粮食是一年生植物，年年生一次死一次，而且死得多越生得多。""我们说，人类灭亡，是产生比人类更进步的东西。现在人类很幼稚。"毛泽东阐述的是彻底的唯物论，同唯心论者所说的上帝有着本质上的根本区别。

（参见孙宝义等编著：《毛泽东的读书人生》，
中央文献出版社 2006 年版）

六、人的精神

马克思主义哲学认为，不仅要认识世界，更重要的是改造世界。毛泽东进一步强调，不仅要改造客观世界，而且在改造客观世界的同时也要改造主观世界。两个"世界"同时改造，这是毛泽东哲学对马克思主义哲学作出的贡献，具有重要的理论意义和实践价值。

毛泽东在《实践论》中指出，无产阶级和革命人民改造世界的斗争，包括实现下述的任务：改造客观世界，也改造自己的主观世界——改造自己的认识能力，改造主观世界同客观世界的关系。实践活动是人类的基本活动，在实践过程中人与客观世界形成了三重主客体关系：这就是认识的主客体关系、实践的主客体关系和价值的主客体关系。在这三重关系中，主体都是有自觉能动性的人，主体都是能动的，起主导作用的，而客体是受动的。认识世界、改造世界能否取得成效以及成效的大小，主要取决于主体，主体状况如何是有决定意义的。

改造主体，改善主体状况，才能提高人的认识能力和实践能力，有效地改造客观世界，获取生存和发展的价值。主体是可以改造的，因为人的主观世界、思想意识、世界观、作风、思想方法、工作方法主要是后天在生活实践中形成的，凡在生活实践中形成的主体性都可以在生活实践中加以改造。因此，可以改变立场、世界观，改变思想作风和工作作风。人的主体性（如性格、脾气）有的有先天遗传因素，即使是这样，也可以通过生活实践的影响、锻炼，使其慢慢发生变化。人的主体性的东西，只要愿意改变，都是可以改变的。

毛泽东哲学关于同时改造"两个世界"的命题具有重大的现实意义和深远的历史意义：

（1）注重改造主观世界是深入客观世界的前提。这不仅指提高认识能力、实践能力，而且包括改造主体的价值追求，一种合理的、科学的价值追求是合理有效改造客观世界的前提。

（2）改造主观世界才能建立人与自然、人与人的和谐平衡的辩证关系。

（3）在改造客观世界的同时自觉改造主观世界，这是社会进步的动力和标志。

时至21世纪，我们再不能只强调改造客观世界了，而应该强调在改造客观世界的同时，也要改造主观世界。人们的对主观世界改造得如何，这将决定人类社会的走向。毛泽东说，人们到了自觉地改造主观世界和客观世界的时候，共产主义就到来了。对于毛泽东改造主观世界的哲学思想，我们要高度重视。

客观规律与主观能动性

　　"有谁说对于革命的规律，在一开始的时候就完全认识了，那是吹牛……"

　　在毛泽东看来，任何事物都有自己的发展规律，规律是客观存在的，是不以人的意志为转移的。人们只能认识规律，掌握规律于实践中，而不可能创造规律，违背规律，这是我们认识世界和改造世界的根本前提。1962年毛泽东在《在扩大的中央工作会议的讲话》中说："如果有人说，有哪一位同志，比如说中央的任何同志，比如说我自己，对于中国革命的规律，在一开始的时候就完全认识了，那是吹牛，你们切记不要信，没有那回事。过去，特别是开始时期，我们只是一股劲儿要革命，至于怎么革法，革些什么，哪些先革，哪些后革，哪些要到下一阶段才革，在一个相当长的时间内，都没有弄清楚，或者说没有完全弄清楚。"① 因此对规律的正确认识只能来源于实践经验的总结，没有哪一个先觉先知从一出生就掌握规律的。

　　社会主义建设初期，鉴于当时在实际工作中出现的"瞎指挥"的现象，1960年6月，毛泽东在《十年总结》中说："真理不是一次完成的，而是逐步完成的。我们是辩证唯物论的认识论者，不是形而上学的认识论者。自由是必然的认识和世界的改造。由必然王国到自由王国的飞跃，是在一个长期认识过程中逐步地完成的。对于我国的社会主义革命和建设，我们已经有了十年的经验了，已经懂得了不少的东西了。但是我们对于社会主义时期的革命和建设，还有一个很大的盲目性，还有一个很大的未被认识的必然王国，

---

① 《毛泽东文集》第八卷，人民出版社1999年版，第300页。

我们还不深刻地认识它。我们要以第二个十年时间去调查它、去研究它，从其中中找出它的固有的规律，以便利用这些规律为社会主义的革命和建设服务。"①

毛泽东认为：一个领导者既要尊重客观规律，又要发挥主观能动性。这就是我们对待客观规律性与主观能动性的基本的、全面的观点，忽视客观规律，只注意主观能动性，必然陷入主观主义，从而给领导工作带来损失。只顾尊重客观规律，而忽略主观能动性，必然造成工作中的被动局面，规律是不断向前发展的，没有一成不变的东西。人类的历史就是一个不断地从必然王国向自由王国发展的历史。只有充分发挥人的主观能动性，才能求得规律的不断的正确认识，领导者才能利用规律，指导实践，在实践中获得成功，自由是对必然的认识和对客观世界的改造。只有在认识必然的基础上，人们才有自由的活动。这是自由和必然之间的辩证规律。也是正确处理客观规律与主观能动性的法则。

（参见《毛泽东著作选读》下册，人民出版社
1986 年版；《建国以来毛泽东文稿》第九册，
中央文献出版社 1996 年版）

如何正确认识客观世界

"在民主革命时期，经过胜利、失败，再胜利、再失败，两次比较，我们才认识了中国这个客观世界。"

---

① 《毛泽东文集》第八卷，人民出版社 1999 年版，第 198 页。

1962年1月，毛泽东在扩大的中央工作会议上，讲到民主革命的历程时说："人对客观世界的认识，由必然王国到自由王国的飞跃，要有一个过程。

"在民主革命时期，经过胜利、失败，再胜利、再失败，两次比较，我们才认识了中国这个客观世界。在抗日战争前夜和抗日战争时期，我写了一些论文，例如《中国革命战争的战略问题》、《论持久战》、《新民主主义论》、《〈共产党人〉发刊词》，替中央起草过一些关于政策、策略的文件，都是革命经验的总结。那些论文和文件，只有在那个时候才能产生，在以前不可能，因为没有经过大风大浪，没有两次胜利和两次失败的比较，还没有充分的经验，还不能充分认识中国革命的规律。"①

"先是不认识或者不完全认识，经过反复的实践，在实践里面得到成绩，有了胜利，又翻过筋斗，碰了钉子，有了成功和失败的比较，然后才有可能逐步地发展成为完全的认识或者比较完全的认识。到那个时候，我们就比较主动了，比较自由了，就变成比较聪明一些的人了。自由是对必然的认识和对客观世界的改造。只有在认识必然的基础上，人们才有自由的活动。这是自由和必然的辩证规律。"②

在这次七千人大会上，毛泽东针对国内外存在的困难情况，站在马克思主义认识论的理论高度上，总结了工作中的失误。用理性分析了人们在改造客观世界的过程中，主观世界如何才能适应客观世界的变化，在失败与挫折中吸取教训，从而取得正确认识，战胜困难。毛泽东的讲话从思想上唤起了人们对战胜困难，去争取胜利的足够信心。

（参见《建国以来毛泽东文稿》第十册，中央
文献出版社1996年版）

---

① 《毛泽东文集》第八卷，人民出版社1999年版，第299页。
② 《毛泽东文集》第八卷，人民出版社1999年版，第306页。

如何把握好战争的规律

"战争的规律——这是任何指导战争的人不能不研究和不能不解决的问题。"

战争规律，是战争产生和发展进程中各方面的内在的本质的联系和必然趋势。它是客观存在的，不以人们的意志为转移，不管人们承不承认它，喜不喜欢它，它总是按照自己的运动轨迹向前发展。战争双方的指导者既不能创造它，改变它，也不能消化它，只能认识它，顺其自然，为己所用。

正因为这样，毛泽东在《中国革命战争的战略问题》中，一开头就提出："战争的规律——这是任何指导战争的人不能不研究和不能不解决的问题。"那么，怎么样去研究、认识、利用战争规律呢？毛泽东给我们提供了以下一些有益的经验：

一是从研究战争带有普遍性的规律入手。为什么呢？在毛泽东看来，一切带原则性的军事规律，或军事理论，都是前人或今人做的关于过去战争经验的总结。是对战争总发展趋势的普遍揭示。不了解战争的普遍规律，就弄不清诸次战争的性质，战争与战争之间的相互关联，也就无法知晓某一战争的规律，也就不会知道如何去进行和指导这场战争。

二是研究战争指导规律时要着眼其特点。以毛泽东看来，战争情况的不同，决定着不同的战争指导规律。由于战争的时间、地域和性质有差别，战争指导规律也不能一样。（1）从时间条件上看，战争和战争指导规律都是发展的，各个历史阶段有各个历史阶段的特点，因而战争规律也各有其特点，不能呆板地移用于不同的阶段。（2）从战争的性质看，革命战争和反革命战争，各有其不同的特点，因而战争规律也各有其特点，不能呆板地互相移用。（3）从地域的条件看，各个国家各个民族特别是大国家大民族均有其特点，因而战争规律也各有其特点，同样不能呆板地移用。因此，研究战争必须着眼其特点，了解其特殊的规律，以便找出熟识与利用它的特殊方法。

三是研究战争指导规律时要着眼其发展。由于时间的推移，敌我双方技术、战术、战略的发展，战争的固有规律和指导规律都在不断的发展。在毛泽东看来：一切战争指导规律，依照历史的发展而发展，依照战争的发展而发展，一成不变的东西是没有的。指挥员要想使自己的认识不落后于新形势，在研究战争规律和战争指导规律时，就必须着眼其特点。

正因为毛泽东是从这三个方面去研究战争规律和战争指导规律的，他对在中国发生的历次战争的必经阶段和发展的总趋势，才看得十分清楚。于什么时间什么地点，该走哪步棋，不该走哪步棋，才能成竹在胸。因此，常常是投下一子，而胜算全盘。在中国革命战争这个物质基础多半对己不甚有利的舞台上，导演出了一幕又一幕史诗般的活剧。由此可见，摸清战争的特殊规律，找出驾驭它的特殊方法，是运筹帷幄之中，决胜千里之外的先决条件。因此，运筹无据，决策无依，决胜千里也就无从谈起。

毛泽东正是从研究战争规律上下手，去找出适应规律的战略战术，使战法更适合实事求是的原则。人们常说毛泽东神机妙算，是操盘战争的圣手，这恐怕与他研究战争客观规律有独到之处有关，是他将主客观高度统一在一起有关吧。

（参见《毛泽东选集》第一卷，人民出版社 1991 年版）

物质变精神　精神变物质

　　"物质变精神，精神变物质"的论断将哲学中的三个最基本的概念物质、精神、实践有机地结合在一起。

　　毛泽东指出：物质变精神；精神变物质，是日常生活中常见的飞跃现象，可我们的许多同志觉得不可理解。有人认为，物质变精神，可以理解，精神变物质不好理解，精神怎么能变物质呢？针对这种疑问，毛泽东在1963年5月11日讲话中说："物质可以变精神，精神也可以变物质。说精神不能变物质，人民大会堂还不是工程师、工人变成的。一言兴邦，一言丧邦，就说的是精神变物质。"南昌研究所一个青年说，物质变精神可以理解，精神变物质大部分可以解释，但变石头则不能解释。对此，毛泽东在1964年3月20日同人谈话中说："大理石有许多种，有自然的，有人造的，人造的大理石是不是石头？人民大会堂的大理石很多不是山里的，是人造的。人为什么能造大理石？因为理解了大理石的化学结构。化学这门学问是一门精神的学问，写在书上变成思想，然后再变成物质。"

　　物质变精神，绝不是物质本身变成了精神。而是指人们在实践过程中正确地反映物质世界，通过人脑的加工制作将物质形态转化为观念形态的精神产品。精神变物质，也不是精神本身变成了物质，而是指人们在实践中依照已获得的认识来改造物质世界，将观念形态的精神产品外化为物质产品。这种现象是人们日常生活中常见的飞跃现象。"物质变精神，精神变物质"的基础是社会实践。

　　毛泽东关于"物质变精神，精神变物质"的论断唯物而辩证地解决了物质与精神、认识与实践的辩证关系，也是对思维与存在同一性问题争论的总结。

"物质变精神，精神变物质"的论断将哲学中的三个最基本的概念物质、精神、实践有机地结合在一起。

毛泽东指出："人们的社会存在，决定人们的思想。而代表先进阶级的正确思想，一旦被群众掌握，就会变成改造社会、改造世界的物质力量。"他又说：认识过程中的第二次飞跃，"比起前一次飞跃来，意义更加伟大。因为只有这一次飞跃，才能证明认识的第一次飞跃，即从客观外界的反映过程中得到的思想、理论、政策、计划、办法等等，究竟是正确的还是错误的，此外再无别的检验真理的办法。而无产阶级认识世界的目的，只是为了改造世界，此外再无别目的。"①

毛泽东将物质精神互变的理论，引申到生活中，用浅显的例子说明了物质、精神、实践是一体的，回答了认识论中的一个难题。这也反映了主客观之间的必然联系。

（参见《毛泽东选集》第一卷，人民出版社
1991 年版）

主观能动性是否无限大

"我现在在认识论上发生了问题，离开客观走向主观唯心主义。我和李达的争论，我是错误的。"

20 世纪 50 年代末 60 年代初，毛泽东去湖北，曾多次与当时任武汉大

---

① 《毛泽东文集》第八卷，人民出版社 1999 年版，第 321 页。

学校长的李达晤谈。毛泽东与李达同为中共一大代表、湖南人，对马克思主义哲学均有很高的造诣。

1958年湖北省委创办《七·一》杂志时，省委领导同志写了篇《学习马克思，超过马克思》的文章，打了清样送李达看，李达提了意见。其实，这篇文章是经过毛泽东审阅的。毛泽东主张超过马克思。他说："跟马克思平行不算马克思主义，比马克思低不算马克思主义，只有超过马克思，才算马克思主义。"毛泽东嘱咐梅白（前湖北省委副秘书长）就这个问题请教鹤鸣（李达）兄。

李达说："马克思死了怎么超？恩格斯也没有说'超'嘛！比如屈原的《离骚》，你怎么超？应当是学习马克思主义，发展马克思主义。最初是学习（包括读书和使用），发展是学习和必然结果。目前我们党内的情况，一是普及不够，二是头脑发热。"

那一年，鄂城县委门口贴出了这样的标语，叫做"人有多大胆，地有多高产"。有人告诉了李达。李达很生气，认为人的主观能动性的发挥是有条件的。这样的讲法是唯心主义，属于哲学问题。于是，他打电话问梅白，这个口号是不是省委批准的。梅白答曰："当然不是。"李达便说："老弟，我要见润之！"

李达见毛泽东后第一句话就说："润之，我要单刀直入"！毛泽东不知来由，愣了一下，随后诙谐地问："噢，是不是鸿门宴呀"！李达颇认真地问："人有多大胆，地有多高产是不是马克思主义的？"毛泽东问清来由后，仅说："凡事都有两重性嘛！人有多大胆，地有多高产，是讲人有主观能动性，人要发挥主观能动性。"李达听了并不高兴。毛泽东显然注意到了他的神情，便接着问李达："新疆大不大？内蒙古大不大？西藏大不大？你看，浙江人多地少，但能够卖余粮，而新疆、内蒙古和西藏这些地方地多人少，却要吃供应，这就是人的主观能动性嘛！这样的事多得很。三大战役、直罗镇战斗的胜利，都是发挥人的主观能动性的结果……"

李达听得不耐烦了，打断了毛泽东的话，问："润之，主观能动性是不是无限大"？毛泽东也不转弯子了："在一定条件下无限大。"梅白看到两位巨人快吵起来了，便插话说："口号由省委取消了。"可是，李达仍执着地说："口号取消，思想上不取消是不解决问题的。"这时候，毛泽东再也不说了。

李达要走了，毛泽东站起来同他抱了抱肩膀，要梅白送送。

在返回珞珈山的汽车上，李达对梅白说："《实践论》、《矛盾论》讲得多好啊！主观、客观，主观要符合客观，实践理论，理论实践……讲得多好啊！现在连润之也认为人有多大胆，地有多高产是讲人的主观能动性，我们国家要大祸临头了！你千万不要再跟润之说了，他这时候温度很高，39℃，我只有30℃。一党之主，一国之首，可不能发高烧呀！"

梅白送李老回来，毛泽东对梅白说："小梅，今天我们两个老家伙很不冷静，这在你们青年同志面前示范作用不好。我肝火大，但我还是压制，差点与李达干起来。"梅白问毛泽东："你是否要把你对李达的评价公开发表？像对鲁迅那样？"毛泽东说："这与鲁迅的情况不同。我现在在认识论上发生了问题，离开客观走向主观唯心主义。我和李达的争论，我是错误的。"梅白向毛泽东转达了李达临走时说的那些话，毛泽东听后说："很好！"毛泽东要梅白教他用英文说："我亲爱的鹤鸣兄"。毛泽东说："孔子说过，六十而耳顺，我今年63岁，但耳不顺。听了鹤鸣兄的话很逆耳。这是我的过错。过去我写文章提倡洗刷唯心精神，可是这次我自己就没有洗刷唯心精神。"毛泽东还叫梅白通知李达再谈，转告李达"六十而耳顺"，感激他的帮助。

梅白如实向李达转述了以上意见，李老说："还是润之的气量大。"

毛泽东与李达的一番争论很有典型意义，他们讨论了认识论上的哲学问题，可贵的是毛泽东的自我批评精神。在学术问题上就应该有这种实事求是的作风，否则理论就没有发展了。毛泽东能在认识论上反思，这对后来纠正"大跃进"中所犯的错误，十分有益。

（参见于俊道、李捷编:《毛泽东交往录》，人民出版社1991年版）

如何整顿党风学风文风

"所谓学风有些不正，就是说有主观主义的毛病。所谓党风有些不正，就是说有宗派主义的毛病。所谓文风有些不正，就是说有党八股的毛病。"

1942 年 2 月 1 日中共中央党校举行隆重的开学典礼。下午 1 时左右，大家欢聚一堂。下午 1 时半，当毛泽东等中央领导出现在主席台上时，会场里立即响起雷鸣般的掌声。在中央党校校长邓发作中央党校筹备经过、教学计划及学习方法的报告之后，毛泽东站起身来，发表了《整顿党风、学风、文风》的演说。毛泽东用分析的方法，深刻地揭示了党的现状。接着，毛泽东以设问的形式提出问题："究竟我们的党还有什么问题没有呢？"他自问自答："我讲，还是有问题的，而且就某种意义上讲，问题还相当严重。"讲到这里，他环顾了一下会场，只见大家脸上露出急切的神色。他端起茶杯，轻轻地呷了一口，用手指了指自己的脑袋说："什么问题呢？就是有几样东西在一些同志的头脑中还显得不大正确，不大正派。"他怕大家听不明白，立即解释道："这就是说，我们的学风还有些不正的地方，我们的党风还有些不正的地方，我们的文风也有些不正的地方。所谓学风有些不正，就是说有主观主义的毛病。所谓党风有些不正，就是说有宗派主义的毛病。所谓文风有些不正，就是说有党八股的毛病。"望着主席台下时而抬头听讲，时而埋头作笔记的人群，毛泽东若有所思：他想起自己杨家岭窑洞里的防空洞，每到烈日炎炎的夏季，不时从洞里向外吹出习习凉风。灵机一动，妙语连珠："这些作风不正，并不像冬天刮的北风那样，满天都是。主观主义、宗派主义、党八股已不是占统治地位的作风了，这不过是一股逆风，一股歪风，是从防空洞里跑出来的。"他的话刚一落音，会场里立即爆发出一片会心的笑声。他号召大家都来做"塞洞"的工作。

接着，他针对延安一度流行的一些糊涂观念，如什么是理论家？什么是知识分子？什么是理论联系实际？毛泽东作了精辟的阐述。当时有种看法，以为理论就是指书本上的话而言的，谁背书最多最熟，谁就是最好的理论家。按照这个看法，王明平时一开口就是马恩列斯怎么说的、共产国际怎么指示的，他引经据典，夸夸其谈，做报告时，有时还有别人为他抱书翻书，俨然是一个最好的理论家。教条主义者把自己称作"理论家"，党内也确有不少人承认他们是理论家。针对这种情况，毛泽东指出："如果一个人只知背诵马克思主义的经济学或哲学，从第一章到第十章都背得烂熟了，但是完全不能应用，这样的人是不能算作理论家的。真正的理论在世界上只有一种，就是从客观实际抽出来又在客观实际中得到证明的理论，没有任何别的东西可以称得起我们所讲的理论。我们所说的理论家，不是光会背诵马克思主义词句的书呆子、教条主义者，而是能够依据马克思主义的立场、观点和方法，正确地解释历史中和革命中所发生的实际问题，能够在中国的经济、政治、军事、文化种种问题上，给予科学的解释，给予科学的说明。"关于对知识和知识分子的看法，教条主义者认为，他们最有知识，他们最能旁征博引、海阔天空地讲一套，许多知识青年也认为王明才是最有知识的大学问家。毛泽东指出，那些只有书本知识而缺乏实际知识的人，是不能算作真正的知识分子的。这样的人要想充当中国革命的向导，结果不但碰破了自己的脑壳，并且引导一群人也碰破了脑壳。毛泽东还针对"理论和实际联系"方面存在的糊涂观念，特别强调"有的放矢"的科学态度。他指出："马克思列宁主义和中国革命的关系，就是箭和靶的关系。教条主义者往往是'无的放矢'，乱放一通，这样的人就容易把革命弄坏。有些同志则仅仅把箭拿在手里搓来搓去，连声赞曰'好箭！好箭！'却老是不愿意放出去，这样的人就是古董鉴赏家，几乎和革命不发生关系。马克思列宁主义之箭，必须用了去射中国革命之的。"在讲演中，毛泽东还深刻地分析了党内外宗派主义的种种表现和危害性，阐述了主观主义、宗派主义、党八股三者之间的相互关系。最后，当他以惩前毖后、治病救人为话题结束演讲时，只见与会代表纷纷从座位上站立起来，顿时，会场上响起了经久不息的掌声。

　　为了对残存于党内的党八股习气进行"末日审判"，1942年2月8日中共中央宣传部和中央出版局在杨家岭联合召开了宣传工作会议。出席这次会议的有毛泽东、任弼时、王稼祥、凯丰等中共中央领导和党内外高级干部以及从事文化工作、研究工作、编写工作的干部八百余人。中共中央宣传部代理部长凯丰首先作了题为《精神上物质上都不能允许党八股继续存在》的报告。接着，毛泽东开始发表《反对党八股》的演说。他说："我们反对主观主义和宗派主义，如果不连党八股也给以清算，那它们就还有一个藏身的地方，它们还可以躲起来。如果我们连党八股也打倒了，那就算对于主观主义和宗派主义最后地'将一军'，弄得这两个怪物原形毕露，'老鼠过街，人人喊打'，这两个怪物也就容易消灭了。"毛泽东以辛辣的讽刺口吻，历数党八股的八大罪状。他把那种空话连篇，言之无物的长篇大论比作"懒婆娘的裹脚布，又长又臭"，号召人们把它扔到垃圾堆里去。他奉劝那种装腔作势、靠吓人吃饭的人，还是收起吓人的那一套为好，因为这种吓人的战术对敌人毫无用处，对同志只有损害。在分析党八股的第三条罪状——"无的放矢，不看对象"时，他举了一个同志在延安城墙上书写标语的例子，说明做宣传工作的人，如果不看对象乱讲一顿，是万万不行的。在历数了党八股的八大罪状之后，毛泽东号召全党都来做废止党八股的工作。他说："要使革命精神获得发展，必须抛弃党八股，采取生动活泼新鲜有力的马克思列宁主义的文风。""现在中央做了决定，一定要把党八股和教条主义之类，彻底抛弃……"

　　毛泽东用辩证唯物主义讨伐了"三风"，历数了"三风"的危害性。在毛泽东精心筹划、多次动员下，全党掌握了批判的武器，整风运动终于在延安和各抗日根据地开展起来了，并取得了明显的效果。

（参见牛兴华、叶期平、任学岭：《毛泽东在延安》，中央文献出版社1999年版）

学生与教员常相互转化

"抗大的学生，还要有一种作风，就是既当学生，又当教员。"

1937年，抗战爆发前后，毛泽东每隔几天总要给抗大学员讲话。

毛泽东演说总是言浅意深，言近旨远。他说过："抗大的学生，还要有一种作风，就是既当学生，又当教员。这是说，见到人，就和他做朋友，团结很多人。要学孔夫子诲人不倦，又要学而不厌。以诲人不倦的精神，去教育广大群众。""当学生，不一定非在学校不可。水浒上的李逵。没有上过什么学校，但他很勇敢。隋唐时瓦岗寨的绿林英雄们，也没有上过什么学校。就是那民族英雄岳飞，也还不是从战争锻炼出来的!"这些妙趣横生的浅近语言，自是他才华横溢的哲理之阐发。

他说道："许多人在学校学的东西，不适合他后来的实际应用。他们后日所用、所创造的，常是出了学堂大门以后学得的。"

另有一回，他雄辩地说："孙中山原来学医，但对他创造三民主义并无帮助。马克思在学堂学的是唯心论，但他却创造了真理：共产主义。"

"高尔基，只住了3个月的学校。然而，他到社会上，去努力学习，而成为第一位无产阶级文学家。"毛泽东的演讲有着强大磁石般吸引力。能喻之以理，动之以情，显示着他广博的哲学知识和崇高的人格力量。有一回，他说："我们不管遇到什么人，都可以从他身上勾出一部分学问来。这就是当学生，而又以自己的思想和知识去影响别人，这就是当先生。作人，就要作这样的人!"毛泽东阐述了作"先生"与作"学生"之间的辩证关系。说出了既当"学生"又当"教员"的相互转换的哲理。要想当好先生、必须首先要虚心学习当好学生，从"学生"中汲取智慧、然后转化成自己的真实本领，再去为"学生"服务。他还举出几个实例来说明这个道理。这就解决了由客观"学生"如何向主观"教员"转化的问题。

（参见孙宝义编著：《毛泽东的读书生涯》，知识出版社 1993 年版）

强调人是要有点精神的

这里的"精神"不是指别的，而是指全心全意为人民服务，一切从人民的利益出发和一刻也不脱离人民群众，永远与人民保持密切联系的思想和作风。

1956 年我国基本完成了社会主义改造，工农业生产取得了很大的发展。社会主义事业欣欣向荣，蒸蒸日上。这时候，军队中的一些干部滋生了一种追求享乐，不愿再过艰苦生活的思想。毛泽东认为这是不好的，有失去革命本色的危险。他很赞赏解放军在战争年代吃盐和酸菜的艰苦作风，在题为《坚持艰苦奋斗，密切联系群众》的讲话中指出："这个酸菜里面就出政治，就出模范。解放军得人心就是这个酸菜。"也指出解放以后。尽管我们军队的生活提高了，伙食改善了。但还是要提倡艰苦奋斗，艰苦奋斗是我们的政治本色，为了保持和发扬党和军队的优良传统，毛泽东给大家讲了解放军在解放战争期间的一个故事。

他说："锦州那个地方出苹果，辽西战役的时候，正是秋天，老百姓家里很多苹果，我们战士一个都不去拿。我看了那个消息很感动。在这个问题上，战士们自觉地认为：不吃是很高尚的，而吃了是很卑鄙的，因为这是人民的苹果。我们的纪律就建筑在这个自觉性上边。这是我们党的领导和教育的结果。"讲完这个故事以后，毛泽东紧接着就提出了"人是要有点精神的"要求，认为"无产阶级的革命精神就是由这里头出来的。"推而广之，"人是要有点精神的"也是毛泽东对每一个无产阶级的革命战士提出的基本要求。这里的"精神"不是指别的，而是指全心全意为人民服务，一切从人民的利益出发和一刻也不脱离人民群众，永远与人民保持密切联系的思想和作风。在毛泽东看来，中国人民解放军过去之所以攻无不克，无坚不摧，根本原因就在这里。只要有了这种精神，作风上艰苦奋斗，与人民同甘共苦，同心同德，我们的事业就能步步胜利，不断发展。

毛泽东认为有没有这种"精神"是辨别一个人的思想品质高尚不高尚的分界。毛泽东提出的这个要求，对于我国革命和建设，对于党及其广大干部的成长和提高，具有非常重要的意义。实践经验告诉我们，革命战争年代需要这种精神，和平建设时期更需要保持和发扬这种精神。这是我们的事业一定会取得胜利的根本保证，也是改造主观世界，提升个人为人民服务素质的根本要求。

（参见蒋建家主编：《毛泽东全书》第六卷，河北人民出版社 1998 年版）

美丑善恶是相反相成的

"为什么要种牛痘？就是人为地把一种病毒放到人体里面去，实行'细菌战'，跟你作斗争，使你的身体里头产生一种免疫力。"

1957 年 1 月 27 日，在省市自治区党委书记会议上毛泽东作了一篇充满唯物辩证法的七点讲话。

在第四点，"百花齐放，百家争鸣"中，毛泽东重点讲了四个问题。

一是真理是跟谬误相比较，并且同它作斗争发展起来的。他说："美是跟丑相比较，并且同它作斗争发展起来的。善恶也是这样，善事、善人是跟恶事、恶人相比较，并且同它作斗争发展起来的。总之，香花是跟毒草相比较，并且同它作斗争发展起来的。禁止人们跟谬误、丑恶、敌对的东西见面，跟唯心主义、形而上学的东西见面，跟孔子、老子、蒋介石的东西见面，这样的政策是危险的政策。它将引导人们思想衰退，单打一，见不得世面，唱不得对台戏。"

二是唯物主义和唯心主义是对立统一。毛泽东说："在哲学里边，唯物主义和唯心主义是对立统一，这两个东西是相互斗争的。还有两个东西，叫做辩证法和形而上学，也是对立统一、相互斗争的。一讲哲学，就少不了这两个对子。"

三是补学一点对立面唯心主义和形而上学。毛泽东说："我劝在座的同志，你们如果懂得唯物主义和辩证法，那就还需要补学一点它的对立面唯心主义和形而上学。康德和黑格尔的书，孔子和蒋介石的书，这些反面的东西，需要读一读。不懂得唯心主义和形而上学，没有同这些反面的东西作过斗争，你那个唯物主义和辩证法是不巩固的。我们有些共产党员、共产党的知识分子的缺点，恰恰是对于反面的东西知道得太少。读了几本马克思的书，就那么照着讲，比较单调。讲话，写文章，缺乏说服力。你不研究反面的东西，就驳不倒它。马克思、恩格斯、列宁都不是这样。他们努力学习和研究当代的和历史上的各种东西，并且教人们也这么做。马克思主义的三个组成部分，是在研究资产阶级的东西，研究德国的古典哲学、英国的古典经济学、法国的空想社会主义，并且跟它们作斗争的过程中产生的。"

四是对立面的相互转化。毛泽东说："生与死不能转化，请问生物从何而来？地球上原来只有无生物，生物是后来才有的，是由无生物即死物转化而来的。生物都有新陈代谢，有生长、繁殖和死亡。在生命活动的过程中，生与死也在不断地互相斗争、互相转化。

"比如，我们和蒋介石国民党就是根本对立的。对立双方互相斗争、互相排斥的结果，我们和国民党的地位都起了变化，他们由统治者变为被统治者，我们由被统治者变为统治者。逃到台湾去的国民党不过十分之一，留在大陆上的有十分之九。留下来的这一部分，我们正在改造他们，这是在新的情况下的对立统一。到台湾去的那十分之一，我们跟他们还是对立统一，也要经过斗争转化他们。"

五是增强干部和群众在政治上的免疫力。毛泽东说："现在，我们决定扩大发行《参考消息》，从两千份扩大到四十万份，使党内党外都能看到。这是共产党替帝国主义出版报纸，连那些骂我们的反动言论也登。为什么要这样做呢？目的就是把毒草，把非马克思主义和反马克思主义的东西，摆在我们同志面前，摆在人民群众和民主人士面前，让他们受到锻炼。不要封锁起来，封锁起来反而危险。这一条我们跟苏联的做法不同。为什么要种牛痘？就是人为地把一种病毒放到人体里面去，实行'细菌战'，跟你作斗争，使你的身体里头产生一种免疫力。发行《参考消息》以及出版其他反面教材，就是'种牛痘'，增强干部和群众在政治上的免疫力。"

在这篇讲话中，毛泽东运用唯物辩证法，对真理和谬论，美与丑，善与恶，生与死，唯物主义与唯心主义，辩证法与形而上学，对立面的斗争与转化等，做了形象化的阐述，并用"种牛痘"的例子来说明反面教材可以增强免疫力的作用，从而提高主观世界认识客观世界的能力。

（参见《毛泽东文集》第七卷，人民出版社1999年版）

湖南椒虽然小却辣得很

"湖南椒虽然小，却辣得很。正像反动派一样，别看它表面上强大，其实却是中间空空的灯笼泡。"

1930年春夏之交，毛委员到寻乌县调查。端阳第二天，县委书记古柏交给刘淑士医生一张通知，说毛委员请他明天去开会。刘医生按时到了毛委员住的那幢石砌楼房。

刘医生上楼进屋，看见已经到了不少人，大部分是本地的熟人，共有50个左右。

"请坐，请坐。"毛委员谦和地欠欠身子。等人到齐了，毛委员坐在中间，说："我这次到你们地方上来做调查，承蒙诸位先生的指点，使我像小学生发蒙一样开始懂得了一些城市商业情况，获得了很多知识。今天请大家来开会，有许多问题要向大家请教。"毛委员随即摊开写着提纲的纸，拔出钢笔，接着说："我提一个问题，请大家谈一个。"

开始多数人有点拘束，谈久了大家就随便起来，发言也踊跃多了，有时还热烈地争论一番，或者互相补充一下。毛委员总是等大家意见接近统一以后，才把基本一致的看法记下来。

正午时，毛委员请大家吃饭。没有凳子，大家都站着吃，毛委员也站着和大家一块吃。饭是砻去了糠的糙米，菜是一碗豆角，外加一小碗灯笼泡辣椒。

"这是我们本地的辣椒，叫灯笼泡，别看它大，却不辣。"一当地的同志告诉毛委员。

毛委员挟起大辣椒，吃了一口，笑着说："嘿，果真不辣，这真叫大而无用。"他随即幽默地说："凡事不能光看外表。像它，看起样子来这么大，以为一定是辣得厉害，可是它实际却一点不辣。湖南椒虽然小，却辣得很。正像反动派一样，别看它表面上强大，其实却是中间空空的灯笼泡，而我们个个都是湖南椒。"大家都笑了，原来毛委员在给大家讲"透过现象看本质"的道理。不能光看表面现象，只有深入到事物内部去认识它的本质，才能获得真知。

（参见《难忘的回忆》，中国青年出版社1985年版）

从楚汉之争看事业成败

"殷鉴不远。前车之覆，后车之鉴。我们要记取项羽的教训，切不可骄傲自满，对敌人更不要心慈手软。"

1949 年 11 月 13 日是周末，毛泽东和家人共度良宵，刘思齐给毛泽东沏了一杯茶，毛泽东喝了口茶，跟她讲了一个故事。他说：古时候有两个秀才，一个姓刘，一个姓李，两个人都爱做对联，一见面就想对对子。一次，两人又见面了，商定对对子，谁对不出谁就要受罚。李秀才先出上联："骑青牛，过函谷，老子姓李。"刘秀才知道李秀才用了老子李聃骑青牛过函谷的典故，心想："他想占我的便宜，没门！看我非损他一下不可！"于是他略加思索，对了下联："斩白蛇，兴汉室，高祖是刘。"刘秀才以汉高祖刘邦自比，来对"老子"，高过李秀才一筹，李秀才不得服了，连说："高明，高明！你赢了，我服输！"

刘思齐觉得这个故事很有趣，称赞道："爸爸，那个刘秀才真有学问！"

"思齐呀，那个刘秀才是你的祖先，他崇拜汉高祖刘邦。那个李秀才也可算是我的本家，因为我在延安时曾化名李得胜，但我不信老子李聃学说，他提倡出世思想，清静无为。"毛泽东对刘思齐说，"你说得对，人家多有学问，对历史掌故如此熟悉，能运用到实际生活中来，并且一用就活，一下把人家给吓倒了。这就是知识的力量！"

刘思齐和姊妹们听得很认真。

毛泽东又对孩子们说："知识一旦灵活运用，就可以变成武器，用来保卫自己，所以，你们要努力学习，积累丰富的知识。尤其是要学好历史和古典文学。"接着，毛泽东又把学习历史同治国联系起来。他说："刘邦出身贫苦，没有多少兵力，没有万贯家财，却能称霸一方，统一天下，并且使汉朝长治久安。其原因主要是他善于用人。他手下两个重要的谋士，一个是张良，另一个是韩信，这两个人都能够为他所用。刘邦的对手楚霸王项羽却是个孤家寡人。当初，他的势力比刘邦大多了，拥有庞大的军队，统治着楚国这块富庶之地，兵强马壮，不可一世。但他有勇无谋，刚愎自用，不听谋士的进言，鸿门宴放走了刘邦。当然，项羽心肠好。鸿门宴项庄舞剑，意在沛公，项羽却不肯杀刘邦，刘邦说了几句好话，他就心软了。范增向他进言，他却不杀刘邦，而把刘邦放了，等于放虎归山。项羽没有理睬他的话，结果被范增言中。刘邦逃走后，势力不断扩大，与项羽争雄，结果打败了项羽。项羽被围在垓下，只得别姬自刎。项羽也不善用人，招贤纳士。韩信去拜访项羽，项羽却看不起韩信，结果韩信却为刘邦所用，为建立汉朝立下了汗马功劳。"

毛泽东说到这里，把历史掌故引到现实生活中来，他说："殷鉴不远。前车之覆，后车之鉴。我们要记取项羽的教训，切不可骄傲自满，对敌人更不要心慈手软。'宜将剩勇追穷寇，不可沽名学霸王'。现在新中国刚刚成立，百废待兴，蒋介石逃到了台湾，还想要反攻大陆。我们一定要解放台湾，将革命进行到底！"毛泽东停了停，又说："刘邦的治国之道，任人唯贤，广纳贤才，治理好国家，实现长治久安，也是值得我们借鉴的。"

毛泽东的话很有道理，事业成败关键在于个人主观上是否克服骄傲自满、狂妄自大，如果不能听取谏言，只囿于己见、固步自封，结果必然导致失败。由此可见要改造客观世界，首先要改造好主观世界，这样才能适应不断变化了的客观世界的需要。

（参见赵志超：《毛泽东一家人——从韶山到中南海》下册，中央文献出版社 2000 年版）

我这个大元帅就不要了

"让我穿上大元帅的制服，多不舒服嘛！到群众中去讲话、活动，也不方便。"

1955年1月，中央军委发出了《关于评定军衔工作的指示》。在中央召开的一次评衔工作汇报会上。彭德怀、罗荣桓等同志向毛泽东等中央领导汇报，中国人民解放军评衔授勋工作的初步方案。在初步方案中，毛泽东主席被评为大元帅，周恩来、刘少奇、邓小平等为元帅，李先念、谭震林、邓子恢、张鼎承等为大将。

毛泽东听完汇报后说："你们搞评衔，是很大的工作，也是很不好搞的工作。我这个大元帅就不要了，让我穿上大元帅的制服，多不舒服嘛！到群众中去讲话、活动，也不方便。依我看呀，现在在地方工作的同志，都不评军衔为好！"毛泽东问："少奇同志，你在军队里搞过，领导过军队，你也是元帅，这个元帅要不要？"少奇说："不要评了。"毛泽东又问恩来、小平同志："你们的元帅军衔，还要不要啊？"他们都说："不要评了。"毛泽东还问子恢、鼎承等同志："你们几位的大将军衔还要不要评啊？"他们说："不要评了，不要评了。"

毛泽东带头辞大元帅军衔，对全军干部的教育作用是很大的，解决了评衔工作中的一些矛盾。

实际上参照国际惯例毛泽东评为大元帅是当之无愧的，毛泽东不要大元帅的军衔，说明了他谦虚谨慎不居功自傲，带头解决了评衔授勋工作中的各种矛盾。"心底无私天地宽"，毛泽东带头不评大元帅军衔起到了意想不到的效果，使评衔工作不仅顺利进行下去，而且还出现许多谦让军衔的英雄人物。

（参见王伯福主编：《毛泽东轶事大观》，山东
人民出版社 1997 年版）

不能简单以成败论英雄

"一个正确的认识，往往需要经过由物质到精神，由精神到物质，即由实践到认识，由认识到实践这样多次的反复才能够完成。"

毛泽东在《人的正确思想是从哪里来的?》一文中指出："一个正确的认识，往往需要经过由物质到精神，由精神到物质，即由实践到认识，由认识到实践这样多次的反复才能够完成。"[1]1964 年 8 月 20 日，毛泽东在同李雪峰等人谈话中说："我们不会搞社会主义，大家都没有搞过嘛！我没有搞过；你们会吗？搞了十几年，有了成功的经验和失败的经验，现在才有些经验了。经过北戴河会议、十中全会，略微动了一下。到了 1963 年 5 月杭州会议，搞了第一个十条，前面的序言是我写的。说人认识事物是不容易的，正确的思想是从哪里来的？客观事物反映到我们脑子里可不容易啦。物质变精神，精神变物质。"

还是在 1960 年 8 月 20 日的谈话中，毛泽东指出："人是由蠢慢慢变聪明的。无论什么人，都是由不知到知，由少知到多知，至于全知的人，没有那回事。马克思知道多一些，但也不是全知，我们就不用说了。单是社会科学有几百门，你能全知？戏有几百种，你们都懂？河北的戏有 70 种，你们

---

[1] 《毛泽东文集》第八卷，人民出版社 1999 年版，第 321 页。

都熟悉吗？有的看也没有看过。"他又说："全知也不合理。全知等于不知，一样都不精嘛！自然科学有几百门，怎么学得了？一个人只能活几十年。"

毛泽东指出，一般说来，人们的思想在实践中，"成功了的就是正确的，失败了的就是错误的，特别是人类对自然界的斗争是如此。在社会斗争中，代表先进阶级的势力，有时候有些失败，并不是因为思想不正确，而是因为在斗争力量的对比上，先进势力这一方，暂时还不如反动势力那一方面，所以暂时失败了，但是以后总有一天会要成功的。"无论在自然斗争或社会斗争中，有些时候，在当时看来是"成功"了，但随着时间的推移，往后的实践证明是失败的。有的情况下，在局部看来、眼前看来是成功的，但是在全局看来，长远看来却不可行，是失败的。在另外的情况下，在局部看来、暂时看来是失败的，但并不由此就证明将来不会胜利。

因此，对实践中的成功与失败要作具体的、历史的分析，不可采取实用主义态度，不能"成则王侯，败则贼"，简单以成败论英雄。

毛泽东揭示了认识过程中的客观规律，教导人们要正确对待"成功"与"失败"，把它上升到理性高度去把握，看问题才能全面准确，不致出现偏颇。

（参见许全兴：《毛泽东晚年的理论与实践
1956—1976》，中国大百科全书出版社1993
年版）

科学地预见战争的发展

"战略指导者当其处在一个战略阶段时，应该计算到往后多数阶段，至少应计算到下一个阶段。"

　　毛泽东在《中国革命战争的战略问题》中说："战略指导者当其处在一个战略阶段时，应该计算到往后多数阶段，至少也应计算到下一个阶段。尽管往后变化难测，愈远看愈渺茫，然而大体的计算是可能的，估计前途的远景是必要的。"毛泽东对战争的发展必然趋势和几个必经的战略阶段，常常估计得准确无误，那么，他是用什么方法进行科学预见的呢？

　　从毛泽东的理论著述和伟大实践中可以看出，他常用的预见方法有五：

　　一是分析矛盾。他在《星星之火，可以燎原》中，便用过此法。他说："如问中国革命高潮是否快要到来，只有详细地去察看引起革命高潮的各种矛盾是否真正向前发展了，才能作决定。"随后他分析到，因国际上帝国主义相互间、帝国主义和殖民地之间，帝国主义与本国无产阶级之间的矛盾发展了，他们争夺中国的需要就更迫切了，从而在中国境内，使帝国主义间，帝国主义同整个中国的矛盾更加激化，因此就造成中国各派反动统治者之间矛盾的一天天扩大，一天天的激烈混战。伴随军阀混战而来的，是赋税的加重及广大负担赋税者同反动统治者之间矛盾的日益发展。……只要看一看许多地方工人罢工、农民暴动、士兵哗变、学生罢课的发展，就知道这个"星星之火"，距"燎原"的时期，毫无疑义地是不远了。

　　二是研究特点。如在《论持久战》中，他在探讨中国的命运时，便从分析研究中日双方各自的特点入手，由于日本的特点是：(1) 其是世界六个强国之一，中国不能速胜；(2) 它的战争是退步和野蛮的，失道者寡助；(3) 国小，经不起长期的人、财、物力的战争消耗；(4) 虽在国际上有少数同盟者，但更多的是敌人。相反，中国的特点是：(1) 弱国，不能速胜；(2) 得道多助；(3) 大国、地大、物博、人多、兵多，能够支持长期战争；(4) 在国际上能得到更多的支持。通过对上述特点的分析与比较，毛泽东一眼看出，中国既不能速胜，亦不会灭亡，只能持久胜敌。

　　三是认清形势。如1940年2月1日，毛泽东为延安民众讨汪大会起草的通电中，在痛斥汪精卫等的叛逆行径之后，向国民党提出十点要求，意在克服时局逆转。但此后，有人对克服时局逆转的可能性表示怀疑。3月31日，毛泽东在《目前抗日统一战线中的策略问题》中，即从研究政治形势入手，从当时政治形势的六个特点中，得出结论，在这种形势下，争取时局好转，克服时局逆转的可能性，还是存在的，肯定中央2月1日的决定是完全正确的。

四是看本质。如前所述，1942 年，当国际上还有好多军政要员对希特勒的气势汹汹所迷惑时，毛泽东及时指出，斯大林格勒之战，是第二次世界大战的转折点，希特勒是处在最后失败的门口了。实践证明毛泽东这一预见是相当正确的。为什么毛泽东会看得这样准呢？就因为他透过现象看本质，知道像希特勒这样的法西斯国家的政治生命和军事生命，从它出生的那一天起，就是建立在进攻上面的，进攻一完结，它的生命也就完结了，斯大林格勒一战将停止法西斯的进攻。

五是逻辑推理。如在 1945 年 4 月，毛泽东在中共七大上就曾预言：打败日本侵略者后，中国仍存在两种命运、两种前途的斗争，蒋介石一定要从人民手中夺取抗战胜利果实，内战是不可避免的。结果，一语言中。毛泽东是怎样预见到这一点的呢？主要用了逻辑推理的预测方法。正如他在《抗日战争胜利后的时局和我们的方针》中所分析的："国民党怎么样？看它的过去，就可以知道它的现在；看它的过去和现在，就可以知道它的将来。这个党过去打过整整十年的反革命内战。在抗日战争中间，在一九四〇年、一九四一年和一九四三年，它发动过三次大规模的反共高潮。"[1] 由此毛泽东推断出，蒋介石非下山来抢夺抗战胜利果实不可。在告诫人们不要过于天真的同时，决定采取"针锋相对，寸土必争"的方针来对付之。

毛泽东在指挥人民革命战争中，所以能做到神机妙算，稳操胜券，主要是他综合利用了哲学思维，用唯物辩证法去观察形势，分析比较，从中发现一些带有规律性的东西，去指导战争实践，从而成为天才的统帅，精神上的领袖。

（参见《毛泽东选集》第四卷，人民出版社1991 年版）

---

[1] 《毛泽东选集》第四卷，人民出版社 1991 年版，第 1123 页。

批评与自我批评的修养

自我批评是无产阶级及其政党进行自我教育的重要手段。

批评与自我批评是毛泽东倡导的中国共产党的三大优良作风之一。自觉自愿地公开对自己的过失、缺点和错误进行批评，敢于暴露自己的思想，严格认真地加以解剖，使自己的言行符合党和人民的利益和要求，是共产主义道德修养的一种重要形式和方法。

在道德修养上，自我教育是自我监督的一个组成部分，而自我批评则是无产阶级及其政党进行自我教育的重要手段。毛泽东指出："有无认真的自我批评，也是我们和其他政党互相区别的显著的标志之一。"自我批评作为一种道德修养方法，一方面，它不同于中国伦理思想史上许多伦理学家提倡的所谓"见贤思齐，见不贤而内自省"，"有过而内自讼"、"穷理居敬"、"静坐"等，因为这些修养方法的一个共同特点就是没有和实践相联系，甚至没有和人们的实际生活相联系；另一方面，它也不同于西方伦理思想史上被当作"个人自律"原则所要求的"自我评价"、"自我教育"、"自我完善"，因为这些修养方法仅限于以个人道德发展为目的，忽视个人为社会服务的目标。

无产阶级及其政党的自我批评方法，是在为共产主义事业而奋斗的社会实践中产生并服务于这一伟大革命实践的。毛泽东曾经用"流水不腐，户枢不蠹"的道理，说明共产党人只要勇于拿起批评与自我批评的武器，就能抵制各种政治灰尘的污染和政治微生物的侵袭，去掉一切不良作风，保持优良传统，密切党与群众的关系。毛泽东指出："房子是应该经常打扫的，不打扫就会积满了灰尘；脸是应该经常洗的，不洗也就会灰尘满面。我们同志的思想，我们党的工作，也会沾染灰尘的，也应该打扫和洗涤。"

　　共产党员和革命干部要敢于揭露缺点和错误，科学地分析其产生的原因，找出纠正的办法，在批评与自我批评中，不断地清除剥削阶级思想的影响，提高共产主义思想觉悟，坚定共产主义信念。中国共产党总结了党内政治生活和党内斗争的经验，把批评与自我批评具体化为"团结——批评——团结"的公式，即从团结的愿望出发，经过批评或者斗争，分清是非，在新的基础上达到新的团结。这个公式指明了批评与自我批评的目的和出发点。只有按照这个公式才能开展"正确的而不是歪曲的、认真的而不是敷衍的批评和自我批评"，达到党内团结和人民内部团结的目的。开展批评与自我批评，要讲真理，不讲面子，要摆事实，讲道理，以理服人；要实行"知无不言，言无不尽"，"言者无罪，闻者足戒"，"有则改之，无则加勉"等原则。自我批评是净化灵魂，提高情操，破私立公，提高自我修养的一种软武器。

　　　　　　　　　　　　　　（参见蒋建家主编：《毛泽东全书》第六卷，河
　　　　　　　　　　　　　　北人民出版社 1998 年版）

做错事的人也可以改变

　　　　"我觉得他这本书写得不怎么好。他把自己说得太坏了，好像一切
　　　责任都是他的。其实，应当说这是一种社会制度下的一种情况。"

　　1963 年 11 月 15 日，阿尔巴尼亚总检察长阿拉尼特·切拉访华期间会见了毛泽东主席。他们的谈话自然离不开司法制度。

　　毛泽东："我们把一个皇帝也改造得差不多了"。

　　切拉："我们听说过，他叫溥仪。"

毛泽东："我在这里见过他。他现在有 50 几岁了，他现在有职业了，听说还重新结了婚。"

切拉："听说他还写了一本书，叫《我的前半生》。"

毛泽东："现在这本书还没有公开发行。我觉得他这本书写得不怎么好。他把自己说得太坏了，好像一切责任都是他的。其实，应当说这是一种社会制度下的一种情况。在那样的旧社会制度下产生这样一个皇帝，那是合乎情理的。不过，对这个人，我们也还要看。"

10 天后，毛泽东又在国务院对外文化联络委员会副主任张致祥陪同下，接见了古巴艺术家联合会文学部主任、诗人、作家比达·罗德里格斯。谈话中有如下内容：

张致祥："比达同志见过溥仪。"

比达："我正要告诉主席，见过溥仪。"

毛泽东："我也见过他一次，请他吃过饭。他可高兴了。"

张致祥："溥仪今年 57 岁了。"

比达："他给我的印象是确实改造了，他和我长谈他过去的错误，很真诚。"

毛泽东："他很不满意过去不自由的生活，当皇帝很不自由的。"

1964 年 6 月 23 日，毛泽东接见智利新闻工作者代表团时再度谈到溥仪。当然还是从"改造"、"转变"等字眼切入话题的："……做坏事总是很少数，并且做坏事的人也可以改变，甚至跟我们打过仗的、被我俘虏的国民党将军也可以改造。经过改造，他们不那么反对我们了。还有一个清朝的皇帝也是这样。他现在在全国政协搞文史资料工作，他现在自由了，可以到处跑啦。过去当皇帝，好不自由。"毛泽东这番议论得到智利客人的赞赏，见过溥仪的巴斯克斯先生这时也插嘴评论溥仪："过去他只能看小山的景致，现在他解放了。"毛泽东继续说："过去当皇帝时他不敢到处跑，是怕人民反对他，也怕丧失自己的尊严，当皇帝到处跑怎么行。可见得人是可以改变的……"作为毛泽东的一个基本观点，这些话曾经那样深刻地影响过我们的国家，它渗透在教育政策、干部政策、统战政策、改造政策之中。

如何看待一个人，如果只看到他的缺点而且一成不变，那就无可救药了。毛泽东看人是两分法，不但要看缺点，而且也要看优点，并且坚信经过做工作教育改造，缺点也会转化。像溥仪这样的末代皇帝都可以改造成自食其力的人，何况其他犯错误的人，这种辩证发展看人的观点，使我们党在团结和谐工作中，化消极因素为积极因素起了很大的作用。无可辩驳地说明做错事的人也是可以改造的。

（参见《毛泽东文集》第八卷，人民出版社1999年版）

不要为伤害群众找借口

"要想做脱离人民群众的事，什么时候都可以找到借口？！"

1949年3月25日早晨，毛泽东和党中央其他领导在清华园站下火车，沿途马路两旁站满了观看的群众和担任警卫的哨兵。哨兵端着上刺刀的枪，背向马路，枪口朝前，一个个站在固定的位置上，戒备森严。对此毛泽东非常生气，一到住地就严肃地批评说："警卫是怎样布置的？北平人民来欢迎我们，我们却枪口对着他们；他们盼望我们来解放，可一见面就给人家一个下马威，这样做，太不尽情理了！"负责警卫的部队当时考虑：北京是和平解放，为确保党中央首长绝对安全，不得不采取这一警卫方式。毛泽东反而更加严厉地批评说："我就不信坏人敢在众目睽睽下行凶！"停了停，毛泽东语气缓和下来说："我们办事处理问题，万不可只考虑自己，而伤害人民群众的感情。"

进入北平后，毛泽东住在香山双清别墅。为便于哨兵夜间值勤，在香山和卧佛寺山野间拉起电灯，夜间灯火照得通亮。进城第二天的晚上，毛泽东脸色沉了下来指出："国民党为了军事用电，把老百姓家里的电灯掐了，把工厂的电断了，给人民生活造成困难，给工人造成失业。我们说什么也不能这样。"次日，所拉设的电灯绝大部分拆除，只留下办公室和宿舍必要的照明灯。

进城的第三天晚上，食堂加餐四菜一汤，毛泽东颇有感触地批评说："碗里有饭，不能光往自己的嘴里扒拉，市民的粮食早被国民党抢光了，他们不少人在饿肚子。如果这样吃下去，不用多久，我们的餐桌上的菜饭就将会摆满，到那时，我们把为人民服务喊得越响，人民群众越恨我们。"这时，有人告诉他这次改善伙食，是为了庆祝搬迁的胜利。毛泽东听了更加生气地批评说："要想做脱离人民群众的事，什么时候都可以找到借口?!"

这就是毛泽东进北平三天三次批评三件事的故事。

从这里可以看出毛泽东的价值观，是建立在完全彻底为人民服务的基础上的。群众观点和群众路线是毛泽东处理日常生活中所遇的一切问题的准则。凡事从严要求自己，生活上低标准，工作上却要求高标准，这就是毛泽东全心全意为人民服务的本色。

一生缘何钟爱睡木板床

"为什么昨天能睡木板床，今天就不能睡了?"

毛泽东一生自甘清贫，对床铺的要求也是这样。1949年3月毛泽东离开河北省平山县的西柏坡来到北京香山的双清别墅，这个别墅是清朝时的熊希龄建的。毛泽东来到后。警卫人员在布置房间时对原主人留下的弹簧床没有动，准备给毛泽东使用。毛泽东走进卧室一看就对警卫人员发火说："为什么要给我买这样的床？这床比木板床得多花多少钱？为什么昨天能睡木板床，今天就不能睡了？我睡木板床已经习惯了，觉得木板床就是好，我不喜欢这个床。"然后就指示卫士把弹簧床拿走，并说没有木板床我不睡觉，后来管理科的人员自己动手做了一张木板床，毛泽东很满意，才肯上床睡觉，这就是所谓的"木板床风波"。木板床陪伴毛泽东直到终生。毛泽东的木板床有三大特点，一是普通，就是用普通的木板制作的，毫无刻意雕饰与一般人家使用的木板床并无区别；二是宽大，可以容纳两个像毛泽东这样身材魁梧的人；三是倾斜，即木床一边高，一边低，高的一边睡人，低的一边放书。他的床边堆满了书，床上用的是普通的白布床单，枕头是极普通的枕头，枕头上用绳捆个破旧小凉席。由于毛泽东喜欢睡木板床，所以出国访问时也自己带着。在国内视察时也碰到过床铺的问题。有一年毛泽东参加广州会议后到了武汉，省委在东湖宾馆安排一张最高级弹簧床，毛泽东住下后不声不响，第二天，人们推开房门一瞧吓了一跳。原来毛泽东竟然通宵睡在地板上。

毛泽东一生艰苦朴素不肯搞特殊化，他对自己严格要求，衣食住行都是低标准的。他乐于睡木板床，反映出他追求的不是吃喝享受，而是鞠躬尽瘁，死而后已。他的一生都安于清贫，甚至家庭生活费用也很拮据，常常是入不敷出。为人们树立起廉洁奉公的光辉形象。

（参见雷云峰、肖东波编著：《毛泽东修身处世风范》，国际炎黄文化出版社 2003 年版）

敢于走前人没走过的路

"看来有些问题要重新解释，经济学和历史唯物论要有新的补充和发展。"

1956 年 7 月 16 日，毛泽东和林克一起读英文本《共产党宣言》，其中

1872年德文版序言中有如下一段，"这些基本原理的实际运用，正如《宣言》中所说的，随时随地都要以当时的历史条件为转移"。毛泽东指着这段文字说："可惜教条主义者不懂得这个道理。"……毛泽东反对将马列理论视为不能再攀的顶峰，几次讲道："现在我们已经进入社会主义时代，出现了新的一系列的问题，如果不适应新的需要，写出新的著作，形成新的理论，也是不行的。"毛泽东很喜欢读列宁的书，列宁根据俄国革命的具体实践，发展了马克思社会主义革命不可能首先在一国取得成功的论断；而他对斯大林的社会主义经济理论却持不同的看法。1958年夏，毛泽东说：政治经济学和历史唯物论有些问题要重新写。我们解决了一个马克思主义的理论问题，先搞农业，同时搞重工业。我们一反苏联之所为，先搞农业，促进工业发展。先搞绿叶，后搞红花。看来有些问题要重新解释，经济学和历史唯物论要有新的补充和发展。

毛泽东多次与林克谈论哲学革命，使林克体会到毛泽东是让大家坚持，"中国共产党人要敢于向权威挑战，不让僵死的教条捆住自己的手脚，敢于走前人没走过的路，在自己的实践中，创立适合本国国情的新鲜理论"的道理；希望林克也做一个不被权威教条束缚住手脚的、具有智慧和创新的人。这反映了毛泽东勇于创新的理念。

（参见金旺：《毛泽东怎样对待秘书林克》，《中华魂》2007年第9期）

好文章都是被逼出来的

"我们党搞了20多年的武装斗争，所以我的军事著作比较多。所谓好的文章，都是在斗争实践中逼出来的。"

　　毛泽东的卫士张仙朋回忆：1961年年底，有一天他到毛主席办公室。毛主席突然向他提出了一个问题，问他什么叫思想，人的正确思想是从哪里来的？对于毛主席提出的问题，张仙朋一时答不上来。毛主席笑了笑说："这样简单的问题，有些人并不懂得。"毛主席接着解释说："人的正确思想并不是从天上掉下来的，也不是自己头脑里本来就有的，而是从社会实践中来的，只能从生产斗争、阶级斗争和科学实验这三项实践中来。"毛主席告诉张仙朋，他正考虑在他的《实践论》的基础上，根据社会主义时期的实际情况，再写一篇哲学著作。毛主席说："建国以前，我们党搞了20多年的武装斗争，所以我的军事著作比较多。所谓好的文章，都是在斗争实践中逼出来的。"张仙朋说："是啊，马克思和列宁这方面的理论著作就没有主席的多。"毛主席说："你说的不对。马克思和列宁只能在那个时代产生他们的理论和著作。现在搞社会主义，这还是一个未被认识的必然王国，要想使人的认识从必然王国飞跃到自由王国，这里有很多条件，就像你们游泳也有个规律，也要有条件一样。比如，要想游泳，必须一是要有水，不能旱游；二是水要有一定的深度和广度，在碗里缸里不能游；三是不能在滚开的水里游。学游泳必然要喝几口水，只有喝上几口水，才能认识水的特点和掌握游泳的规律。搞社会主义也是这个道理。"接着毛主席又意味深长地说："人们常说'虎死了留皮，人死了留名'。我这个人啊，只要为人民留点文章就行了。"果然，毛主席对我国社会主义时期的三大革命运动进行了深入的调查和研究，在1963年5月，写出了他的哲学名篇《人的正确思想是从哪里来的?》，继承和发展了马克思主义的认识论，提出了一个崭新的观点。

（参见李敏、高风、叶利亚主编:《真实的毛泽东》，中央文献出版社2006年版）

主要参考书目

《毛泽东选集》第一至四卷，人民出版社 1991 年版。

《毛泽东文集》第一至八卷，人民出版社 1999 年版。

《建国以来毛泽东文稿》第九至十册，中央文献出版社 1996 年版。

《建国以来毛泽东文稿》第七册，中央文献出版社 1992 年版。

《建国以来毛泽东文稿》第一册，中央文献出版社 1987 年版。

《毛泽东书信选集》，人民出版社 1983 年版。

《毛泽东在七大的报告和讲话集》，中央文献出版社 1995 年版。

《毛泽东著作选读》上、下册，人民出版社 1986 年版。

毛泽东：《认识中国社会性质是重要的中心的一点》，《党史文献》2002年第 3 期。

毛泽东：《用马克思主义的立场方法分析新事物，解决新问题》，《党史文献》2002 年第 3 期。

毛泽东：《主动权来自实事求是》，载《毛泽东、周恩来、刘少奇、朱德、邓小平、陈云思想方法工作方法文选》，中央文献出版社 1990 年版。

中共中央文献研究室、新华通讯社编：《毛泽东新闻工作文选》，新华出版社 1983 年版。

中央文献研究室、中共湖南省委编辑组编：《毛泽东早期文稿》，湖南出版社 1990 年版。

《毛泽东读社会主义政治经济学批注和谈话》，载邓力群主编：《导师毛泽东》，中央文献出版社 2005 年版。

《缅怀毛泽东》上、下册，中央文献出版社 1993 年版。

《难忘的回忆》，中国青年出版社 1985 年版。

高凯、于玲主编：《毛泽东大观》，中国人民大学出版社1993年版。

薄一波：《若干重大决策与事件回顾》，中共中央党校出版社1993年版。

陈登才编：《毛泽东的领导艺术》，军事科学出版社1989年版。

陈晋：《毛泽东与文艺传统》，中央文献出版社1992年版。

陈晋：《毛泽东之魂》，吉林人民出版社1993年版。

陈明新编著：《领袖情——毛泽东与周世钊》，中共中央党校出版社1997年版。

陈士榘著，刘恩营整理：《从井冈山走进中南海：陈士榘老将军回忆毛泽东》，中共中央党校出版社1993年版。

戴木才：《毛泽东人格》，江西人民出版社2001年版。

邓力群主编：《导师毛泽东》，中央文献出版社2005年版。

邸延生：《历史的真言》，新华出版社2000年版。

董保存：《走进怀仁堂》，中共党史出版社2005年版。

董志新：《毛泽东读〈三国演义〉》，上海人民出版社2001年版。

樊昊：《毛泽东和他的"顾问"》，人民出版社2006年版。

高智、张聂尔：《机要秘书的思念》，中共中央党校出版社1993年版。

郭金荣：《毛泽东的晚年生活》，教育科学出版社1992年版。

郭思敏：《我眼中的毛泽东》，河北人民出版社1990年版。

海鲁德编著：《生活中的毛泽东》，华龄出版社1989年版。

侯俊智：《博览群书的毛泽东》，浙江人民出版社1994年版。

胡哲峰、孙彦编著：《毛泽东谈毛泽东》，中共中央党校出版社2000年版。

黄颀编著：《毛泽东用兵录》第2部，黑龙江人民出版社1994年版。

黄允升主编：《开国领袖毛泽东逸事》，中央文献出版社1999年版。

贾思保编：《毛泽东人际交往录1915—1976》，江苏文艺出版社1989年版。

江东然编著：《博览群书的毛泽东》，吉林人民出版社1998年版。

蒋建家主编：《毛泽东全书》第六卷，河北人民出版社1998年版。

金冲及主编：《毛泽东传1893—1949》，中央文献出版社1996年版。

金旺：《毛泽东怎样对待秘书林克》，《中华魂》2007年第9期。

竞鸿、吴华编著：《毛泽东生平实录》，吉林人民出版社 1992 年版。

聚生、高里、陈澍：《毛泽东的领袖魅力》，知识出版社 1993 年版。

康永保：《亲切教诲终生不忘》，大连出版社 2003 年版。

《"关于如何打乒乓球"一文的按语》，《人民日报》1966 年 6 月 22 日。

雷国珍、吴珏编著：《毛泽东大成智慧》，当代中国出版社 2001 年版。

雷云峰、肖东波编著：《毛泽东修身处世风范》，国际炎黄文化出版社 2003 年版。

冷成金：《毛泽东读史有学问》，中共中央党校出版社 2006 年版。

李家骥回忆，杨庆旺整理：《我做毛泽东卫士十三年》，中央文献出版社 1988 年版。

李静主编：《实话实说丰泽园》，中国青年出版社 2007 年版。

李均翰、镡德山、王春明：《和省委书记们》，中央文献出版社 1995 年版。

李敏、高风、叶利亚主编：《真实的毛泽东》，中央文献出版社 2006 年版。

李树谦编著：《毛泽东的文艺世界》，辽宁教育出版社 1993 年版。

李焱平编著：《毛泽东用人智慧和艺术》，中国书籍出版社 2008 年版。

林克：《我所知道的毛泽东》，中央文献出版社 2000 年版。

刘光荣主编：《毛泽东的人际艺术》，中共中央党校出版社 1992 年版。

刘化绵：《毛泽东指挥抗日战争的高超谋略》，《人民日报》1995 年 8 月 14 日。

刘良、睢建华：《毛泽东挨骂之后》，《党史文汇》1967—1969 年合订本。

刘学琦主编：《毛泽东佳话三百篇》，书目文献出版社 1993 年版。

刘益涛：《十年纪事——毛泽东在延安》，中共党史出版社 2007 年版。

孟庆春：《跟毛泽东学凝聚人心》，当代中国出版社 2002 年版。

孟晓慧：《毛泽东首肯的"红安县干部试验田"》，《党史天地》1999 年第 4 期。

牛兴华、叶期平、任学岭：《毛泽东在延安》，中央文献出版社 1999 年版。

权延赤：《卫士长谈毛泽东》，北京出版社 1993 年版。

盛巽昌编著:《毛泽东与戏曲文化》,广西人民出版社 1998 年版。

石仲泉:《毛泽东的艰辛开拓》,中共党史出版社 1992 年版。

石仲泉:《重读"十大关系"》,《解放日报》1986 年 9 月 1 日。

水静:《特殊的交往——省委第一书记夫人的回忆》,江苏文艺出版社 1992 年版。

斯诺:《西行漫记》,三联书店 1979 年版。

苏扬编:《中国出了个毛泽东》,解放军出版社 1991 年版。

孙宝义、刘春增、邹桂兰、李凯旗编著:《毛泽东谈读书学习》,中央文献出版社 2008 年版。

孙宝义、刘春增、邹桂兰编著:《毛泽东的读书人生》,中央文献出版社 2006 年版。

孙宝义、邹桂兰编著:《毛泽东的衍名艺术》,中央文献出版社 2006 年版。

孙宝义编著:《毛泽东的读书生涯》,知识出版社 1993 年版。

谭逻松、张其俊编:《毛泽东的幽默故事》,同心出版社 1993 年版。

陶鲁笳:《毛主席教我们当省委书记》,中央文献出版社 1996 年版。

王伯福主编:《毛泽东轶事大全》,山东人民出版社 1997 年版。

王芳:《王芳回忆录》,浙江人民出版社 2006 年版。

王鹤滨:《紫云轩主人——我所接触的毛泽东》,中共中央党校出版社 1991 年版。

王殊:《听毛泽东纵论不要两面出击》,《瞭望》1992 年第 40 期。

王恕焕:《毛泽东的人生哲学》,湖北人民出版社 2003 年版。

王毅:《毛泽东的"打鬼战略"》,《炎黄春秋》1999 年第 5 期。

吴黎平:《永远铭记毛主席关于战斗的唯物主义的教导》,《红旗》1978 年第 11 期。

吴晓梅:《毛泽东视察全国纪实》,湖南文艺出版社 1999 年版。

武象廷、韩雪景:《跟随毛泽东纪事》,山西人民出版社 1991 年版。

萧诗美等编著:《毛泽东谋略》,湖南出版社 1995 年版。

熊向晖:《历史的注脚》,中共中央党校出版社 1995 年版。

徐懋庸:《高屋建瓴解纷争》,载《我眼中的毛泽东续集》,河北人民出版社 1995 年版。

徐涛:《毛泽东的保健养生之道》,中央文献出版社 1993 年版。

徐文钦编著:《毛泽东读书治国》,中央文献出版社 2008 年版。

徐新民主编:《在毛泽东身边》,中共中央党校出版社 1993 年版。

许全兴:《毛泽东晚年的理论与实践 1956—1976》,中国大百科全书出版社 1993 年版。

许祖范、姚佩莲、胡东编著:《毛泽东幽默趣谈》,山东人民出版社 1995 年版。

薛建华:《毛泽东和他的"右派朋友"》,四川人民出版社 1992 年版。

阳作华:《哲理与情趣》,湖北人民出版社 1988 年版。

佚名:《佛说赵朴初》,《老年博览》1999 年第 10 期。

于俊道、李捷编:《毛泽东交往录》,人民出版社 1991 年版。

于俊道主编:《生活中的毛泽东》,解放军出版社 1999 年版。

余湛邦:《张治中机要秘书回忆录〈张治中与中国共产党〉》,中共中央党校出版社 1992 年版。

俞辉、钟华主编:《领袖交往实录系列——毛泽东》,四川人民出版社 1992 年版。

雨籍:《毛泽东的"受礼"观》,《党史博览》总第 37 期。

袁永松主编:《伟人毛泽东》上卷,红旗出版社 1997 年版。

张随枝:《红墙内的警卫生涯》,中央文献出版社 1998 年版。

张贻玖:《广读天下书》,江苏文艺出版社 1995 年版。

张贻玖:《毛泽东读史》,中国友谊出版公司 1991 年版。

张志清、孙立、白均堂:《延安整风前后》,江苏文艺出版社 1995 年版。

赵志超:《毛泽东一家人——从韶山到中南海》下册,中央文献出版社 2000 年版。

中共中央党史研究室科研局编:《毛泽东的足迹》,中共党史出版社 1993 年版。

钟辰、夏鹭、叶兰编:《毛泽东——领袖交往实录系列》,四川人民出版社 1992 年版。

周宏让主编:《跟毛泽东学文》,红旗出版社 2002 年版。

朱建亮、宁小银:《伟大之谜》,书目文献出版社 1994 年版。

《军民大生产运动》,《丹东社会科学》2006 年第 2 期。

《毛泽东的饮食观》,《辽沈晚报》1995 年 1 月 21 日。

责任编辑：洪　琼

责任校对：周　昕

图书在版编目（CIP）数据

听毛泽东谈哲学/孙宝义　刘春增　邹桂兰 编著 .
　— 北京：人民出版社，2012.5（2025.10 重印）

ISBN 978－7－01－010641－0

I.①听… 　II.①孙… ②刘… ③邹… 　III.①毛泽东思想：哲学思想－研究
　IV.① A843.63

中国版本图书馆 CIP 数据核字（2012）第 017751 号

听毛泽东谈哲学

TING MAOZEDONG TAN ZHEXUE

孙宝义　刘春增　邹桂兰　编著

人民出版社 出版发行

（100706　北京朝阳门内大街 166 号）

环球东方（北京）印务有限公司印刷　新华书店经销

2012 年 5 月第 1 版　2025 年 10 月北京第 13 次印刷
开本：710 毫米 ×1000 毫米 1/16　印张：21
字数：340 千字　印数：62,001－67,000 册

ISBN 978－7－01－010641－0　定价：69.80 元

邮购地址 100706　北京朝阳门内大街 166 号
人民东方图书销售中心　电话（010）65250042　65289539